IWANAMI TEXTBOOKS

法律家をめざす人のための経済学

常木 淳
Tsuneki Atsushi

岩波書店

はじめに

本書の目的

本書の目的は，法律家，ならびに，法律家を目指して勉強している学生の皆さんを対象として，経済学に関する概説的な説明を行うことです．経済学に関する入門的な教科書は，いくらでもあり，また，それらの中には大変優れたものも多々ありますので，あえて，このような本を上梓する意味があるのか，という疑問を持たれる方もおられると思います．そこで，この本を執筆するに至った動機を，まず説明したいのですが，筆者は，長年，「法と経済学」，あるいは，「法の経済分析」という学問分野を研究してきました．その中で，この分野を研究する法律家，法学者の先生方と知り合いになる機会を得ることができ，大変多くのことを勉強させていただきました．しかし，そこで感じてきたこととして，どうも経済学という学問は大きく誤解されている，また，法律家の先生方は経済学の基本がわかっていない，という気がしてきました．

経済学者も法学についてあまりわかっていない場合が多いので，それはお互い様じゃないですか，といえばそれまでですが，こういう誤解が生ずるのは，法律家の先生方の能力が低いわけではない，また，経済学に対して学習意欲がないわけでもない，1つは，経済学者の法律家に対する接し方が大変不親切で，わかることもわからないよう説明している，使わなくてもよい数学を使って不必要な苦痛を強いてみたり，また，専門外の法律家に対して過度に難しいトピックを選んで論ずる人もいます．そもそも，法律家に限らず専門外のオーディエンスや学部の学生を対象とした場合，上級のトピックを選んだり，数学を並べるのは，実は楽な学問戦略なのです．難しい数式を並べると，何となくすごい先生のような感じがするし，聞く側としては，わかってないと思われるのが恥ずかしい，あるいは，わかるまで質問するのも気が引けるので，とりあえず「すごい先生だ」と褒めたたえて，おしまいにする傾向があります．逆に，わかりやすく説明し過ぎて，「なんだ，この程度か」，「もっと，最先端の話をしてよ」と軽くみられるリスクも回避できます．

しかし，そこまで，同業者を悪く解釈する必要もないのかもしれません．もう1つ，やはり重要なのは，法律家と経済学者では，本質的に頭の使い方に違いがあるということではないかと思います．法学を専門としていない普通の経済学者が，法律家に経済学を説明しようとしても，そこのところが見えていないので，うまく伝わらないように思います．

頭の使い方の違いは，世の中の見方の違いにもつながってきます．優秀な法律家がかえって経済学にアレルギーを起こす傾向があるのも，そのためではないかと思えます．そこで本書は，法律家と経済学者との頭の使い方，世の中の見方の特性の違いを踏まえながら，法律家の方々，法学専攻の学生さんたちにも素直にわかるような経済学の入門書を書けないかと考えて執筆してみました．

法学の特徴

経済学と比較した時の法学の学問的特性と言えば，無限にあります．しかし，経済学を，訳のわからない知的な屈折を伴うことなく，普通に快く勉強するために留意しなくてはいけない特性に限れば，それほど長く「語る」必要はありません．その目的に絞って，敢えて乱暴な単純化をするならば，法学の特徴は，「言葉」と「現実」とが十分正確に対応しているという信念が前提になっている学問であるということです．そして，この対応は，概念と物，言明と事実，価値と規範という三重の形で現れます．

少々，おおげさでしょうか？　でも，別に大層なことを言いたいわけではありません．例えば，刑法199条「人を殺した者は，死刑又は無期若しくは5年以上の懲役に処する」という法律条文を考えてみましょう．まず，「者」という概念と，そこら辺を歩いているおじさん，おばさんとは，果たして一致するのかどうか，幼稚園に通っている子供はどうするか，何らかの対応があるとしなければ，この条文は，ただの空文になってしまいます．次に，「人を殺す」という言明と，具体的な何かの事実とが対応しなければいけません．しかし，本当にこの言明と正確に一致する事態があるのでしょうか？　仮にあるとしても，どこまでが一致して，どこまでが異なるか，そんなに簡単にわかることでしょうか？　これがわからないことには，やはり，199条は空文です．次に，刑罰を科するということは，多分，「人を殺す」という事態は「悪い」ことだ，という判断があると考えるべきでしょう．しかし，一昔前に，「なぜ，人を殺してはいけないんですか？」という文句が流行りましたが，確かに，何の根拠があって，そんなことが言えるのでしょうか？ しかし，殺人は悪いことである，という判断が「正しく」ないと，やはりこの条文は「なんで，そんな重罰を受けなければいけないんだ」ということになりますね．従って，先に述べたように，法律条文と現実とは，三重の意味で何らかの対応関係にないと，「法」も「法学」も，根拠がなくなってしまうのです．

このように言うと，法律家の先生方は，それは悪しき「概念法学」であって，とうの昔に法学界では克服された考え方である，とおっしゃるかもしれません．確かに，上で述べた意味での対応関係を，機械的，形式的な当てはめ問題とだけ考えればその通りです．そして，このような機械的な当てはめでは現実の法実践が問題にしている紛争事案に対する適切な解釈ができないからこそ，法解釈学に存在価値があるのだ，というのもその通りです．法は，法律条文を並べたものではなく，言葉による1つの連関した体系であり，その総体が個別の案件といかに対応するかが問題なのです．従って，そこをいかに適切に対応させるかをめぐって，裁判官の判例が積み重なり，法律家，法学者の議論が行われるわけです．しかし，そうは言っても，様々な講学上の論点対立の背景に，法という「言葉」の織り成す体系が，現実の紛争事案に妥当する何らかの関係がある(だからこそ，裁判官の判断や法学上の諸論点をめぐる討議に意義がある)，ということに信頼を置けないならば，やはり法も法学も意味がなくなります．

経済学の特徴

「法」という言葉の体系が，それ自体として現実に妥当する，という信念が，法学の基礎にあるとすると，それは実のところ，(狭い意味では)科学的とは言えません．これ自体は，1つの信念に過ぎないと考えるべきでしょう．しかし，人間は，誰でも言葉に対する信念を持っています．厳密に確かでなくとも，多くの人にとって十分に確からしいことがあり，それが言葉によって人々の間の共有物として定着している場合，そこには，やはり，真理としての資格がある，と考えることは何ら滑稽なことではないし，まっとうな知的態度であると考えられます．この場合，言明の正しさを支えるのは，自然科学的な方法ではなく，一定の言葉の体系的構成体に内包されている常識(コモン・センス)であり，特に法学の場合にはリーガル・マインドと呼ばれるものであるかもしれません．

ところが，「言葉と現実の妥当」という信念を全部ひっくり返した地点から社会的現実を理解しようとするところに経済学が始まる，というと，少しはびっくりしていただけるでしょうか．これも，大分誇張した言い方なのですが，法学者と経済学者との考え方の相違点をわかりやすく印象付けるにはさしあたり便利な見方なので，少しお付き合いください．

例えば，経済学の教科書の最初の方には，たいてい，「家計(消費者)は，自分の効用を最大化するように財・サーヴィスの消費量を選択する」と書いてあります．法学専攻の方が，このような文章を読むと，「効用」とか「最大化」といった生硬な専門用語が，まず耳につくかもしれません．しかし，これは学問上の約束事だと思えば，一応は納得できるのではないかと思います．かえって厄介なのが，家計(消費者)や財・サーヴィスのような，日常的に現実のものと対応していそうな概念です．家計(消費者)というが，家計は普通2人以上で消費者は1人じゃあないか，いったい，家族なのか，ただの人なのか，あるいは，サーヴィスというのはいったい何を指すのか，引越しか清掃か．ところが，読み進めるうちに，自分が労働に投下しなかった時間(＝余暇)もサーヴィスだという話になり，いったい経済学者というのは，どんな頭の構造をしているのか，といぶかしく思うのではないでしょうか．

次に，「家計(消費者)は，自分の効用を最大化するように財・サーヴィスの消費量を選択する」という文章を言明として見た場合，それは現実とは異なる，と思うのではないでしょうか？　人間が大なり小なり自己利益に従って行動するのはその通りかもしれないが，自分の個人的利益を最大化できるほど首尾一貫した徹底的な合理主義者などめったにいるものじゃあない，と思うのは普通の感覚(コモン・センス)かもしれません．それに，このような自己利益の奴隷のような人間は「正しい」あり方に反するという意味で，人間をこのように記述するのは倫理的にも妥当ではないと思うかもしれません．

そういう疑問をぶつけられた時，私のような「平凡な経済学者」はどう答えるでしょうか？　とりあえず，「まあ，そりゃあそうだ，毎年正月に，自分のうちの近所のレストランのメニューを片っ端からネット検索して，1年分の昼飯の予定を自分の効用が最大になるように計画する奴なんて見たことがないな．それに，そんなやつがいたら，珍しいから一度くらいは見物に出かけてみたいとは思うかもしれないが，友達になるのは御遠慮するよ」といったところでしょう．じゃあ，なぜ，実際にありもしない，また，当人も敬遠したくなるような人間像を，仮定にもせよ想定するのかね？ という疑問が起こりそうですね．

実は，経済学者は，概念とか仮定とかが現実に妥当しているかどうかには，法律家ほどは興味がないのです．概念とか言明とは，科学が機能するために必要な暫定的な道具であって，大事なのは，それを使って分析された結論である命題なのです．例えて言えば，言葉は宝物を運ぶ船であり，水漏れや転覆さえしなければ，それほど立派なものでなくてもよい，船が運ぶべき本来の「お宝」は命題なのです．命題は，言葉の現実妥当性とは異なるところに，真理の根拠を持つと考えられます．それは，現実の統計や実験に基づくデータとの照合によります．例えば，消費者は効用を最大化するという仮定が現実的であろうとなかろうと，それは，市場価格と需要量との間の一定の関係を導きます．その関係が実証のテストに堪えるものであれば，元のモデルは十分現実的である，というわけです．

もちろん，これは建前の部分も大きく，実際には，命題の実証的な検証というのは，経済学のような社会科学では限界があります．そこで，理論モデルの的確な解釈，モデルの現実妥当性ということは，経済学でも決定的に重視されます．だから，先に言ったような，難しい概念や数式が並んでいるけれども，他人に言葉で説明しても全然理解してもらえないモデルというのは，「すごいモデル」ではなく，実は「だめなモデル」なのです．

しかし，そうは言っても，経済学の学問としての本来の趣旨からいって，法学と比較した時に，経済学の理論の特徴とか思考のくせのようなものは，大体わかっていただけるのではないでしょうか．第一に，概念や仮定が，現実の社会のそれとどのように対応しているかについて，経済学は法学ほど神経質ではありません．むしろ，現実の中の枝葉をいかに切り落として抽象化し，現実の経済社会の現象を簡潔，明快かつエレガントに説明してみせるか，が自分たちの学問の本領であると考えています．第二に，どちらかというと，細部の社会現象よりも，もっと一般的な社会の傾向的な法則性の発見に関心を持っています．第三に，価値判断の自由を重視します．経済学は価値判断を排除する学問であるというのは間違った考え方ですが，「必ずこうあるべきだ」という発想ではなく，「こうあるべきだという価値判断を所与とすると，こうするべきだ」という仮言命法的な価値判断をするのが経済学の特徴であるというのはその通りです．

一方，法学というのは，もともと，紛争という社会の個別的な，それも多分に病態に属する現象をいかに処理するか，という観点から発達した学問です．それで，紛争処理のルールは，これらの病態処理に堪えるほど，十分正確に現実と妥当しなければなりません．便宜的に概念や仮定を立てるというわけにはいかないのです．しかも，それらの限界事例に対して必ず「解決」することが求められ，更にその効果として，賠償や刑罰が伴うわけですから，「かくかくの価値判断を所与とすると……」といった仮言的な表現が好まれないことも当然です．このような学問的特性から，法律家の思考の「くせ」がでてくるわけで，それが経済学者のそれと，しばしば相容れないと思われるほど異なる理由も，ご理解いただけるのではないかと思います．

法律家に経済学をわかってもらうには？

時として，このような2つの学問の思考の差異を取り上げて，法学における経済学無用論，有害論の根拠とされる時があります．それは，大きな間違いで，実際には，適切な使用の仕方ができていれば，経済学は法学にとって大変有益な研究と実践のためのツールになるのですが，そのことについては，本論で説明することにして，ここでは，2つの学問の差異を，法律家にどうすれば経済学をわかりやすく，しかも誤解のないように説明できるか，ということについての方針を得るためのヒントにしたいわけです．

最も大切な方針は，経済学で当たり前に想定されている概念や，仮定されている前提について，その現実的な妥当性を丁寧に説明してゆくことでしょう．一見，唐突に見えたり，あまりにも現実離れして見える経済学の仮定でも，実は十分現実の近似になっている場合が多いのです．ところが，経済学の多くの教科書では，その点についての説明が十分でないために，法律家の関心を損ねてしまう場合が多いと言えます．特に，法律家にとって関心を呼びそうな部分については，丁寧に説明するように心がけました．

本書は，この点に集中的に取り組むことにしたため，トピックについて先端的な話題を避けて，経済学の最も基礎的かつ中心的な部分に限定することにしました．数学についても，高校文系の知識以上のものは必要ないように留意し，これらの数学についても，なぜ言葉によらずに数学的な表現を使用するのかをできるだけ説明するようにしました．結果として，これまでの教科書と比べて，内容が簡単すぎる印象を持たれる読者が多いと思いますが，よくある「3日間でわかる……」式のハウツー本とは，決して思わないでください．すべての学問において最も大切なことは，基本的な思考を正しく把握することであり，それを抜きにして新しいトピックや概念を覚え込むことは，単に知的なアクセサリーを買い揃えているに過ぎません．

本書の構成

本書は，法科大学院における2コマ，各14回の講義のノートに基づいて執筆されました．そのため2部構成になっており，第I, II部のタイトルも，その時の講義名と大体同じになっています．学生さんは，2つの授業の片方だけを取っている方も多かったので，2つの部は独立して読めるようになっていますが，第II部を読むには，第I部の前半は理解しておいた方がよいとは言えます．

各部はそれぞれ前半と後半に分かれていて，第I部の前半(第1-8章)は，直接には法学と関係しないミクロ経済学の入門的説明にあてています．後半の第9-14章は，公法のトピックに経済学を応用していますが，これは，前半の知識をフルに利用していますから，後半だけを抜き読みするわけにはいきません．第II部の前半(第15-19章)は，法学と経済学との関係について，詳しく論じています．この部分を丁寧に読んでいただければ，なぜ，法学者にとって経済学を学ぶ意味があるのかが，理解していただけるのではないかと思います．第II部の後半(第20-28章)では，民法の(従って，法学の)核心である契約，財産，不法行為について，最も基本的な経済学の応用を説明しています．

この最後の部分が，法律家の方々には，一番なじみやすい個所かもしれませんし，また，他と独立に読んでもわかりやすい部分ではないかと思います．事実，この部分から入る「法と経済学」の教科書が多いのですが，あえてそうせずに，ミクロ経済学の基本から入るところに筆者なりのこだわりがあることは，ご理解いただけると思います．これも少し乱暴なたとえになりますが，「法と経済学」(あるいは「法の経済分析」)というのは，法学で言うと「労働法」，「独占禁止法」，「環境法」といった応用分野に対応します．ミクロ経済学を勉強しないで「法と経済学」(「法の経済分析」)だけ勉強するのは，民法を勉強しないで，上記の応用分野を勉強しているのと同じで，それはそれで意義があるし，不可能なこととは言えませんが，それでは法学の本質を学んだことにはならないし，それら個別分野についても高い水準で理解したことにはなりません．そういうわけで，少々親しみにくいやり方ではあっても，あえてミクロ経済学の入門編を冒頭に持ってきたわけです．

謝　辞

後は，本文をひもといていただければよいのですが，この場を借りて，本書の執筆にあたってお世話になった方々への謝辞を記しておくことをお許しください．本書は，過去数年にわたる京都大学法科大学院，及び，大阪大学高等司法研究科における「法と経済学」関連の講義のノートをもとにして執筆したものです．両校における筆者の講義の機縁を作っていただきました京都大学の川濱昇先生と大阪大学の吉本健一高等司法研究科長(当時，現神戸学院大学教授)に，まず，お礼を申し上げます．

両校での講義は，当初の筆者の予想以上に良い経験になりました．なによりも，多くの学生さんが経済学に興味を示してくださり，有益なコメントをくださったことで，筆者の講義も年ごとにヴァージョン・アップすることができました．京都大学では，非常勤講師の筆者に対して，学生さんの方からわざわざ酒席に誘ってくださり，いろいろと楽しい対話の時間を持つことができました．また，大阪大学では，最終回の復習セッションで，1人の学生さんから，経済学が面白かったので，試験科目よりそちらに時間をつかってしまいましたよ，という，有難いのを通り越して恐縮してしまうような感想をいただくこともできました．これらの講義の手ごたえに基づいて，本書を世に問うことにそれなりの意義があるのではないか，という筆者なりの確信を得た次第です．本書が少しでも読者の皆さんにとって有益なものでありうるとするならば，なによりも，これら多くの学生さんたちが，実益のない経済学の勉強に試験前の真に希少な時間を割いてくださったことによるものであると思います．

あまり，世間との付き合いのない筆者ではありますが，それでも 20 年近く「法と経済学」の研究をしているので，何人か，経済学に関心を持ってくださる法律家の良き友人に恵まれることができました．先に挙げた川濱先生もその中のおひとりですが，その他，安念潤司，宍戸善一，福井秀夫，藤田友敬といった諸先生方とは，日頃からよく議論をして，法学(時には，経済学)の勉強をさせていただきました．特に，藤谷武史先生は，本書の初稿全体を検討して詳細なコメントを下さり，そのおかげで筆者の数々の誤りを修正することができました．心よりお礼を申し上げます．

筆者が属する大阪大学社会経済研究所は，日本を代表する経済学研究のメッカですが，その中の多くの先輩，同僚諸氏は，筆者が「法と経済学」という必ずしも経済学の中ではメジャーではない学問分野の研究に集中することを許してくださったのみならず，日頃から良い議論と相談の相手になってくださいました．特に，長く職場と専門分野を共にして，その間，筆者の研究の良き相談相手として，ご指導，ご支援くださった八田達夫先生に厚く感謝申し上げます．また，大阪大学大学院博士課程の高原豪君には，本書の初稿をお読みいただき，多くの誤りや表現の不備を修正していただきました．岩波書店編集部の髙橋弘さんと松崎一優さんは，本書全体を読んで，多くの重要なコメントをくださいました．おふたりの貴重な御努力によって本書を世に出すことができました．

最後になりますが，筆者が「法と経済学」の研究を志したのは，大学時代からお世話になり通してきた浜田宏一先生(現イェール大学名誉教授)の影響によるところが大変大きいと思います．先生からいただいた学恩に対して述べ始めるときりがないのでやめにしますが，本書を心よりの感謝とともに先生に捧げることを以て，それに代えさせていただければ筆者にとって幸いこれに勝るものはありません．

2014 年 11 月吉日
今宮の寓居にて

常木　淳

この本の使い方 半期15回授業の場合

1. 経済学の基礎を教える場合――簡単な数学(算数)を使うケース

第1-3回 → 第1-3章

第4-5回 → 第4, 18章

第6-11回 → 第5-9, 17章

第12-15回 → 第10-13章(関心によっては, 12章に代えて, 14章)

2. 「法と経済学」を教える場合――数学, 全くなし

第1-4回 → 第2, 3, 9, 17章

第5-6回 → 第4, 18章

第7-8回 → 第10, 19章

第9-10回 → 第20, 21章

第11-12回 → 第22, 23章

第13-14回 → 第25, 27章

(残りの1回で, 24, 26, 28章の, いずれか関心のある章)

3. 1, 2の中間の場合――算数あり

第1-3回 → 第1-3章

第4-5回 → 第4, 18章

第6-10回 → 第5-8, 17章

第11-12回 → 第10, 19章

第13-14回 → 第20, 21章

第15回 → 第23章

目　次

第I部　ミクロ経済学入門

第1章
経済学の本質と，その学習に関する諸注意

経済学とは何か

第I部では，直接に「法」を対象とするのではなく，ミクロ経済学の基本を概説することを目的として講義を進めてゆきます．しかし，標準的なミクロ経済学の概説書としては，すでに多くの優れた著作があり，それらを踏襲して述べ直すのでは，あまりにも平板かつ冗長です．そこで，本書では，できる限り，経済学の基本的な考え方を法学の場合と対比して，法律家の方々が経済学を学習しようとするときにどの地点で混乱してしまうのかを，適宜いろいろな場所で指摘してゆくことを目標にしたいと思っています．その指摘は，同時に経済学という学問の限界線を示すこととも表裏一体になるはずです．

はじめに，経済学とは何かという定義を行うことからはじめましょう．経済学の定義にもいろいろありますが，ここでは，できるだけ簡潔かつ平易な定義を考えます．

世の中には，様々な希少資源(人々の欲求に比して，十分に存在しないもの)が存在します．食べ物も衣服も住宅も，皆，希少資源です．誰も住まないシベリアやカナダの奥地の土地は希少とは言えませんが，人が住む土地は，多くの場合，希少です．空気は一般には希少とはみなされませんが，最近流行りの喫茶店では，おいしい空気を有料で吸わせてくれるところがあります．このような純度の高い高級な空気は希少です．今後，環境破壊が進行すると，一般的な空気も酸素バーの空気のように希少性が高まってゆくでしょう．その頃には，シベリアの奥地も立派な資源になる可能性があります．また，以上のようなモノだけではなく，労働とか資金などのサーヴィスも希少資源です．

これは，すでに法学と経済学との大切な分岐点で，法学の場合には動産と不動産の区別は大切な問題となります．もちろん，労働や株式，社債などの資本は，また，別途，性質の異なる存在として論ぜられます．これに対して，経済学という学問では，これらのものは「希少性」の差異という一点からのみ区分

されるだけで，それ以外は1つの体系の内部で「資源」として対称的に取り扱われるのみならず，それらの価値は社会的関係を表現する1つの体系の中で同時決定されるのです．

もう少し具体的に言うと，希少でない資源は，誰もが自由に使って別に問題はないのですが，希少性があると，これをどのように配分するかという問題が生じます．例えば，何を誰にどれだけ与えるのか，どんなサーヴィスを誰がどれだけ提供するのか，といった問題です．さしあたり，経済学とは，希少な資源がどのように配分されているのかを，一定の方法論に従って分析する社会科学の一分野であると定義できると思われます．

経済学の方法

このように，経済学には，それが取り扱う対象に対する把握の仕方に，法学とは異なる特色がありますが，問題にアプローチする時の方法も，法学とは極めて異っています．それが，「分析」で，これも難しいことを言えばきりがないのですが，一言でいえば，対象をモデルとして構成して考察するということです．

モデルとは，一連の概念と仮説の集まりで，これらの前提条件から論理的な分析を経て，一連の命題が導出されます．例えば，複数の個人からなる社会，という基本概念があり，各個人は，自らの主観的な利益(効用)を最大化するように選択を行う，という仮説があります．以上の前提条件を認めるならば，その形式論理的帰結としてかくかくの命題があり，それらについては，標準的な形式論理を認める限りは誰もが承認すべきである，といった議論の進め方です．例えば，個々人は，自らの所有する財を市場で交換する，財は同質的で分割可能である等々，他にも，色々な基本概念と仮説を付け加えてゆけば，更に強い意味のある命題が多々導出できます．

法律家が経済学に接したときに最初に感ずる違和感は，議論の前提条件があまりにも非現実的である，というものだと思われます．非常に典型的なのは，経済人の合理的選択という仮説で，人間がいつも合理的な選択をするなどというのは，端的にナンセンスな前提ではないか，という印象を持つ場合が多いようです．ほかに，企業が利潤を最大化するように行動するとか，市場では同質的な財が取引されるといった仮説についても，大なり小なり似通った反応があると思いますが，逆に，経済学研究者の側からみると，法律家のこのような「経済学批判」は，非常に平板でステレオタイプな印象を受けるのです．人間がいつも合理的選択をするものではないというのはよくわかる．しかし，合理的に選択しないという仮説は何を意味しているのか？　人間は，その場その場の思いつきで，でたらめな選択をしていると言いたいのか？　要するに，何を言っているのかわけがわからないじゃあないか，といった印象なのです．

「はじめに」でも説明したように，初歩的なレヴェルでの経済学に対する法律家の疑問というのは，双方の学問の方法に関する差異に根ざしており，一見するほど単純なものではないように思われます．経済学は，なによりもまず実証科学であることを自己の存在理由としています．そして，実証科学の生命線は，議論の前提が明確で，現実によって反証されうることです．経済学者も生身の人間ですから，多少の常識がある人であれば，自分も含めて現実の人間がそれほど合理的に行動しないことくらいは，大なり小なりわかっています．しかし，合理的選択の仮説は明確に定義されているので，その意味は一義的であり，現実に照らして，その成否を反証することができます．これに対して，「人間は合理的でない」とか，「企業は，株主，従業員，消費者の利益を，総合的に判断して行動する」という言明は，どうとでも意味を解釈できますから，現実がどのようになっていても，「概ね妥当しているのではないか」という以上には肯定も否定もできません．前提条件が曖昧で，幅広く妥当すればするほど，どんな現象が起こっても，それなりに説明がつきます．この種の思索を極限まで追求してゆくと，最後には「全て」がわかるかもしれませんが，このような，構成それ自体によって「全て」を包摂する知的体系は，実証科学の観点からは，必ずしも情報量の多いものとは言えないのです．

筆者は，経済学の分析的方法が，社会についての極めて有力な認識手段であると理解していますが，それが唯一の方法であると主張するつもりは全くありません．経済学的分析には，利点とともに欠点があります．理論モデルを抽象して明確に構成することは，議論の前提を明確化するとともに，現実の観察，データ処理，実験などを通じて理論の正当性を検証できるという利点がありますが，その一方で，そこで検証される経済法則は，あくまでも，複雑な現実の中で，反復的かつ普遍的に観察できる性格のものに限られています．法解釈学は，様々な紛争事案のうちに，普遍法則的な側面とともに，それらの規則性を超えて無限に多様な特殊性を理解し評価するための学問的一手法であり，その視点から見る時，社会現象の中における普遍法則の探求を目的とする経済学的な分析が非現実的な偏ったものの見方に見えるのではないかと思われます．

このように説明すると，それでは，やはり法律家にとって経済学は無用なものではないか，という結論に落ち着くおそれがあります．当然，筆者としては，その結論に反対しなくてはなりませんが，それには，経済学だけではなく法解釈学とはどういう学問かを本格的に考察する必要があり，この先1，2頁でなしうるものではありません．本書では特に第II部の前半部分において，この論点を主題的に考察したいと思いますが，それまでは，あえて，この問いに対する直接的な回答をペンディングにしておいて，第I部では，経済学に関する入門的解説を行うことにします．その中で折に触れて，経済学が法学のどの分野とどのような関連があるかを指摘してゆきたいと思いますが，このように具体的に法学と経済学との関連を説明することから始める方が，いきなり超越的な学問方法論から入るよりも，法律家の皆さんにとって自然な形で，経済学の有用性，あるいは，少なくとも面白さというものを自然に理解してもらえると考えています．

経済学学習における諸注意

最近は，アメリカの法学界で「法と経済学」が一世を風靡していることもあってか，法律家の人で経済学を勉強してみたいという人は昔に比べると格段に増えています．しかし，時間や費用をかけた割には成果があがらないと嘆く人も多く，それも，もともと能力のない人ではなく，大変優秀な法律家や法学部生の中に，そのようなケースが多々見られるような気がします．結局，優秀な法律家や法学部生になればなるほど法学の思考法を徹底的に身につけているために，それとは異なる経済学の思考方法に対してほとんど生理的な拒否反応を示す傾向があるのではないかと思われます．

経済理論の最先端を理解することは，法律家でなくとも筆者を含めて経済学の専門家でも大変難しいのですが，経済学の入門的な学習は，効率的に行う限りそれほど難しいものではありません．しかし，「アブナイ本」の山の中から適当な教科書に出会うには，かなりの強運が必要であり，これに加えて，法学の勉強と同じ要領で経済学を勉強しようとすると，いろいろと無駄足を踏まされる傾向があるようです．

経済学をきちんと学ぶためには，最初にミクロ経済学の信頼できる教科書を，一冊きちんと読む必要があります．できれば，計算までするのがよいでしょう．筆者としては，そういうわけで，まず，本書をきちんと読んでほしいわけですが，どうしても性に合わない人は，自分に合った教科書を見つけて，とにかく最後まで隅から隅まで読むことです．経済学は法学と違って，知識の量を要求する性格の学問ではないので，やたらと本をたくさん買い集めて情報収集することには，ほとんど意味がないと言ってよいでしょう．

また，法学の勉強の類推で，仮定と結論だけ丸暗記して自分が扱っている問題に当てはめるというやり方をしてはいけません．初歩的な学習においても「あほらしい」と思わずに，高校生が数学の受験参考書を勉強するような気持で論証のプロセスを一歩一歩フォローしてゆく訓練をしなければ，経済学の理論構造は見えてきません．基本的な理論の勉強をスキップして，補完性だ，進化ゲームだ，行動主義経済学だ，と先端的な議論に飛びつくのも，できるだけ避けるべきでしょう．

経済事情書や新聞の類は経済学学習の重要な補助教材とはなりますが，教科書の代わりには絶対になりません．この種の文献は，現実の経済問題を知る上では大変有益ですが，単なる記述的なものや，経験的な直観に頼った分析を行っているものが多々あるからです．この種の原データを基にして「正しい」経済分析を行うのは，経済学の出発点ではなく，むしろ最終的に到達すべき目標地点と考えるべきでしょう．

古典を読むことも大切ですが，教科書学習の代替にはなりません．そもそも，経済学の古典は，アダム・スミスでもマルクスでもケインズでも，その他，大抵のものは大変難しいものです．文庫やペーパーバックの翻訳本を買ってきて，自分でちょっと読み流したくらいでわかることは絶対にないと考えるべきです．トライしたけれども難しくて歯が立たなかったと思った人も，全く当たり前のことですから安心してください．

経済学の分野

大きく分けて，経済学にはミクロ経済学とマクロ経済学があります．後者の学習も重要ですが，ミクロ経済学がきちんとわからなければマクロ経済学もわからないでしょう．国際経済学(貿易論，国際金融論)，金融論，財政学(公共経済学)などの応用科目も同じです．特に，「法と経済学」はミクロ経済学との関連が深いので，まず，ミクロ経済学を勉強することが必要です．その上で，入門レヴェルのマクロ経済学の教科書を読んでおくことは，可能であれば望ましいでしょう[1]．

また，ミクロ経済学は，基本的であるだけに抽象的であり，難解かつ退屈です．その場合，ひとまず，どれか自分が関心を持てる応用分野の勉強をしてみるのも1つの手でしょう．経済事情書や経済学の古典を紐解くのも1つの手段です．その上で，再度，ミクロ経済学の勉強に挑戦してみてください．おそらく，表面上退屈に見えるミクロ経済学の体系が，実は大変重要な意味を持っていることが，改めてわかるはずです．

ミクロ経済学から先の応用経済学の勉強は，ある程度，オプショナルです．法律家としての専門分野との関連にもよります．憲法・行政法や租税法を専門とするならば，財政学(公共経済学)の勉強は不可欠でしょう．独占禁止法が専門であれば産業組織論，労働法が専門であれば労働経済学，環境法が専門であれば環境経済学の勉強が必要であると思われます．どの分野にせよ，今日の国際化する法務に対応するには，国際経済学の基礎知識は，あるに越したことはないと思います．

これらの中で最も注意を要するのは，金融論の位置づけです．金融論は経済学の応用分野ですが，金融論という題名の教科書でも，大部分，マクロ経済学を扱っているものもあります．「法と経済学」に関係があるのは金融のミクロ経済学(financial economics)なので，ミクロ的なアプローチをとる教科書を読むのが良いでしょう．また，金融のミクロ経済学は標準的なミクロ経済学には収まりきらない内容を持っており，しかも，民・商法の基本的な問題意識と重なっているので，ミクロ経済学と並んで法律家にとって必須科目と言えます．し

---

1) 例えば，N. グレゴリー・マンキュー／足立英之他訳(2005)『マンキュー経済学〔第2版〕〈II〉マクロ編』東洋経済新報社，など．

かし，この分野は経済学の中でも，近年，飛躍的に発展しつつある分野で，逆に言うと，標準化した教科書的な理論が十分に確立しておらず，初心者が学習するのが困難な分野と言えます．

更に，金融のミクロ経済学は，大別，企業金融論と金融契約論とに分かれますが，後者は，やはり，近年，経済学の中で飛躍的に発展している契約理論(contract theory)の応用になっています．アメリカのローレヴューを席巻している「法と経済学」関係の有名な論文は，これらの経済学の発展とコラボレートする形で，この分野の先端的な知見を踏まえて執筆されたものが多く，契約理論全般に関する先端的な知識がないと読みこなせない場合が多いので，「法と経済学」の最先端の議論を理解するには，契約理論の勉強が不可欠です．

残念ながら，本書では，これらの金融のミクロ経済学や契約理論に関する解説を行う余裕がありませんでした．本書は，これらの先端的な「法と経済学」を研究する上での前提となる基礎知識を提供するところで終わります．しかし，このことは，筆者がこれらのより先端的な理論の意義を評価していないということを決して意味していません．本書の理解を踏まえて，読者の皆さんは，更に先端的な経済学の分野の研究へと進んでゆかれることを，筆者として心より期待しています．また，本書で概説する基礎知識は，これらのより先端的な理論の学習の準備としても大変有益なものであると考えています．また参考文献のところで，これらの先端的理論の学習にとって有益な文献を挙げておきました．

使用する数学

法学を専攻される方の中には，経済学は難しい数学を使わないとわからないと思っている方がしばしばおられるようです．確かに，分野によっては先端的な数学が使われる場合がありますが，経済学の本質的な部分は，大げさな数学を使わなくとも，高校生の時に勉強した数学の知識だけで十分に間に合います．それも忘れた人は，高校の数学の教科書でも引っ張り出してください．後は，しばしば法律家の方におられるような数式アレルギー(数式や記号をみると虫酸が走る等々)をひとまず括弧に入れておいてくだされば，読み進めるうちに，その種のアレルギーも無用なものであることは自然に理解できるはずです．

大体，本書で使う数学としては，四則演算(算数)以外は，集合(についての高校生程度の理解)，実数(の空間)(についての高校数学レヴェルのおおまかなイメージ)，関数と写像の定義，関数の連続性と微分可能性(これも，難しい議論は不要，前者は「つながっている」，後者は「滑らかで傾きが簡単に計算できる」というくらいの理解で十分)，といったあたりで，これらについては，次章のコラムで簡単に説明します．その後は，少し面倒な数学を使う必要があるときにだけ，適宜説明を加えます．

それでは，前置きはこれくらいにして，次章からは具体的な説明に入ります．

第2章
経済学と価値判断

事実分析と規範分析

時々，法学者の文献の中に，経済学とは実証科学であって価値判断を行うものではなく，その点で，法的価値判断を仕事とする法律学とは相いれないものであるといったコメントが散見されますが，もちろん，これは大いなる誤解です．前章で述べたように，経済学とは希少な資源をどのような方法でどのように配分するかを研究する学問であるとすれば，次の段階は，一定の価値判断に基づいて，希少な資源をどのように配分すべきか，という規範的な分析につながってゆきます．

理論分析を通して導出された命題は，次に，現実経済のデータに照らして，あるいは，実験的手法によって実証的にテストされ，その結果として棄却されなかった理論は，ひとまず現実に対する説明力を保持していることとされますから，次は，この命題を用いた規範的な経済分析が始まるのです．経済学における規範的分析を行う分野は，通常，厚生経済学とよばれています．希少な資源をどのように配分すべきか，という規範的視点に立った場合，望ましい資源配分のあり方に関する価値判断が必要となりますから，そのための価値基準が明示化されなくてはなりません．まずは，経済学における価値判断の基準について，説明してゆきましょう．

経済学における価値の基盤

現代における，ほとんど全ての経済学は，効用の概念から出発します．少なくとも，本書が議論の対象とする標準的な経済学は，それを当然の前提としています．「効用」とは，個人の幸福を包括的に表現するためのツールであり，「幸福は，個人が肯定的な価値を置きうる全て——消費される財やサーヴィス，社会的，環境的快適性，達成感や他者への同情——などを含む．同様に，個人の幸福は，自分の身体や財産への損害，費用や不便，その他なんであれ，個人

コラム1

実数，ヴェクター(ベクトル)，集合，関数

中学生，高校生のころに頭を悩ませられたこれらの概念も，特に法学を専攻した方はすっかり忘れてしまっている場合があります．経済学を勉強する効用の1つは，文系の学生でも，これらの勉強が無駄でなかったことを確認できることです．しかし，自分で思い出すのもおっくうな人は，この章でこの本を読むのをやめてしまうかもしれませんから，この際，復習してみましょう．

まず，数の概念から始めましょう．自然数(1, 2, 3…)，整数(自然数と，0, −1, −2, −3…)まではいいですね．これに，整数の分数の形で表される，1/3, 11/7…などの全ての数を加えたものが有理数，これに有理数で表すことができない $\sqrt{2}$，π…などの無理数(循環しない無限小数)を加えると実数になります．実数をN個並べた組を，N次元ヴェクターと呼ぶことにしましょう．例えば，$(0.3, \sqrt{3}, 11/3)$は，3次元ヴェクターです．

次に，集合とは何か，思い出しましょう．一般に，要素の集まりを集合と言います．要素は，何でもいいので，例えば「眼鏡」を要素とすれば，眼鏡の集合になり，「大阪人」を要素とすると，大阪人の集合になります．同様に，全ての実数を要素とする集合が実数の集合ですが，これを実数空間と呼ぶことがあります．同じく，全てのN次元ヴェクターを要素とする集合を，N次元ヴェクター空間と呼ぶことがあります．

次に，2つの集合の間の一方を定義域，他方を値域として，定義域に属する各要素から値域に属する諸要素への対応関係を表すものを，一般に写像と呼びます．写像のうちで，定義域に属する各要素が，値域に属する1つの要素のみと対応する場合，そのような写像を関数と呼びます．

が好ましくないと思うものを，マイナスに反映する」[1] ものです．標準的な経済学においては，各人は自分自身の効用関数を有し，自分自身の効用を論理的な一貫性を持って最大化してゆく，とする合理的選択の仮定を前提とします．

個人の効用とその最大化仮説は，事実解明的経済学の範囲では個人の選択行動に関する仮説であって，全く規範的な意味合いを持っていませんが，厚生経

1) Kaplow, L and S. Shavell (2002), *Fairness versus Welfare*, Harvard University Press, p. 17 参照.

済学においては，これら諸個人が獲得する効用の価値を肯定し，社会が追求すべき目的として諸個人の効用の増進を掲げますから，そこに規範的な含意が生じます．

厚生経済学の価値基準

しかし，もちろん，効用それ自体で，そのまま政策目標とすることはできません．多数の個人からなる社会において人々は多様な効用を持っており，それらを全て尊重するとなれば，複数の個人の価値や利害が対立する状況では価値判断が停止してしまいます．そこで，厚生経済学の常道に従うならば，多数の人々が享受している効用水準のなんらかの集計値である社会全体の厚生水準が，政策判断のための目的であると考えます．このためのツールが，社会の成員の効用水準のヴェクター $(\boldsymbol{u}^1, \boldsymbol{u}^2, \cdots, \boldsymbol{u}^H)$ を社会厚生水準 W という実数値に写す，社会的厚生関数と呼ばれる写像です．

数式で表すと，社会的厚生関数 W は，

$$\boldsymbol{W} = \boldsymbol{W}(\boldsymbol{u}^1, \boldsymbol{u}^2, \cdots, \boldsymbol{u}^H)$$

という形をしています．社会的厚生関数は，社会厚生という目的に適う経済社会が望ましいという判断ですから，価値原理としては目的論，あるいは帰結主義に属するものと言えます．

社会的厚生関数の性質

社会的厚生関数は，大変一般的・抽象的な概念で，様々な社会的厚生関数が無数に存在可能ですが，それでも，いくつかの重要な制約に服しています．第一に，厚生主義，すなわち，社会的厚生関数は社会成員の効用のみの関数であって，他のファクターを社会厚生の要因に含めないこととします．

この主張の意味は，次のように理解できます．すなわち，社会目的を設定するにあたって，個人の私的な効用に還元することのできない，社会それ自体が有する有機体的価値を社会的価値として認めないということです．この意味で，社会的厚生関数は，個人主義に基づくと言えます[2)]．

第二に，パレート包摂性，すなわち，社会的厚生関数は各人の効用の増加関数であると仮定します[3)]．これは，他の社会成員の効用を害さない成員の効用

効用，社会的厚生関数

効用とは何か，というのは，問い始めれば，哲学，倫理学の究極のテーマになってしまいます．本書では，「各個人の，自分の生活状況についての主観的な満足度」くらいの理解でお許しいただくしかありません．本書では，この満足度である効用を，非負の実数で表現できると仮定します．つまり，効用0が最悪で，1, 2, 3と，数値が大きいほど満足度は高いと考えます．また，効用は主観的な満足度ですから，整数だけでなく，有理数(ex. 1/3)，無理数(ex. $\sqrt{2}$)などでも表示できるとします．

まず，最初に，ある個人にとって，状態Aの効用が1，状態Bの効用が2であれば，彼にとってBの方がAよりも満足度が高い，というのが正しいとしても，彼にとって，AよりもBの方が「2倍」幸せである，とか，「1だけ余計に」幸せである，といった言明に意味があるか，が大問題です．つまり，効用とは，個人にとっての満足度の順序を便宜的に示すインデックスに過ぎないのか，それとも，順序以上に，満足度に関する定量的な情報を伝えているのか，ということで，これを効用の計測可能性問題と呼びます．次に，満足度はあくまでも個人の主観的な感じ方の問題であるとすると，状態Cにおいて，2人の別々の人J, Kにとって，Jさんの効用が1でKさんの効用が2であったとしても，KさんはJさんよりも状態Cにおいてより満足していることを意味するのか，が大問題で，これを効用の個人間比較可能性問題と呼びます．

この点をひとまず棚上げにして，次に個人ではなく社会全体の満足度である厚生(あるいは福祉)の水準を社会厚生と呼び，個人の効用と同様に非負の実数で表されるとします．つまり，厚生0で社会の福祉状態は最低で，以下，1, 2, 3と増えるに

の増加(これを「パレート改善」と呼びます)を，社会的にプラスに評価することを意味します．この考え方は，各人が他人に対して不利益をもたらさない限り，当人の効用の改善が社会的に必ず肯定的に評価されることを意味しますから，やはり，優れて個人主義的な価値基準となっていると言えるでしょう．

---

2) ただし，社会有機体説に立たなくとも，社会的厚生関数は厚生主義を放棄して，より広範な要因を取り入れることが必要であるとする立場もあります．代表的なものとしては，セン(Amartya K. Sen)による，「潜在能力」に基づく価値論を挙げておきます．

3) 厳密には，非減少関数です．コラム3に，もう少し詳しい説明があります．

コラム2

つれて，社会はより厚生水準の高い「豊かな」社会になっていると考えるわけです．社会厚生は，社会のメンバーの効用水準だけに規定される，という個人主義の仮定を採ると，H 人のメンバーからなる社会の厚生水準は，彼らの効用を表す非負の実数からなる H 次元ヴェクター空間 $R_+{}^H$ を定義域として，社会厚生の水準を表す非負の実数空間 R_+ を値域とする関数，社会的厚生関数，によって決定されます．本文の中で例として取り上げた功利主義，ロールズ，ナッシュの社会的厚生関数は，いずれも上の定義を満足していることを確認してみてください．

次に，効用の計測可能性，個人間比較可能性の当否と，社会的厚生関数との関係ですが，これも雑駁な言い方でお許しいただくならば，前者について強い前提を置くほど，選択される社会的厚生関数の範囲を絞ることができます．つまり，望ましい社会の状態について明確な判断ができます．逆に，前者についての前提を弱めるほど，どのような社会が望ましいかに関する判断が弱くなります．例えば，皆それほど豊かではないけれども分配の平等な社会と，富の格差は大きいけれどもお金持ちのたくさんいる社会とを比較した時に，「不平等な社会は絶対に許されるべきではない」とか，「少しくらい不平等でも，儲かっている社会の方がいいに決まっている」とか，はっきりした判断をするには，効用の計測可能性，個人間比較可能性について強い前提を置く必要があります．逆に，この点についてはっきりした判断をしないとすると，「所詮，どれだけ幸せかとか，他人が自分より幸せかどうかなんて誰にもわからないんだから，どんな社会が望ましいかなんて決められないよ」ということになるわけです．

パレート効率性

経済学を少しでも勉強したことのある方であれば，経済学における効率性とはパレート効率性のことであるということは，ご存じと思います．パレート効率性，あるいはパレート効率的な資源配分とは，当該資源配分をどのように変更しても，全ての成員の効用を同時に改善，もしくは現状維持するような再配分ができない，つまり，パレート改善ができないことを意味しています．社会的厚生関数がパレート包摂性を満たすならば，全てのパレート非効率的な資源配分に対して，パレート改善的な別の資源配分を選択することによって社会厚

コラム3

パレート包摂性，パレート改善，パレート効率性

一般に社会的厚生関数の候補としては，R_+^Hの要素をR_+の要素に写す全ての関数が考えられますが，パレート包摂性(Pareto inclusiveness)の仮定を導入することで，その範囲を幾分か限定できます．パレート包摂性とは，社会に属するH人のメンバーのうちの1人の効用が増加し，他のメンバーの効用が一定であれば，社会厚生は増加するかもしくは一定であり，H人のメンバー全員の効用が増加した時には，社会厚生が厳密に増加することを意味します．上に挙げたような状態の変化を，一般にパレート改善(Pareto improving)と呼びますが，このうち，最初のように，1人(もしくは一部分)の人だけ効用が増加して，他の人の効用は変わらない場合を，「弱くパレート改善」(weakly Pareto improving)，2番目の，全員の効用が増加する場合を，「厳密にパレート改善」(strictly Pareto improving)と呼びます．

$H=3$の場合について例を挙げると，効用のヴェクターがもともと(2, 3, 0)の状態から(3, 3, 0)の状態になった場合，弱くパレート改善，(2, 3, 0)の状態から(3, 5, 1)の状態になった場合は，厳密にパレート改善となります．頭を整理するために，功利主義，ロールズ，ナッシュの社会的厚生関数について，上の例の場合に，それぞれ社会的厚生関数の値がどのように変化するか確認してみてください．厳密にパレート改善しているケースでは，どの社会的厚生関数を使っても，社会厚生の値は増加しますね．ところが，弱くパレート改善した例では，功利主義の場合，社会厚生は増加しますが，ロールズ，ナッシュの場合，社会厚生は一定(どちらも0のまま)です．

最後に，資源の存在量，生産技術，個人の選好などの社会環境を所与としたときに，資本や労働などの生産要素の投入量や消費者の財の消費量などの配分を変更することで，どう工夫してみてもパレート改善が不可能な状態を，パレート効率的(Pareto efficient)と言います．これに関する詳しい説明は，第6章で行います．

生を改善できますから，パレート非効率な資源配分は社会的に最適な資源配分からは排除されます．この意味で，社会的厚生関数は，パレートの意味での効率性を社会的に最適な資源配分のための必要条件として要請していると言うことができます．

パレート効率的な資源配分は，なぜ良いことなのでしょうか？　もしも，資

源配分がパレート効率性を満たしていないとすれば，誰の立場も不利にせずに誰かの利益を高めることができます．従って，その状態には無駄が存在するのであり，逆に言えば，パレート効率的資源配分は「無駄がない」ことを意味しているのです．また，全員の合意に基づいて，よりよい社会状態を判断するということは，「より良い」社会状態の判断にあたって，一部の人が不利になり，他の人が有利になるような変化については，判断を留保することを意味しますから，複数個人の利益を第三者が比較衡量するという全体主義的な価値観を排除していることになり，この点でも優れていると言えます．

しかし，パレート効率性基準は，個人間の分配の公平性の観点が抜け落ちているので，価値判断として弱過ぎるという欠陥があります．

仮説的補償原理

本来，パレート効率性を実現するためには，そのための途中経路についても全員の合意を尊重する，つまりパレート改善の基準に従って政策を行うことが望ましいのは当然です．しかし，現実の経済政策においてパレート改善の基準に拘泥すると，ほとんど全ての政策を断念することになります．そこで，パレート効率性を拡張した効率性基準として仮説的補償原理(hypothetical compensation principle)が，しばしば適用されます．仮説的補償原理とは，「もしもある政策の結果として，損をする人に対して，得をする人が適当な補償を支払うことで，パレート改善が実現しうるとすれば，そのような所得移転が実行されなくてもその政策を断行すべきである」という考え方です．これだけ聞いても，わかりにくいかもしれませんが，第8章で説明するように，仮説的補償原理には大変重要な意味があります．また，第II部で説明するように，「法と経済学」においても最も基本的な価値基準となります．

社会的厚生関数の例

社会的厚生関数の特性として，目的論的価値であることと厚生主義に基づく個人主義とを挙げることができますが，これに総和主義，すなわち，全ての個人の効用を合計して社会厚生の基準とするという考え方を加えたものが，ベンサム(Jeremy Bentham)を始祖とする倫理学における功利主義の立場であると考

えられます．功利主義的な社会的厚生関数は，

$$\boldsymbol{W}(\boldsymbol{u}^1, \boldsymbol{u}^2, \cdots, \boldsymbol{u}^H) = \boldsymbol{u}^1 + \boldsymbol{u}^2 + \cdots + \boldsymbol{u}^{\mathrm{H}}$$

と表すことができます．

もともと，社会的厚生関数は功利主義哲学の一般化を図るものだったので，個人主義，目的論，という功利主義の基本的な立場を継承しています．しかし，このような特性を共有する社会的厚生関数は，他にも多数存在します．代表的なものとして，哲学者のロールズ(John Rawls)は主著『正義論』[4]において，

$$\boldsymbol{W}(\boldsymbol{u}^1, \boldsymbol{u}^2, \cdots, \boldsymbol{u}^H) = \min(\boldsymbol{u}^1, \boldsymbol{u}^2, \cdots, \boldsymbol{u}^H)$$

という社会的厚生関数を提唱しました．この考え方によれば，社会はメンバーの中で最も不遇な人の効用を最大化するような社会を目標とすべきであることになります．また，ナッシュ(John F. Nash)は，全てのメンバーの効用の積，すなわち，

$$\boldsymbol{W}(\boldsymbol{u}^1, \boldsymbol{u}^2, \cdots, \boldsymbol{u}^H) = \boldsymbol{u}^1 \times \boldsymbol{u}^2 \times \cdots \times \boldsymbol{u}^{\mathrm{H}}$$

を社会的厚生関数として提唱しました．

どのような社会的厚生関数を目的として選択するかは，社会的最適点の選択に決定的に影響します．特に，パレート効率性の基準では扱うことができなかった公平な分配の問題に対して，明示的な価値判断を示します．すなわち，パレート的基準は社会的公平性に関する価値判断を回避しますが，社会的厚生関数は一般にそうではありません．従って，経済学＝パレート効率性，法律学＝分配の社会的公平性，という価値判断基準の相違が両者の対立点であるとする，これも時折法学者の議論に散見されるステレオタイプな経済学批判も全くの間違いです．しかし，この論点を，より詳しく考察するには，社会的厚生関数に基づく公平性の判断がどのような特性を有するかを詳しく検討しなくてはなりません．これが，次章と第9章の課題となります．

---

4) Rawls, J. (1999), *A Theory of Justice*, revised ed., Harvard University Press(邦訳：川本隆史・福間聡・神島裕子訳『正義論(改訂版)』紀伊國屋書店，2010年).

第3章
分配の公平と正義

実質的公平性の原理としての社会的厚生関数

前章では社会的厚生関数が分配の公平を定める原理であると述べましたが，抽象的に過ぎて具体的なイメージを描きにくかったのではないかと思います．そこで次に，具体例に基づいて，どのような状況でどのような富の分配が規範的に正当とされるか考えてみましょう．本章では，資源配分効率の問題と独立して富の分配と社会厚生の関係を論ずるために，一定量の社会的富 I を個人間に分配するという問題を扱います．また，以下では話を簡単にし，議論の重複を避ける便宜上，功利主義的な社会的厚生関数を中心に議論をしたいと思います．

ピグーによる平等主義の根拠としての功利主義

まず，上の状況において，最も典型的な社会的厚生関数である功利主義的社会的厚生関数が，現実の富の分配に対してどういう価値判断を下すか検討してみます．簡単化のために各人の効用 u_h は彼の富 I_h の関数であると仮定しましょう．また，富が消費者にもたらす限界効用(富の限界的増加による効用の増加を示す1次微分の値)は，富の増加とともに逓減するとします．これは，誰でも生活状態が苦しいときの1円には，所得が潤沢な時の1円よりも高い主観的価値を感じるとする仮定であり，言い換えれば，人間は豊かになればなるほど，富のもたらす満足度が減少してゆくという仮定です．このとき，社会全体に存在する富 I を，各消費者の限界効用が均等化するように再分配することが，功利主義の原理からの社会的厚生最大化への要求となります．もしも個々人の限界効用に差があれば，限界効用の低い人から限界効用の高い人へと富を移転することによって社会全体の厚生水準が増加するからです．

以上の仮定に加えて，ピグー(Arthur C. Pigou)は，各人の効用関数が同じであると仮定しました．すると，もしも富の分配が完全に平等でなければ，金持

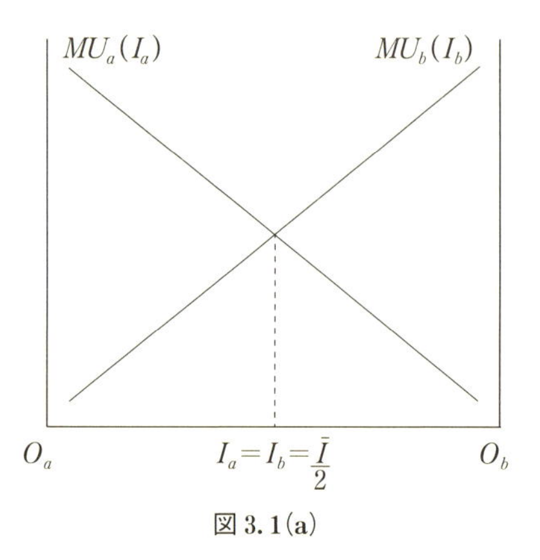

図 3.1(a)

ちの富の限界効用は必然的に貧乏な人の富の限界効用よりも低くなり，金持ちから貧乏な人へと富の再分配を行うことによって社会厚生は常に改善します．この結果，功利主義の原理のもとでは，社会的厚生最大化の条件として富の完全な平等分配が含意されます．この点を，図解によって，具体的に説明してみましょう．

図 3.1(a)は 2 人の個人 a, b からなる社会で，横軸の長さが社会全体の富 I に一致しています．図の左側から横軸に a 氏の富 I_a を測り，縦軸には a 氏が富の消費から獲得する限界効用 $MU_a(I_a)$ を示す限界効用曲線 $MU_a(I_a)$ を図示します．他方，図の右側からは，同じ要領で横軸に b 氏の富 I_b を測り，縦軸には b 氏が富の消費から獲得する限界効用 $MU_b(I_b)$ を示す限界効用曲線 $MU_b(I_b)$ を図示しています．ピグーの仮定によって，a, b 両氏は同じ効用関数を持っており，従って，限界効用曲線も同じになるので，2 つの限界効用曲線は図の中心に対して左右対称になります．この結果，2 つの限界効用曲線は $I_a=I_b=\bar{I}/2$，つまり，2 人の個人間に平等に富を分配したところで等しくなります．以上の結論は人口が 3 人以上の場合にも容易に拡張できますから，功利主義的な社会厚生を最大化する富の分配は，全ての人に対して平等に富を分配することを意味しており，功利主義はきわめてラディカルな経済思想の根拠となりえるわけです．なお，功利主義に限らず，ロールズ，ナッシュの社会的厚生関数でも，各人の効用享受能力が同一である場合には平等な富の分配が正当化されます．

エッジワースの反駁

しかし，ピグーの平等主義的な功利主義解釈に対抗して，彼の同時代人であるエッジワース(Francis Y. Edgeworth)は，同一の富から効用を引き出す能力は個々人の間で大幅に異なるという主張をしました．これを図解したのが，**図3.1(b)**です．ここでは，b 氏よりも a 氏の方が，高い能力を持っていて，一定の富から，より高いレヴェルの効用を獲得できると仮定しています．このため，富の量を一定とすると，b 氏の限界効用は a 氏のそれよりも低く描かれています．

エッジワースの仮定に立っても，功利主義的な社会厚生の最大化条件は，全ての人の限界効用が均等化するように富を分配することなのですが，今や，一定の富から抽出可能な効用の大きさが個人間で異なると仮定を変更してしまったので，限界効用を均等化する富の分配によって，効用を抽出・享受する能力の高い人に，より多くの富を分配することが，功利主義的な社会厚生最大化の仮定から正当化されます．**図3.1(b)**の場合，a 氏は，より「優れた」人として，より「ふつうな」b 氏よりもたくさんの富の分配に与るべきであることになります．エッジワースのように，凡庸，無能な俗人たちに等しく富を分け与えるよりも，高度な能力を持つ卓越した人たちに富を集中する方が高い文化水準を誇る素晴らしい社会ができるという考え方に対しては抵抗を感ずる人が多いとは思いますが，それなりに理解可能な意見であると思われます．

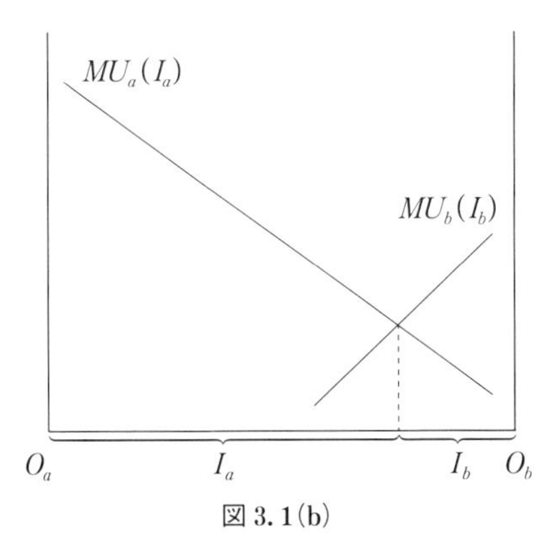

図3.1(b)

効用の個人間比較の回避？

前章で述べたように社会的厚生関数は無数に考えることができ，実際，ベンサム，ロールズなどの大哲学者が，独自の社会的厚生関数を提案しています．すると，どのような社会的厚生関数を採択するかによって，どのような富の分配が社会的に望ましいかに関する結論がクリティカルに変わってしまうので，社会のあり方に関する規範的評価基準として，社会的厚生関数は有効ではないのではないかという疑問が提示されました．

しかも，さらに根底的な問題として，上のエッジワースとピグーとの功利主義に関する解釈の対立に象徴されるように，どのような社会的厚生関数を仮定するにしても，何らかの個人間の効用比較が可能であることが社会の規範的評価の前提となります．効用を合計するにも最低の効用を得ている人を見つけるにも，効用を比較できなければ意味がなくなるからです．

現状では，経済学者の間でも，どのように効用の計測や比較を行うかということには意見の一致を見ていません．このことを以って，経済学に対する法律学の優位を主張する議論も時に法学の文献に散見されますが，あまり成功しない批判の典型であるように思われます[1]．なぜならば，法律家は経済学者よりも正しく効用の計測や個人間比較ができるという理由や根拠が一向にわからないからです．効用の比較において個人の価値判断＝裁量が存在するということは，経済学者でも法律家でも同じことだと思います．経済学も法学も，この点に関しては同程度に無力であるに過ぎないということです．

権利を真剣に受け止めていない？

社会的厚生関数が立脚する厚生主義の仮定の下では，個々人の効用のみを経済厚生評価のための情報としますから，法律家が基本的な価値と考えている権利の概念が宙に浮いてしまうことになります．例えば仮に，現行の私有財産権の分配の下での市場機構による資源配分が経済厚生上妥当であると経済学的に評価するとしても，それはその時の資源配分が他の資源配分よりも望ましい効用の分配を示していることに由来するのであって，私有財産権をはじめ，権利

1）この種の議論の代表として，平井宜雄（1995）『法政策学（第2版）』有斐閣，を参照．

それ自体を絶対視しているわけではありません．この点は，経済学が目的論的価値に基づくことと関係します．

目的論に対立する規範として義務論があります．哲学者のノージック(Robert Nozick)が提唱したリバタリアニズム(libertarianism)は現代の義務論的規範の代表格で，歴史的に画定した私有財産権は，それ自体が，経済厚生などの帰結とは関係なく不可侵の権利として尊重されるべきであると主張し，アメリカ的保守主義の理論的基盤を提供しました[2)]．また，20世紀最大の法哲学者であるドゥウォーキン(Ronald Dworkin)は，義務論的規範の一形態である「資源の平等」を提唱し，やはり，アメリカ的なリベラル派法理論の支柱を提示しました．

このように，「権利を真剣に受け止めること」をめぐる論争は20世紀後半の法学，哲学界の一大ホット・イッシューになり，義務論の活況と厚生主義，とりわけ功利主義の衰退を示す指標と目された時期もありましたが，多くのすぐれた研究者による熱のこもった研究と討論にもかかわらず，あまり生産的な結論を導くことはできなかったように思われます．ノージックとドゥウォーキンの権利概念は水と油の如くに相容れないものであり，義務論の陣営は功利主義以上に全く意思統一が見られないのが現状であると思われます．

これに対して，厚生主義は義務論的な価値基準ではありませんが，権利・義務関係の重要性を無視しているわけでは決してありません．財産権をはじめとする様々な権利は，社会厚生をもっとも促進するように配分されるべきであるという厚生主義の方針は，ノージック，ドゥウォーキンらの義務論よりも，はるかに明晰な一貫性と説得力の高さを持った権利・義務関係の説明と解釈を提示していたように筆者には思われます．これについては，もう少し今後の研究動向の進展を待つ必要があり，軽々な結論は控えておくべきかもしれませんが，少なくとも現時点で，義務論的倫理が厚生主義を乗り越えていると断定することはできないでしょう．従って，現段階で，厚生主義を基準として規範的分析を行うことには，正当な根拠があるものと結論しても構わないと思われます．

---

2) Nozick, R. (1974), *Anarchy, State and Utopia*, Basic Books(邦訳：嶋津格訳『アナーキー・国家・ユートピア』全2冊，木鐸社，1985, 89年)．ドゥウォーキンについては，第15章(文献は，註5)を参照のこと．

コミュニタリアニズム

上記の義務論の主張が社会的厚生関数の目的論的側面を批判するものとすると，目的論の立場を共有しつつ社会的厚生関数の個人主義的側面を批判するのが，マッキンタイアー(Alasdair MacIntyer)，サンデル(Michael Sandel)，ウォルツァー(Michael Walzer)らの提唱するコミュニタリアニズムの立場です．ここでは社会の目的は個人的利益の何らかの集計ではなく，個人に先立って共同体が有する価値として規定され，個人の権利・義務は，共同体の目的との関連で規定されます．

この立場から社会的厚生関数を設計すると，まず，共同体の価値を体現する自然資産や宗教・文化財，あるいは，共同体の連帯を促進するための市民のボランティア活動や徴兵制などは，現時点で当該共同体に属する市民の効用とは独立に厚生評価の対象となるでしょうから，厚生主義の前提が破棄されなくてはなりません．

このように，コミュニタリアニズムは復古主義的な色彩が濃いのですが，リベラル・デモクラシーが一定の限界を超えてしまい，政治的アパシーや社会的無連帯状態への嫌悪と危機感が募った，アメリカをはじめとする先進民主主義国の思想家の間に強い共感を生み出しました．また，人間理解の問題として，功利主義やリバタリアニズムに代表される過度な個人主義に代えて，人間存在の社会性・相互関係性・歴史性という契機の重要性を抽出することで，単なる懐古主義に留まらない現代的意義を持つ思想となったと言えるでしょう．しかし，コミュニタリアニズムへの過度な傾斜は，恣意的な復古主義や偏った主権理論の土壌となって，日本国憲法が立脚する，普遍的人権の擁護を前提とする立憲民主主義の原理に抵触するおそれがあると思われます．

法学者の依拠する価値

経済学者が通常依拠する価値は，個人の効用を何らかの方法で集計した社会厚生であり，その意味ではわかりやすいと言えます．他方，「規範の学」を標榜する法解釈学が依拠する価値は何かというと，こちらは，実はそれほど簡単ではありません．法学者は，しばしば経済学者の提示する価値を批判しますから，それでは，上記の社会厚生的価値を批判して登場したリバタリアニズム，

「資源の平等」論，あるいは，コミュニタリアニズムのいずれかが法学者の依拠する価値かというと，そうも言えません．おそらく，これらの諸価値が状況に応じて適切に使い分けられたり，複合的に使用されるのが，法律家的価値判断の特色と言えるのではないかと思います．

例えば，契約法の最も重要な基盤である契約自由の原則の根拠となる思想は，通常，意思自治の原理と呼ばれるリバタリアニズムに親近性のある思想であると思われます．また，契約自由の原則は様々な形で法的修正を受けますが，ここでは事後的な公平性の原則が重要視されており，その根拠となる思想は，ドゥウォーキンの言う「平等な尊重と配慮への権利」に近いようです．他方，刑事法を見ると，今日では，応報刑的な思想は少なくとも第一義的には否定されており，犯罪者の再教育と一般的な犯罪の事前抑止が主たる思想となりますが，ここでは，ベンサム以来の功利主義の影響も顕著です[3)]．このように，様々な道徳的原則と法典，法理，判例などを総合的に判断しつつ，個々の事案について適切な紛争処理の道筋をつけるのが法解釈学の学問的な特色であると考えられます．

従って，経済学と法解釈学との方法論的な差異を踏まえずに，効率か正義か，というような単純な価値論的裁断を行うだけでは，2つの学問の関係を詳らかにはできないのです．この点については，第II部，特に，第15，16章で更に詳しく考察してゆく予定です．

3）コミュニタリアニズムについては，内田貴教授が自らの関係的契約の議論を正当化する際に，コミュニタリアニズムに依拠した議論を行っており，今後，法原則として，コミュニタリアニズムが注目される可能性が高いと思われます．内田貴(1990)『契約の再生』弘文堂，および，内田貴(2000)『契約の時代』岩波書店，を参照のこと．

第4章 非協力ゲームの基礎

はじめに

第I部で解説するミクロ経済学は，主として価格理論を扱いますが，最近のミクロ経済学の教科書をみると，ゲーム理論の説明に多くの紙幅を割いているものが多いようです．筆者はゲーム理論の専門家ではないので，この分野について詳しい説明をすることは避けますが，本章では，この先，「法の経済分析」を行う上において必要な範囲での基本的な説明をしておきたいと思います．本章に説明する非協力ゲームの基本モデルは，第II部で，財産権や契約などの基本的な法制度の意義を説明する議論の土俵となります[1]．

自然状態のエピソード

我々の多くは，（運悪く，犯罪に巻き込まれない限り）自分の生命や財産について，国家による保障がなされていることを信じています．しかしそれは，自分が普段考えているほど自明なことでしょうか．もしも，国家が存在しないとすれば……例えば，どこの国にも属さない広大な開拓地に住む2人の隣人A, Bを考えてみましょう．2人は，この開拓地で畑を耕し，小麦を生産しているものとしましょう．2人の小麦の生産額は，年間それぞれ2トンとします．しかし，この2人は本性における善人というわけではないので，良からぬことを考えます．要するに，相手の作った小麦を盗んで自分の物にしてしまおうとするわけです．すると，国家も警察もない開拓地では，お互い，自分の力で自分の財産を守るしかありません．この2人は，生産能力とともに，自己防衛の能力についてもだいたい等しいとします．この2人の間で一体どのようなことが起こるでしょうか．

1）本章で取り上げた非協力ゲームのより高度な理論に関心を持たれた読者の方は，岡田[11]の第4，5章の解説を参照することをお勧めします．ただし，「入門」と銘打っていても，内容的に高度な水準まで説明されていますので，読解には努力が必要です．

お互い，小麦の生産に集中したいのは山々ですが，相手に自分の小麦を盗まれないように，家の周りを柵で囲うとか番犬を飼うとか，安全を守るための支出が必要です．そのために，自分の財産である小麦1トンを使う必要があるものとしましょう．お互い，このような防衛投資をしなければ，2人とも年に2トンの小麦が得られます．しかし，片一方が防衛投資をして，もう片方の人は投資を怠っていたとすると，防衛投資をした側は逆襲のおそれなく相手の小麦を強奪でき，2人の小麦の総生産量である4トンを独占してしまいます．また，2人とも防衛投資をしたならば，互いに相手の強奪を食い止めることができますが，そのためには自分が生産した小麦の一部である1トンを，それ自体は非生産的な防衛のために投下しますから，その分を差し引いた残りの小麦は1トンに留まります．お互いに，相手が防衛投資をするかしないかはわからないものとします．

非協力ゲームとしての定式化

このような社会的相互作用のある状況を分析する基本的手法が，非協力ゲームです．非協力ゲームは，上の例からもわかるように，経済学に限らず様々な社会科学(ならびに自然科学)の分析手法となっています．

ゲームは，その参加者であるプレイヤー，彼が使う戦略，そして各人が選択した戦略の結果として各人に与えられる利得の組み合わせで定義されます．上の例で言えば，プレイヤーは，A, B両名，それぞれの戦略は，防衛に関する投資，非投資の2つ，そして利得は，各人の戦略に依存して決まるそれぞれの消費可能な小麦の生産量ということになります．これを標準形ゲームとして図解してみると，**図4.1**のようになります．縦の列にA氏の戦略，横の行にB氏の戦略を示し，それぞれが戦略を選択したときのA, B両名の利得の組を2つの戦略の交叉する箱の中の数字(左がA氏で右がB氏)で示したものです．以下，本章で説明するゲームは，完備情報ゲームと呼ばれるもので，プレイヤーは相手の選択する戦略を事前に知りませんが，相手がどのような戦略の選択肢を持ち，戦略の組み合わせによって，両当事者がそれぞれどれだけの利得を得るか，つまり，ゲームの構造については完全な知識を持っていると仮定しています．

		B	
		投　資	非投資
A	投　資	(1, 1)	(3, 0)
	非投資	(0, 3)	(2, 2)

図 4.1

囚人のディレンマ

このゲームの解は，比較的簡単に予測がつきます．まず，A 氏の戦略を考えて見ましょう．A 氏の採るべき戦略は，もちろん B 氏の出方＝戦略に依存します．仮に B 氏は防衛投資をするとしましょう．A 氏は，これに備えて自分も防衛に投資していれば 1 トンの小麦を確保できますが，防衛投資をしないと，B 氏の侵略にあって小麦を全部失ってしまいます．従って，この場合 A 氏の最適戦略は「投資」となります．他方，B 氏が防衛投資をしない方針を採っているとしましょう．A 氏も投資しなければ 2 トンの小麦を得ることができますが，あらかじめ防衛投資をして備えておけば，安心して B 氏の小麦を強奪することで倍の 4 トンの小麦を得ることができ，自分の防衛投資への支出を差し引いでも，ネットで 3 トンの小麦を得ることができます．ここでも，最適戦略は「投資」と出ました．要するに，相手がどう出ようが，この場合，防衛投資を進めることが常に合理的戦略なのです．これと全く同じ推論によって，B 氏の最適戦略もまた A 氏の出方如何にかかわらず「投資」になります．かくして社会的帰結は，両名が防衛投資をして対峙する状況となります．

この簡単なゲームは，いくつかの意味で示唆に富んだものです．まず，このゲームには，どちらのプレイヤーも，相手の戦略にかかわらず自分の利得を最大化する戦略が決まっている，つまり支配戦略が存在するという性質があります．相手の出方にかかわらず，自分の利得が最大になる戦略が決まっているのですから，これらの支配戦略の組み合わせが社会的帰結＝ゲームの均衡，となると考えるのは自然でしょう．このような均衡を支配戦略均衡と呼びます．この結果，このゲームには支配戦略均衡が存在する，ということもできます．

次に，このような支配戦略均衡は，必ずしもパレート効率的な帰結をもたらさないという性格が指摘できます．上の例で支配戦略均衡になっている防衛投資競争は，双方が投資をしない場合と比べて，それぞれ自分の富が半減すると

コラム 4

囚人のディレンマの元々のエピソード

本章で説明したように，囚人のディレンマはゲーム理論の基本構造を理解する上でも，その社会科学上の実践的な重要性においても圧倒的な意味を持っています．しかし，本文の例を見る限り，どこが「囚人」なのか，よくわからないと思われる方が多いでしょう．それもそのはず，このディレンマを最初に定式化したプリンストン大学の数学者タッカー(Albert W. Tucker)が，検事と容疑者との司法取引の例で，このディレンマを説明したのが，この名称の由来なのです．このコラムで，もとの例に近いエピソードを紹介しておきます．

共犯による強盗のような重大犯罪の容疑がかかっている2人の容疑者と，彼らを取り調べている検事がいるとしましょう．彼らはすでに拳銃不法所持の罪が確定しています．2人が自白すれば，強盗による懲役8年の刑が確定し，2人が黙秘を貫けば強盗が立証できないので，2人とも懲役1年です．そこで，検事は2人の囚人を互いに相談できないように別々の部屋に隔離した上で，次のような司法取引を提示します．「もしも，一方だけが自白したならば，自白した側は懲役3か月に刑を減免し，自白しなかった側は刑期を追加して懲役10年とする」．

簡単化のために，刑期の長さを(マイナスの)利得と考えて，標準形ゲームの形にすると**図4.2**のようになります．

		囚人2	
		黙　秘	自　白
囚人1	黙　秘	(−1, −1)	(−10, −0.25)
	自　白	(−0.25, −10)	(−8, −8)

図4.2

このゲームの解が，2人の囚人ともに自白することであり，その結果が，2人にとってパレート非効率的であることは，ちょうど良い練習問題なので，各自確認してください．

いう事態に立ち至っており，どちらの人にとっても大損をする「共倒れ」が起こっています．ここで説明した逸話は「囚人のディレンマ」と呼ばれ，ゲーム理論の説明の際にまず取り上げられる，いわば「定番」と言うべきものです．

しかし，両名にとって不利益な状態は，交渉を通して改善できるように思われます．この例でいえば，A, B 2人が契約を結んで，互いに防衛投資をやめるように決めればよいわけです．しかし，この解決法の問題点は，両名にとって，契約を守るインセンティヴが欠落していることです．A, B両名は，とりあえず，このような契約を結んだとしても，相手が契約を履行した場合，自分だけは粛々と防衛のための投資を行いつつ相手の小麦を強奪することで，より高い利益を得ることができるのです．そのことをA, B両名が事前に了解していれば，契約は単なる空証文に過ぎないことが了解されるので，お互い，そんな契約を結ぶために交渉しようとも，契約を結ぼうともしないでしょう．

ナッシュ均衡

「囚人のディレンマ」ゲームの特徴は，支配戦略均衡が存在すること，均衡がパレート非効率であること，の2つでした．後者は，大変困った性質(だからディレンマである)ですが，前者は，ともかくも予測可能なゲームの解が存在するという意味で，望ましい性質と考えられます．しかし，残念ながら，支配戦略均衡が存在するゲームは例外的です．

次に，支配戦略のないゲームを説明してゆきます(図**4.3**)[2]．2人のプレイヤーのうちで，最初の人(プレイヤーA)は優れた発明家で，自分の持っている希少な知的資産を，もう1人のプレイヤー(プレイヤーB)に投資します．Bは有能なビジネスマンで，Aから預けられた資産を利用して生産的なビジネスをすることができます．Aが投資を行わないとビジネスが成り立たないので，この場合，全てのプレイヤーの利得がゼロになります．Aが投資をした場合，発明に必要な資金は7としましょう．Bが協力すれば双方に利益が生じ，それぞれ3と2の利得を得るとします．しかし，ここでBがAに対して，彼の知的財産の供与に対して契約された支払いを拒んだとすると，Bは利得12の大きな儲けを得る一方，Aは，−7という損害を被るとします．

このゲームに支配戦略均衡がないことは簡単に確認できます[3]．そこで，より広い範囲のゲームに対して予測可能な解概念が必要になります．これが，ナッシュによって提示された「ナッシュ均衡」という概念です．この均衡概念の

---

2) この数値例は，Cooter and Ulen[6]のp. 283以下で，エージェンシー・ゲームとして扱われているものを，展開形から標準形に変換して適宜数値を変更したものです．

		B	
		契約履行	契約不履行
A	知的財産の投資	(3, 2)	(−7, 12)
	非投資	(0, 0)	(0, 0)

図 4.3

持つ意味の深さ，射程の広さを説明することは本書の水準では到底不可能ですが，定義そのものは取りたてて難しいわけではありません．すなわち，2 人ゲームで言えば，

2 人の最適戦略の組を(x, y)とすると，x は y を一定としたときの最適反応(自己利得最大な戦略の選択)であり，y は x を一定としたときの最適反応である．

ということです．3 人以上の場合でも，同様に全員が最適反応を選択した戦略の組がナッシュ均衡となります．

支配戦略均衡はナッシュ均衡の特殊ケースです(2 つの均衡概念の定義に遡って，確認してみてください)が，ナッシュ均衡はそれよりはるかに広い範囲のゲームに対して解が存在します．例えば，**図 4.3** の場合には(非投資，契約不履行)がユニークなナッシュ均衡です．従って，このゲームの状況では，非協力ゲームの帰結は，やはりパレート効率性を満足しないという予測ができます[4]．法の最も重要な機能は，このような非協力ゲームがもたらす非効率な帰結を改善することにありますが，この点については第 II 部で詳しく論ずることとします．

---

3) 支配戦略均衡の定義を復習してから，図 4.3 のゲームにおける全ての結果が支配戦略均衡ではないことをチェックしてみましょう．

4) なお，確率 1 で 1 つの戦略を取る純戦略に限定するならば，ナッシュ均衡の存在しないゲームもあります．そこで，複数の戦略を一定の確率で選ぶ混合戦略を認めるように戦略概念を拡張すると，全ての非協力ゲームには必ず少なくとも 1 つナッシュ均衡が存在する，という非協力ゲームの基本定理が成り立ちます．これによって非協力ゲームは，ナッシュ均衡という単一の概念を基軸として分析・予測する道が開けたわけで，それ以後の全ての非協力ゲームが，いわばその土台の上に打ち立てられることとなる，まさに金字塔的な洞察であったわけです．邦文では，岡田[11]の第 4 章に大変詳細な解説がありますので，ナッシュ均衡に関する理論に関心を持たれた読者には参照をお勧めします．ただし註 1 の注意書きは，ここでも妥当します．

第5章

厚生経済学の基本定理(1)
——市場モデルの構造と基本的仮定

はじめに

筆者は(異論を唱える人はあると思いますが), 経済学において, もっとも重要な定理は厚生経済学の基本定理であると考えます. この定理は,「完全競争市場はパレート効率的な資源配分を実現する」ことを主張します. 第5-7章における課題は, 完全競争市場を定義し, 厚生経済学の基本定理を証明することにあります.

厚生経済学の基本定理に関する一般的な説明については既に多くの優れた類書がありますので, 巻末に挙げた参考文献を参照していただくことにして, ここでは直観的にわかりやすい部分均衡分析による説明をします. そして, そのプロセスで以下の講義において使用する経済モデルの枠組みをも解説します.

部分均衡分析

最初に, 部分均衡分析とは何か説明します. 一般に市場機構は, 様々な財の取引価格を一挙に決定しますが, 部分均衡分析とは, これらの様々な財の中から, 牛肉とかカバンとか, 1つの財の市場に限定的に光を当て, その財の価格と需要・供給量とがどのように決まるかを分析する方法を指します. 他方, 一般均衡分析は, 複数の財の市場価格と需要・供給量が同時決定する仕方を分析しますから, より上級編ということになり, 経済学としても, 使用する数学においても, より難しいものを使います. このように部分均衡分析は, 初心者向けのものですが, このような簡単過ぎる理論を教わっても大して意味がないのではないかといった不安をもたれる必要は全くありません. 数学的・技術的な構造の難易度を別にすれば, 応用的な経済学での使用において, 部分均衡分析はミクロ経済分析のほとんどをカヴァーするほどパワフルなものであると言って差し支えないからです. この点をきちんと念頭に置いて, 以下の説明を追いかけてください．

この講義で使用される経済モデルでは，部分均衡分析を正当化するように消費者効用でも生産面でも特殊な仮定を置いてありますが，これらの仮定は説明を明快にするための便法であって，以下で説明されるミクロ経済学の命題の大部分は，はるかに一般的な前提の下で有効な結論です．特に厚生経済学の基本定理は，きわめて一般的に妥当する定理である点に注意してください[1)]．

ニュメレール

この経済には多数の消費者がいて，2 種類の消費財を購入して生計を立てているものとします．最初の財をニュメレール(基準財)，もう 1 つの財を，これから部分的に注目する財(なんでもいいのですが，とりあえず，「靴」にしておきましょう)とします．ニュメレールとは，聞きなれない用語で恐縮ですが，今から着目する財である「靴」以外の全ての財(衣類，食糧，住宅サーヴィスなど)を合成したものであると考えてください．

ニュメレールは，「靴」以外の全ての財を複合した財一般であると仮定しましたが，それらの中に「余暇」も含まれるものとします．個人が使用できる総時間を一定(1 日 24 時間？)と仮定し，余暇に使わなかった時間は，労働に投入されて生産に貢献したと考えます．何となくぼんやりしていたとか，昼寝していたとかの時間も余暇に含まれます．逆に，日曜大工や接待ゴルフなど，仕事をしていたのか，本人が楽しんでいたのか，よくわからない時間もありますが，多少，生産に貢献したと考えて労働に含めましょう．

消費者は財を消費した時に効用を獲得しますが，部分均衡分析の定石に従って，ニュメレールを 1 単位消費した時の限界効用は一定(かつ，全ての個人にとって，この大きさが等しい)と仮定します．ひらたく言えば，単位あたりのニュメレールの消費から得られる満足度は，ニュメレールの消費量が多かろうが少なかろうが変わらないということです．ニュメレールの単位を適当に選択すると，消費 1 単位あたりの限界効用を 1 円とすることができ，100 単位消費した時の効用は 100 円，1000 単位消費した時は 1000 円と，消費者のニュメレール

1）以下，本書の第 5-8 章において使用するモデルについての，より厳密な分析的理解を必要とされる読者は，林[3]の第 7，18 章を参照のこと．

の消費に伴う満足度を貨幣単位で表示できることになります．労働時間の単位も適当に選択して，余暇の限界効用が1円で一定と仮定します．すると，ニュメレールの市場価格は1円となり，ニュメレールの一部である余暇の価格(＝単位労働時間当たりの賃金)も1円で一定，従って，労働者＝消費者は，労働に投入した(余暇に使わなかった)総時間と同額の賃金支払いを受けることになります．

よく，ミクロ経済学の教科書には，ニュメレールの限界効用一定の仮定のことを，「所得の限界効用一定」とか，「貨幣の限界効用一定」と書いてあるものがありますが，考えてみると，貨幣とか所得とか，それ自体として効用を生まないただの硬貨や紙幣について効用があるかのように書くのは妙なものです．この趣旨は，貨幣(所得)から得られるニュメレールの消費の限界効用が一定ということです．

仮定の意味と現実性

この仮定は，どのような意味があるでしょうか？　一般に，市場においては，無数と言ってよいほどたくさんの財の価格が，需給調整によって同時決定されます．しかし，それでは抽象的過ぎて，現実の経済における市場の意味を理解する上では，得るところが少ないとも言えます．そこで，1つの財の市場に分析のフォーカスを限定することで，その財の市場取引の意味について，より詳しい知見を得たいと考えるわけですが，現実の市場機構は，上に述べた理由によって複雑な相互連関の中にありますから，その中から1つの財の市場分析にフォーカスを限定するための理論的な単純化の工夫がいるわけで，それがニュメレールという仮想的な財の設定と，その限界効用一定という仮定で，この仮定によって，今から検討する「靴市場」の「部分均衡分析」が可能となるのです．

部分均衡分析における上記の仮定の意味を更に明らかにするためには，どのような場合に，この仮定が現実的に妥当するかを考えてみるとよいでしょう．ニュメレールの限界効用が一定であれば，所得が増加した時に，消費者は全てニュメレールの消費の増加にあてます．反対に，所得が減少した時はそれと同額，ニュメレールの消費を減らします．つまり，靴の価格が変化しない限り，消費者は所得が増減しても靴の消費量を変えないと仮定されているのです．

では，靴の需要は，所得によって影響されるでしょうか，それともされないでしょうか？　確かに金持ちになるとたくさん良い靴を買いますから，靴の需要が増えるでしょう．しかし，金持ちになれば，もっと他のものに関心が行くことが多く，よほどの靴マニアでなければ，飛躍的に靴の消費が増えるとも言い難いでしょう．逆に，所得が減少しても，靴をはかずに生活できる人は，それほどいないので，靴の需要が大幅に減退するとも考えにくいと思われます．つまり，分析対象としている財である「靴」への支出は，消費者の所得全体の限られた一部を構成しており，所得の変化によって大幅な変化がないことが近似的に妥当すると見ても，それほど非現実的ではないように思われます．このような場合，部分均衡分析は有効でしょう[2)]．部分均衡分析は，極めて有意義な分析手法ですが，ただ機械的に結論を現実に当てはめるのではなく，現実に取り扱う問題が，理論の仮定や前提条件を適切に満たしているかを絶えず反省するという研究姿勢が重要です[3)]．

機会費用

以下の議論で，効用の対になる基礎概念が費用です．通常，「費用」と言えば，何かを購入する時に「支払ったお金」くらいのイメージを持たれると思いますが，経済学で費用の概念を用いる場合には，特別な留保がない限り，必ず機会費用を指します．具体的な詳しい議論に入る前に，経済学において最も重要な概念の１つである機会費用についても説明しておきましょう．機会費用とは，「当該資源が他の用途に用いられた場合の最大価値」を表します．例えば，人が自分の持家に住んでいる場合，住人は家賃を払っていないので無費用で居

2）消費者の所得水準が極めて低くなると，この仮定が成立しなくなるのではないか，と思われる方がいるかと思いますが，消費者の所得(正確には，ニュメレール財の保有量)は，潜在的な可能労働供給量を含んでいますから，その総量が靴の需要に対して十分に潤沢であれば，余暇を減らして靴を買い続けることで，この仮定が成立可能です．

3）第 5-7 章で説明する部分均衡分析と，第 8 章で説明する余剰分析の基礎を与えたのは，ケンブリッジ学派の泰斗アルフレッド・マーシャルの古典，Marshall, A. (1920), *Principles of Economics*, 8th ed., Macmillan(邦訳：永沢越郎訳『経済学原理』全 4 冊，岩波ブックセンター，1985 年)であり，それを現代的に彫琢したのは，Hicks, J. R. (1946), *Value and Capital*, 2nd ed., Clarendon Press(邦訳：安井琢磨・熊谷尚夫訳『価値と資本』全 2 冊，岩波文庫，1995 年)です．

住のサーヴィスを享受しているように思われるかもしれませんが，その家は，もしも他人に貸すならば一定の家賃収入を得られるのであり，自らがその機会を放棄して自分が居住する以上は，たとえ自覚がなくとも，他人に貸した場合の家賃収入を機会費用として支払っているものと考えます．先程の労働の例で言えば，働かずにぼんやりしていることは「ただ」のような気がしますが，それによって，コンビニや居酒屋でバイトしたり等々，働いて稼げる賃金収入を犠牲にしているのですから，機会費用(このモデルの場合，労働時間単位あたり1円)を支払っているのです．

基本モデル

ではモデルの説明に入りましょう．h 番消費者の効用関数 $u_h(h=1, 2, \cdots, H)$ は，分析対象とする財(これまでの例では，靴)の消費量を x_h，ニュメレールの消費量を m_h とすると，

(5.1) $$u_h = m_h + b_h(x_h) \qquad h = 1, 2, \cdots, H$$

と書くことができると仮定します．(5.1)式においては財から生ずる効用は，分析対象となる財の消費から得られる部分効用 $b_h(x_h)$ と，ニュメレールの消費 m_h の和で表され，しかも，ニュメレールの限界効用が一定で1(円)であるという仮定から，ニュメレールの消費量 m_h は，直接，ニュメレールの消費に伴う効用を示すことになります．

財の量が無限に小さく分割できると仮定します．すると，財 x をごくわずかに多く消費したときに，h 氏がこの追加的な消費から感ずる効用の増加分は，b_h の1次微分 db_h/dx_h で表すことができます．この db_h/dx_h は，財の限界効用(marginal utility)と呼ばれ，財を1単位余分に消費することの貨幣価値，具体的には，財1単位の消費に「いくら支払ってもかまわないか」(marginal willingness to pay)を表しており，以下の分析で重要な役割を果たします．

財の限界効用は当然プラスですが，財の消費量が増えるに従って，その財の限界効用は低下してゆくと考えるのは自然でしょう．そこで，

(5.2) $$db_h/dx_h > 0, \qquad d^2b_h/dx_h^2 < 0, \qquad h = 1, 2, \cdots, H$$

という仮定をおきましょう．仮定(5.2)により，h氏の財消費量 x_h と効用水準 b_h との関係は，**図5.1(a)**のようになります．また，x_h と限界効用 db_h/dx_h と

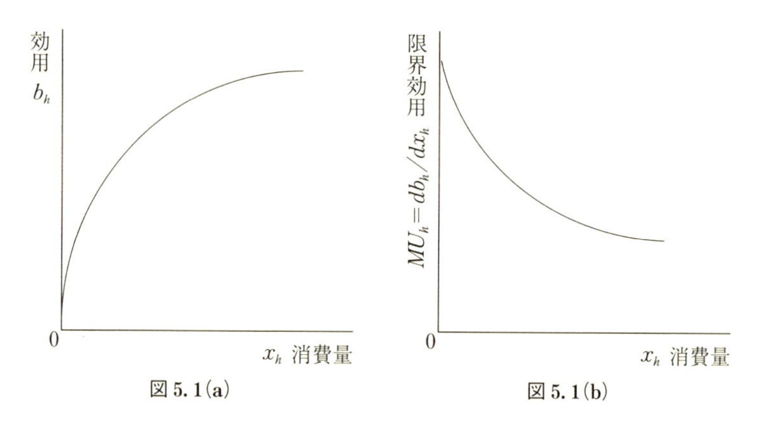

図 5.1(a)　　**図 5.1(b)**

の関係は，**図 5.1(b)**のような右下がりの曲線で表されます．h 氏の消費量と限界効用との関係を表す関数を，以下では限界効用曲線と呼び，$MU_h(x_h)$ と表記することにします．

一方，この経済の生産者サイドには，財を生産する企業が多数存在します．つまり，靴の製造業者が多数いるわけです．簡単化のために，各企業が保有する資本設備は固定しており他への賃貸借も売買もできないとしましょう．これに対して，資本設備と組合せて生産に使用する労働の方は，企業間を自由に移動できるとします．すると，企業は生産に使用する労働投入に対して支払う賃金が生産のための費用になります．反対に，固定した機械設備は定義によって他の用途がないので，前項で説明した機会費用の観点から見れば，過去の購入時にどれだけ支払ってこの機械を購入したかとは一切無関係に，現時点における機械設備の利用の機会費用はゼロということになります．

企業側からみると，労働者が投入したニュメレールと同額の賃金を支払う必要がありますから，この賃金支払いが費用となります．k 番企業による財の生産量を y_k，費用関数を

$$c_k(y_k), \qquad k = 1, 2, \cdots, K \tag{5.3}$$

とします．資本量は一定ですから一企業が財を生産するための労働投入の限界生産力は逓減してゆき，これを言い換えれば財を 1 単位余分に生産するための労働(ニュメレール)量は生産が増加するにつれて多くなるということです．つまり，ニュメレール単位で測った限界費用(marginal cost)は逓増します．従っ

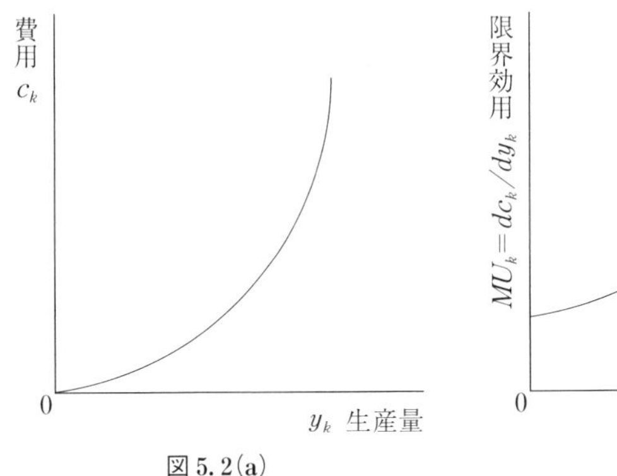

図 5.2(a)

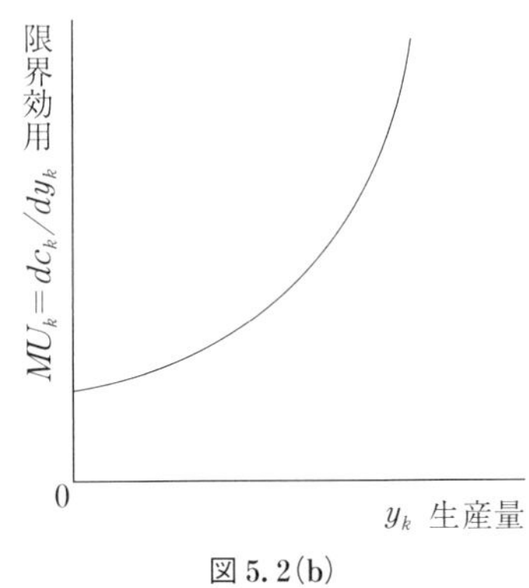

図 5.2(b)

て,

$$(5.4) \qquad dc_k/dy_k > 0, \quad d^2c_k/dy_k^2 > 0, \quad k = 1, 2, \cdots, K$$

と仮定します．この仮定によって，企業の生産量 y_k と，生産に必要な費用 c_k との間の関係は，**図 5.2(a)**のような曲線で表されます．また，y_k と，限界費用 dc_k/dy_k との間の関係は，**図 5.2(b)**のような，右上がりの曲線で表されます．企業 k の生産量と限界費用との関係を表す関数を以下では限界費用曲線と呼び，$MC_k(y_k)$ と表記することにします．

このモデルにおいて，無数の可能な資源配分の集合がありますが，その中で，パレート効率的資源配分は，上記の全集合のうちで特定の条件を満たす部分集合になります．次章では，パレート効率的な資源配分の条件を説明します．

関数の連続性，微分係数，微分可能性，導関数

非負の実数をそれぞれ定義域，値域とする関数$f(x)$を考えましょう．このような関数は，簡単に2次元のグラフで表すことができます．このグラフが「つながっている」ことを，関数が連続である(continuous)と呼びます(本当は，もっと定義が難しいですが，この本は数学の本ではないので，これで十分です)．まず，関数が連続でない(つながっていない)場合を考えると，**図5.3(a)**のようなケースが考えられます．

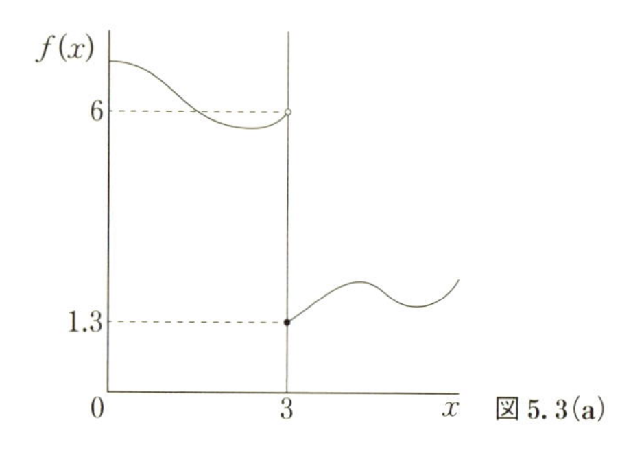

図5.3(a)

この図だと，$x=3$の時に，グラフが不連続になってますね．これに対して，**図5.3(b)**のようなケースでは，グラフは「つながっている」ので，この場合の$f(x)$は連続関数です．

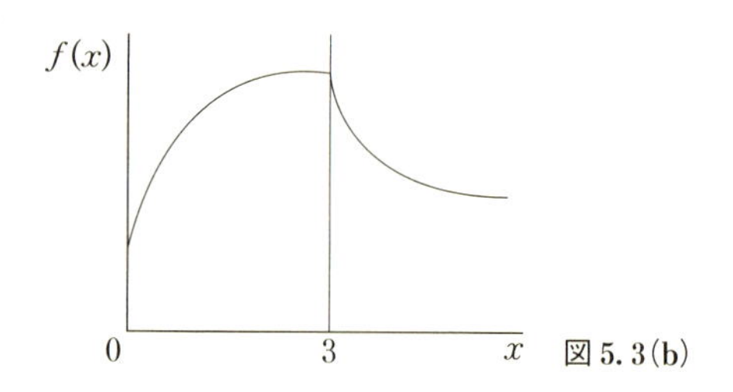

図5.3(b)

関数$f(x)$の傾きを微分係数と呼びます．**図5.3(c)**では，$x=1$と$x=6$の時の微分係数を図示していますが，$x=1$の時のように関数が増加していると微分係数はプラス，$x=6$の時のように減少しているとマイナスになります．

図5.3(a)の場合のように関数が連続でないと，不連続のところ($x=3$)で微分係数が定義できないので，この関数は微分可能ではありません．関数が連続であれば必ず微分可能かというと，そうではありません．例えば，**図5.3(b)**の場合には関

コラム5

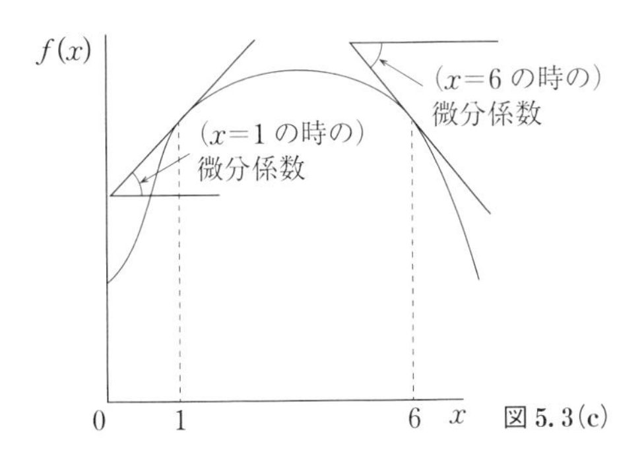

図 5.3(c)

数は連続ですが，$x=3$ のところで傾きが一義的に決まらないので，微分可能ではありません．

これに対して，**図 5.3(c)** の $f(x)$ のような「滑らか」な形状をしていれば，x のどこをとっても微分係数を計算できるので，このような関数を微分可能(differentiable)であると言います．微分可能な関数 $f(x)$ に対して，x を定義域として，これに $f(x)$ の微分係数を対応させる関数を導関数 $f(x) \equiv df/dx$ と呼びます．例えば，**図 5.3(c)** の $f(x)$ の導関数を表したのが，**図 5.3(d)** の $f'(x)$ です．

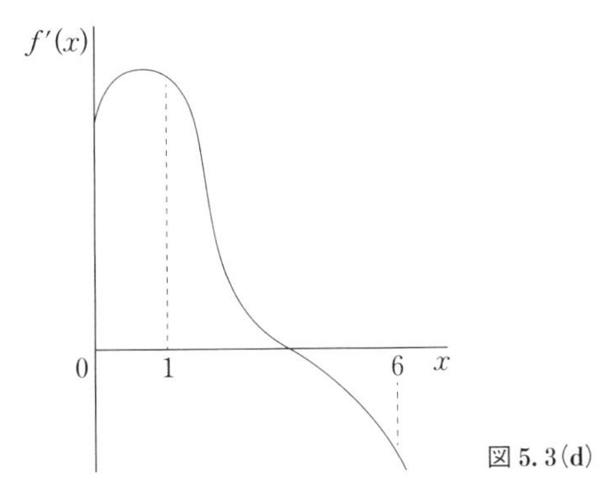

図 5.3(d)

第6章

厚生経済学の基本定理(2)
——パレート効率的な資源配分

パレート効率的な資源配分

前章で解説した経済における資源配分は，問題にしている財である「靴」を社会全体で何足生産するか，その生産を1～K社の企業間でどのように分担するか，そして，その結果として生産された靴の総量をH人の消費者の間でどのように分配するかで定義できます[1)]．上に定義した意味での，靴という資源の配分の仕方には無数に多くのものがあるわけですが，それら全ての可能な配分のうちで，パレート効率的な資源配分はどのように特徴付けられるでしょうか．

効率性のための条件として，第一に，一定量の靴をパレート効率的に消費者へ配分する必要があり，生産の存在する経済では，これに加えて，さらに2つの条件が必要とされます．その第一は，靴を生産する様々な企業の間に適切に生産量を割り当てることによって，一定量の靴を社会全体で最小費用で生産することです．第二の条件は，靴の総生産量をパレート効率的水準へ誘導することです．経済におけるパレート効率的な資源配分の特徴付けを説明するために，これらの3つの条件を，より具体的に説明しましょう．

企業間の生産計画

議論を分割して，まずこの社会全体での靴の総生産量が決まっている場合に，それらをどの企業がどれだけ生産するか，及び誰がどれだけの量の靴を消費するかをまず決定し，次に，靴の社会全体で望ましい総生産量はいくらかを決めることにします．

---

1) 厳密には，生産のために，どの消費者がどれだけの労働を企業に供給するかも決めなくてはならないのですが，部分均衡分析においては，この選択は消費者間の分配の公平性には関係ありますが，資源の効率的な生産と消費の選択からは独立になります．

コラム6

ワルラスとパレート

経済学というと，マルクス経済学を除けばアングロ・サクソンのお家芸と思っている人が案外多いものです．しかし，今日の新古典派経済学の基礎を作った最も偉大な経済学者は，ワルラス(Léon Walras)というフランス人でした．そして，新古典派経済学のもう1人のファウンダーであるマーシャル(Alfred Marshall)が展開した部分均衡分析が，まさにアングロ・サクソン的な実用性重視の分析手法だったのと対照的に，ワルラスが開発した市場機構の一般均衡分析は，デカルトの伝統を引くヨーロッパ大陸人たるにふさわしく，厳密な抽象理論的解明を重視するものでした．ワルラスは，「私は二通りの学派しか認めない．すなわち，証明する学派と証明しない学派である」と喝破したそうですが，彼の分析は，明確な定義と仮定から出発して，論理的な命題の形で複雑な経済社会の構造を分析する，現代経済学の手本となりました．

ところで，読者の皆さんは第2章や本章をはじめ，様々な個所で，パレートという耳慣れない言葉が連発するのを見て，なんだか妙な感じがしたかもしれませんが，パレートはイタリア人の経済学者です．フルネームは，ヴィルフレド・パレート(Vilfredo Pareto)，それも，ローザンヌ大学におけるワルラスの講座を継承して赫々たる研究成果を挙げた大経済学者です．パレートは，ワルラスの理論的経済学を現実的な政策提言へと結びつけるための規範的経済学を構想し，しかも，この規範分析が，効用比較の問題に抵触しないための道具として，パレート効率性の概念を提唱しました．

ちなみに，法学部出身の皆さんの中には，政治学の授業を受講した折に，19世紀末から20世紀初めにかけて，エリート理論を提唱してマルクス主義に対抗した政治学者，社会学者の一群の中に，ロベルト・ミヘルズ(Robert Michels)，ガエターノ・モスカ(Gaetano Mosca)などとともに，パレートという名前を記憶されている方もおられるかもしれませんが，この2人は，単なる同姓でも遠い親戚でもなく，れっきとした同一人物です．パレートは，経済学のみならず社会学においても圧倒的な業績を残しました．行くとして可ならざるはなき大才，実にうらやましい限りです．

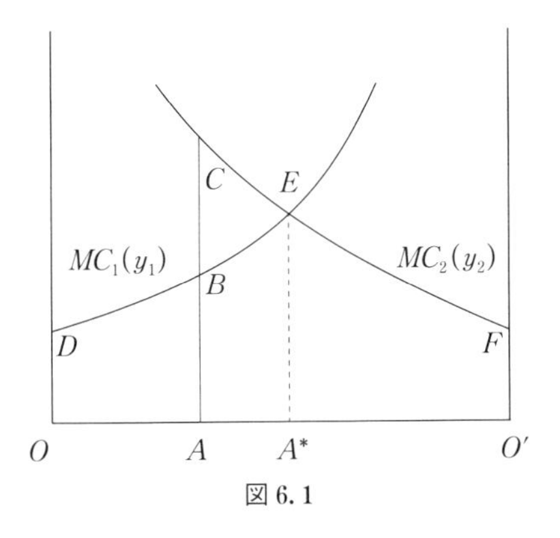

図 6.1

社会全体での靴の総生産量を一定とすると，これを生産するための社会における総費用を最小化することが，パレート効率性の1つの必要条件です．なぜなら，もしも費用最小化が成立していなければ，一定の靴の生産量を維持しながら費用最小の生産方法へ移行することによって，靴の生産のために提供される労働量を節約することができ，従ってパレート改善が可能となるからです．

この条件が成立するためには，多数の企業が分担して総量一定の財を生産する場合に，各企業の生産の限界費用が均等化するように労働力を企業間に配分せねばなりません．例えば2つの靴製造企業が一定量の靴を生産する**図 6.1**のケースをみてみましょう．**図 6.1**の横軸の長さ OO' が定められた靴の量であり，これを2つの企業の間でどちらがどれだけ生産すれば，全体として費用最小で生産を行えるかが問題です．企業1の靴の生産量と生産のための限界費用との関係を表す限界費用曲線 $MC_1(y_1)$ を原点 O から，また企業2の限界費用曲線 $MC_2(y_2)$ を O' から描くと，限界費用曲線の下の部分の面積が生産費を表しますから，例えば企業1が OA，企業2が $O'A$ の生産を行うと企業1の被る費用は $OABD$，企業2の被る費用は $O'ACF$ で総費用は $ODBCFO'$ となります．同じようにして，一定の生産量を2企業の間に割り当てる方法を全て検討し，その各々の方法で発生する総費用を比べてみます．その結果，最小費用で OO' の靴を生産するには企業1に OA^*，企業2に $O'A^*$ の生産を割り当てればよいことがわかります．このとき総費用は $ODEFO'$ です．

この生産割当ての下では，靴の生産の限界費用が2企業間で等しくなるように選ばれています．それは，もしも 2 つの企業の限界費用が異なるならば，限界費用の高い企業の生産を 1 単位減ずるとともに，限界費用の低い企業の生産を 1 単位増やして生産のための総費用を減ずることができるからです．多数の企業が生産を行っていても，生産費用を最小化するためには限界費用の低い企業から順に生産を拡張してゆかねばなりませんから，全ての企業について限界費用が等しくなるように各企業間に生産の割当てを行うのが生産費用を最小にする条件であることがわかるでしょう．

消費者間の消費量配分

これに対して，生産された一定量の靴を消費者間でどのように配分するか，という問題には，次のように答えることができます．つまり，各消費者の限界効用が均等化するように，各人に消費を配分すべきです．例えば**図 6.2** において，2 人の消費者 a, b を考えるとして，**図 6.2** の横軸の長さ OO' は a, b 両氏の消費できる靴の総量であり，O 点から a 氏による消費量，O' 点から b 氏による消費量を表します．a 氏及び b 氏の靴の限界的消費に対する主観的評価を表す限界効用曲線 $MU_a(x_a)$, $MU_b(x_b)$ が，**図 6.2** のようであると仮定します（我々の仮定では，この曲線は他財の消費と独立であるのに注意してください）．例えば靴を 2 人の消費者に均等に分配する x のような点では 2 人の消費者の靴に対する評価が異なりますから，b 氏が p だけのニュメレールを a 氏に手渡し，それと引換えに靴を a 氏から 1 足購入するという交換計画によって，a 氏の効用を一定に維持しながら b 氏の効用を増加させる，といった交換の利益（パレート改善）が発生します．つまり交換前の状態では，パレート効率性が実現しなかったのです．このように，経済の構成員の間で財の限界効用が異なるならば，必ずパレート改善が可能であり，その状態はパレート効率的ではありません．

これと同じ議論は，a, b 2 名以外の全ての消費者に妥当します．直観的にこの意味を考えてみると，靴の限界効用は，消費者の靴に対する必要度，つまりその財にいくら払ってよいかを表しますから，資源を効率的に配分するには最も靴の必要度の高い人から順に靴を配給しなくてはいけません．一定量の靴をこのルールに従って配給してゆけば，財は無限に小さく分割できると仮定していますから，靴の限界効用が消費者間で均等化する時に，人々の靴に対する必

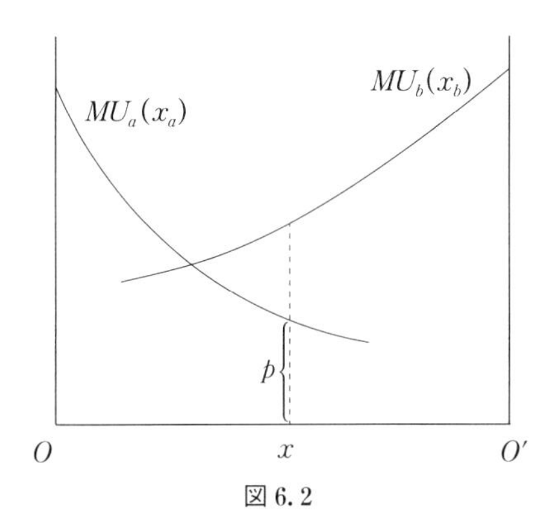

図 6.2

要度を最大限充足しているという意味で，消費者間の靴に関する効率的配分が実現しているわけです．

全体としての効率性

では，靴の総生産量は，どう決定すべきでしょうか？　靴の消費の限界効用(これは各人共通)が，靴の生産の限界費用(これは各企業共通)と一致するように決定しなくてはいけません．いま，前者が後者を上回ったとすると，この状況である1人の消費者に，限界費用分だけ余計に労働を供給して1単位の靴を生産させ，その靴を彼自身に消費させることによって，他の全てを一定に保ちつつ，この消費者の効用が上昇します．つまり，パレート改善が可能です．逆に，限界効用よりも限界費用が高ければ，ある1人の消費者の労働供給(と靴の生産)を減らすことでパレート改善が可能です．この条件の直観的な意味は，次のように考えれば明らかです．靴の限界効用は，消費者がニュメレール単位で測った靴に対する必要度を示し，限界費用は同じくニュメレール単位で測った靴の生産に必要な犠牲の大きさを表しています．必要が犠牲を上回るかぎり，もっと生産を増大することは望ましいし，その逆もまた真になります．

以上，まとめれば，経済におけるパレート効率性の条件は，

(1)　全ての消費者の靴の消費の限界効用が均等化する，

(2)　全ての生産者の靴の生産の限界費用が均等化する，

(3)　靴の限界効用と限界費用が均等化する，

の3点です．靴の総生産量，各企業の生産量，各人の消費量から成る資源配分は一意的に決まりますが，註1に述べたように，靴の生産に必要な労働量を各個人がどのように分担するかは定まらないことに留意してください．例えば，a 氏，b 氏とも10単位の労働供給を命ぜられていた状況から，b 氏のみが20単位の労働供給を命ぜられる状況へと変化した場合，所得の分配がより a 氏に有利に(b 氏に不利に)，変化したものの，総生産等，効率的な資源配分は一定にとどまります．

なぜ，計画経済は失敗するのか

以上のように厳密にパレート効率的な資源配分を特徴付けることで，計画経済のもっている根本的な難点が明らかになります．すなわち，計画経済においてパレート効率的な資源配分を導くためには，各消費者の限界効用曲線に表わされる無数のそれぞれに異なる消費者の嗜好と，限界費用曲線で表される多数の異なる技術を持った生産者それぞれの生産技術についての情報が必要です．しかも，これらの情報が社会に存在する無数の財やサーヴィスに対して必要となるのです．また，新規の技術進歩や経営上のイノヴェーションが生じて，新しい財やサーヴィス，あるいは，新しい財の生産方法が発見されるたびに，追加的に必要となる新たな情報は，ほとんど無限になります．

これらの情報が，神ならぬ計画当局の手で入手できないことは明らかでしょう．このため，結局は，計画当局による恣意的な裁量による生産・消費計画が行われ，更には，本来，配分を必要とする希少資源の多くが放置されて，社会に潜在する膨大な経済価値が失われ，計り知れない非効率の源泉となります．これに対して市場機構の下では，全知全能の計画主体が存在しなくとも，一定の条件のもとでは，おのずと資源のパレート効率的な配分が実現します．この点を次章で検討します．

第 7 章

厚生経済学の基本定理(3)
——市場競争の効率性

静学分析の仮定

前章では，規範的に望ましい資源配分を検討しましたが，本章では，現実の市場機構の作動に関する事実解明的な分析を行います．はじめに，分析のための基本的な簡単化とその意味について触れておきます．本章で扱う市場機構のモデルは静学的(static)です．つまり，時間的な変動が明示的にモデル化されておらず，そのために読者は極めて非現実的であるように感じるおそれがあります．

まず，消費者選択においては，今期の収入を全部消費すると仮定します．要するに貯蓄をしません(静学的なので，明日に備える必要がないわけです)．従って，資産を土地や金融資産等にどうやって振り分けるかというポートフォリオの問題も発生しません．逆に，企業側を見ると，消費者の貯蓄がないのですから，投資がありません．当期に発生した利潤を，期末に持ち主の持ち分割合に沿って配当しておしまいです．投資がないのと同じく，配当と内部留保，借入などに関する企業金融の問題も捨象されています．その意味では，ずいぶんと簡単化されたモデルですが，このような静学モデルは，より現実的な動学モデルを理解するために不可欠なビルディング・ブロックであり，また，この一般化によって，速やかに貯蓄，投資，金融などを含む動学モデルへと拡張できますから，まずは，この基本モデルを正確に理解してください．

消費者の選択

本章では，市場機構が，どのようにしてパレート効率的な資源配分を実現するかを考えます．まず市場機構の下での消費者の行動はどのようなものかをみてみましょう．

消費者 h $(h=1, 2, \cdots, H)$ は，予算制約式

コラム7

関数の最大化，最小化

非負の実数を定義域とする微分可能な関数 $y=f(x)$ を考えましょう．x の値を変化させて，y が最大，もしくは最小になる条件を探すのは，経済学ではよく行われる数学的な操作です．もしも，この関数に最大値もしくは最小値が存在し，それが $x=0$ のような端点である場合を除けば，最大値を実現している $x=M$，ないし最小値を実現している $x=m$ においては，$f'(M)=0$，$f'(m)=0$ が成立しています．「最大でも最小でもゼロとは，これ如何に？」と思われる人もいるかもしれませんが，**図7.1**のように，最大点，最小点のいずれも，傾きを表す微分係数はゼロになっていますね．もしも，微分係数がプラスであれば，x をより増やすことで y の値は増加し，x を減らせば y の値が減少するので，その点は最大でも最小でもないわけです．微分係数がマイナスであれば逆のことが言えて，やはりその点は最大でも最小でもありません．「関数の値の最大化，最小化のための必要条件が，その点での微分係数がゼロであること」は，「1階の条件」と呼ばれ，経済学において，経済主体の最適化行動を特徴づける時に頻繁に用いられるので，覚えておいてください．

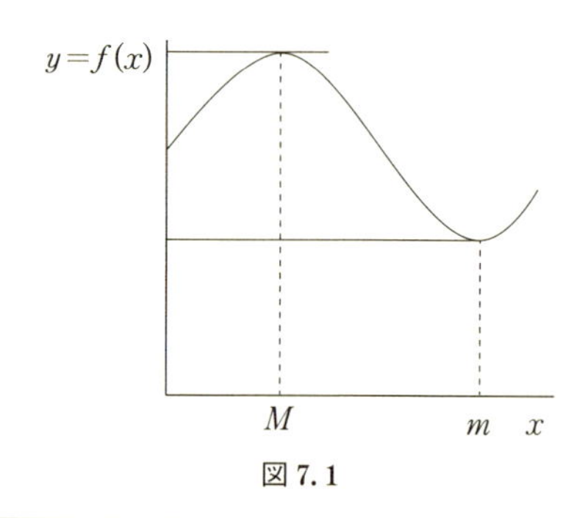

図7.1

$$m_h+px_h = m_h+\sum_{k=1}^{K}\theta_{hk}\pi_k \tag{7.1}$$

を制約条件として(5.1)式の効用関数の値を極大化するように，靴とニュメレールの消費量 x_h と m_h を決定します．ニュメレールの初期保有 m_h と，利潤所得額 $\sum_{k=1}^{K}\theta_{hk}\pi_k$（$\pi_k$ は企業 k の利潤，θ_{hk} は h 氏による企業 k の持分比率，$\sum_{h=1}^{K}\theta_{hk}\equiv 1, (k=1,2,\cdots,K)$）は，個々の消費者には選択できない初期条件であると仮定します．更に，完全競争市場の前提では，無数に多くの消費者が財を需要する状況を想定しており，その結果，個々の消費者は財の市場価格 p に対して影響を与えることができないものと仮定されますから，結局，効用最大化問題は，(7.1)式を(5.1)式に代入して，

$$b_h(x_h) - px_h$$

を最大にするように x_h を選択することに帰着します．m_h は一定で，その中に労働者が供給可能な労働の総量も含まれているので，m_h の一部である余暇の量を選択することで，消費者は自分の効用を最大化するように，労働供給量も選択しています．

この効用最大化の条件は(簡単化のために，$x_h=0$ のケースを除いて)，

(7.2)　$$db_h/dx_h = p, \qquad h = 1, 2, \cdots, H$$

つまり，財の市場価格と限界効用が等しくなるように財の需要量を決定することです．財の限界効用とは消費者が主観的に消費に対して支払ってもかまわないと考えている貨幣額ですから，それが実際の支払うべき貨幣額である価格と一致するまで財の消費を行えば効用は最大化されます．

需要曲線

市場機構の下では，消費者は価格を一定として，これに反応して行動をしますが，上に説明したように効用の最大化の結果，財の価格と消費者の財に対する限界効用は等しくなります．さて，**図 7.2(a)** は，**図 5.1(b)** の限界効用曲線

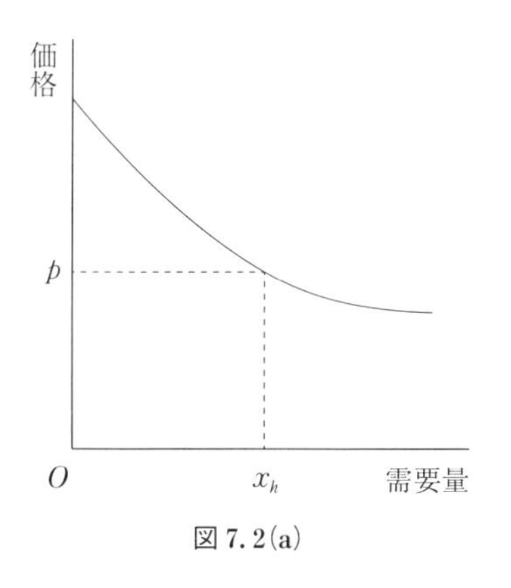

図 7.2(a)

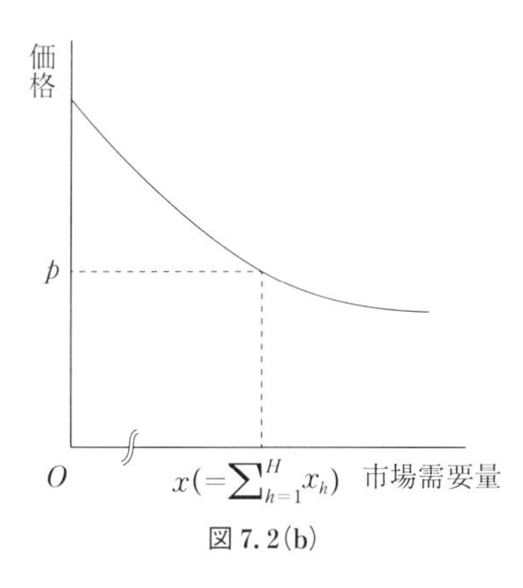

図 7.2(b)

を再録しただけですが，今度は縦軸に市場価格を入れてみましょう．式(7.2)を適用すると，h 氏は靴の市場価格が p の時に，これが限界効用と等しくなるところまで靴を需要しますから，限界効用曲線は市場価格と h 氏の需要量との関係を表す個人需要曲線と解釈することもできます．

各消費者の需要量 x_h $(h=1, 2, \cdots, H)$ を全て足し合わせたものが市場需要量 $x=\sum_{h=1}^{H} x_h$ です．このため，縦軸に市場価格を与えた時に，横軸に市場需要量 x $(=\sum_{h=1}^{H} x_h)$ を示す市場需要曲線は，個々人の需要曲線を水平に足し合わせたものとなります(**図 7.2(b)**)．

供給曲線

市場が完全競争的である時には，消費者のみならず，企業もまた個々のレヴェルでは価格をコントロールする力がなく，従って，市場価格 p を所与として行動するものと仮定されます[1]．すると，個々の企業がコントロールできるのは自社の生産量だけです．企業 k $(k=1, 2, \cdots, K)$ は，利潤

$$\pi_k = py_k - c(y_k), \qquad k = 1, 2, \cdots, K \tag{7.3}$$

を最大化するように y_k を選択します．利潤最大化の 1 階の条件は，

$$dc_k/dy_k = p, \qquad k = 1, 2, \cdots, K \tag{7.4}$$

となります．従って，各企業は市場価格 p が与えられると，限界費用が p と一致する y_k まで財を供給します．このため，企業 k の限界費用曲線である図

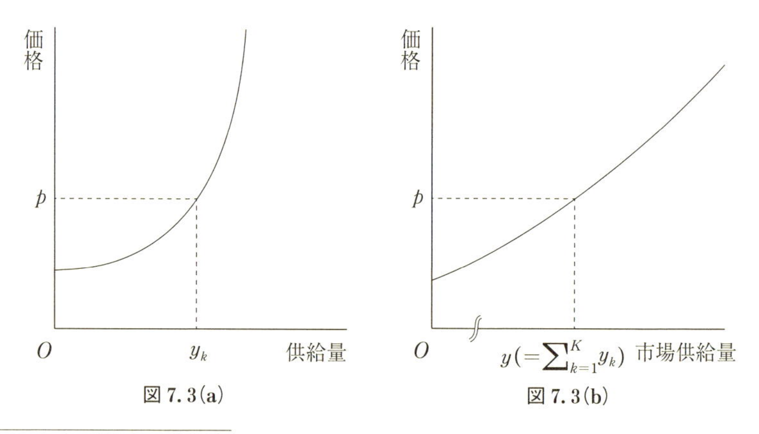

図 7.3(a)　　**図 7.3(b)**

---

1) 個々の企業が価格支配力を持つケースについては，第 11，12 章で論じます．

5.2(b)は，縦軸に市場価格pをとると，個々の企業の供給曲線としても解釈できます(図**7.3(a)**).

各企業の供給量y_kを全て足し合わせたものが市場供給量$y=\sum_{k=1}^{K}y_k$です．このため，縦軸に市場価格を与えた時に，横軸に市場供給量y $(=\sum_{k=1}^{K}y_k)$を示す市場供給曲線は，個々の企業の供給曲線を水平に足し合わせたものとなります(図**7.3(b)**).

完全競争市場均衡のパレート効率性

完全競争市場均衡では，市場需要曲線と市場供給曲線との交点で均衡価格と財の均衡取引量が決定します．与えられた価格に対して，消費者は価格と限界効用が等しくなるまで財を需要し，企業は価格と限界費用が等しくなるまで財を供給しますが，ここで市場価格が適当でなければ，財の総需要と総供給とは一致しません．標準的なミクロ経済学においては，市場価格は総需要と総供給の差である超過需要に応じて変化するものと仮定します．**図7.4**では，**図7.2(b)**の市場需要曲線をDD'，**図7.3(b)**の市場供給曲線をSS'として再録してありますが，ここで，例えば市場価格が$\bar{p}$であると，超過供給が存在します．この場合，価格が下落して需要が増加，生産が減少してゆきます．逆に市場価格が$\underline{p}$の場合，超過需要が存在するため価格は上昇して，需要が減少，生産が増加すると仮定するわけです．この結果，市場による需給調整機能がもたらす完全競争市場均衡点では，一定の均衡価格p^*のもとで，総需要と総供給とが一致するものとされます(**図7.4**の$\boldsymbol{E}$)．しかし，超過供給に対して市場価格が低下し，超過需要に対して市場価格が上昇する理由は必ずしも明らかではありません．このような完全競争市場均衡のモデルを確立したのは，フランスの経済学者ワルラス(コラム6参照)ですが，彼は市場仲買人＝オークショニア(auctioneer)と呼ばれる仮想的な存在を仮定し，このオークショニアが市場価格による需給調整を司るものと仮定しました．現実の市場にはワルラスが仮定したような理想的なオークショニアが存在するわけではありませんが，現実の市場における働きを近似的に描写する上で，かなりの程度有効な仮定になっていると考えることができます[2)].

前章と本章における考察より明らかなように，市場需要曲線と市場供給曲線

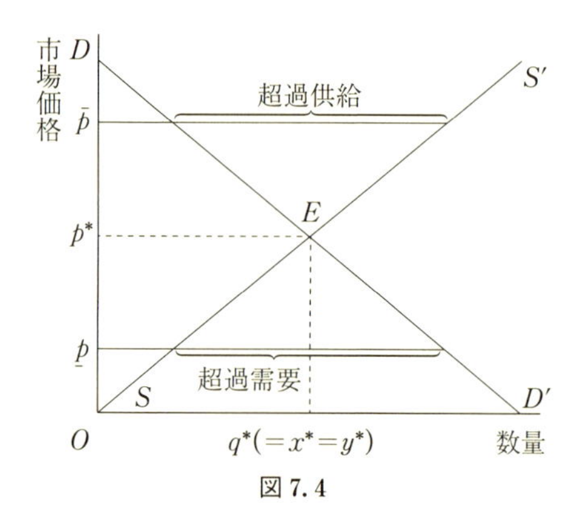

図 7.4

とに基づく通常の部分均衡分析の背後に厚生経済学の基本定理の存在を確認することができます．完全競争市場均衡においては，まず，全ての消費者は，市場価格と限界効用が等しくなるまで財を需要しますから，全ての消費者の限界効用が市場価格と一致しており，この結果，消費者間交換に関するパレート効率性が成立します．また，全ての企業は，市場価格と限界費用が等しくなるように生産量を調整していますから，生産効率に関するパレート効率性が成立しています．最後に市場需給の均衡点では，(各企業に共通の)限界費用と，(各消費者に共通の)限界効用とが等しくなっていますから，財の総生産水準に関するパレート効率性も成立しているわけです．

コースの定理との関係

厚生経済学の基本定理の重要性は，どれほど強調しても足りないものですが，時として過小評価されるきらいがあります．この定理の重要性を理解するには，前章で指摘したような計画経済の非効率性を想起するだけで十分とも言えますが，第 II 部の主題となる，やはり経済学の基本定理であるコースの定理と比較することも良い手がかりになります．簡単に要約すると，コースの定理は，当事者間の相互交渉の帰結は，取引費用を伴わないならばパレート効率的であ

2) 梶井厚志・松井彰彦(2000)『ミクロ経済学――戦略的アプローチ』日本評論社，の第 8 章では，より現実的な仮定のもとでワルラス流の完全競争市場均衡が存在する条件が説明されていますので，上級の議論に関心のある読者の参照をお勧めします．

ることを主張します．なぜなら，当事者交渉の帰結がパレート効率的でないとすると，全ての当事者にとって，より有利な資源配分が存在するので，もともとの資源配分が交渉均衡点になることがありえないからです．すると，別に市場機構など存在しなくとも，自由な交渉の可能性さえ保障されていれば，資源配分はパレート効率的になるではないか，という疑問が生じます．

しかし，この議論を現実の経済に当てはめてみると，その限界がよくわかります．これまでの例に沿って，靴の市場を考えて見ましょう．小さな村に100人の住民が住んでいて，それぞれが靴を需要するとします．村には10軒の靴屋があります(靴屋は，村人の一部が経営しているとしましょう)．この小さな村が市場機構によらずに相互交渉によって靴を効率的に生産，配分しようとすれば，100人の村人の靴に関する限界効用曲線と10社の靴屋の限界費用曲線についての情報が必要です．100人の村人が集まって，これらの複雑な情報を交換し，お互いに交渉を行なって，効率的な靴の配分方法について，発見と合意を行うことの手間暇(取引費用)は，全く禁止的なものとなるでしょう．

これに対して，この村に靴を取引するための市場があって，各消費者と靴屋は，市場で決まる競争的な価格に従って自らの靴の消費ならびに生産量を決めている，という想定は，はるかに現実的です．つまり，市場機構は，多くの利害関係者が存在する資源の配分にあたって，コースの定理が提唱するような当事者間の相互交渉による自発的交換システムよりも，制度の設計と維持，情報交換，ならびに相互交渉に関する取引費用をはるかに縮減しつつ，パレート効率的な資源配分を実現できる点に，その際立った重要性があるのです．

第8章

余剰分析

社会的余剰の定義

部分均衡分析の顕著な特性は，その優れた実用性にありますが，規範的な政策判断をする上で，その特性を発揮するためには，社会的余剰の概念と，その使用法について十分に通暁することが必要です．社会的余剰 Φ は，数式を用いると以下のように定義できます．

$$\Phi = \sum_{h=1}^{H} b_h(x_h) - \sum_{k=1}^{K} c_k(y_k) \tag{8.1}$$

この右辺第1項は，ある1つの財の市場において，この財(これまでの例では，靴)に対する消費から各消費者が得る効用を全員について足し合わせた総和を表します．第5章で「ニュメレールの限界効用一定」という仮定について説明し，これが市場モデルの分析を大幅に明快にすることを見ましたが，この仮定(以下では，簡単化のために「貨幣の限界効用一定」とします)は，以下の規範的分析でも，大変有用な簡単化の仮定であることがわかります．すなわち，この仮定の下では，(8.1)式で表される社会的余剰は簡単に図解することができ，その意味もわかりやすくなります．つまり，社会的余剰とは，ある1つの財の市場で発生している全ての消費者の効用の合計(の貨幣表示額)から，その財を市場に供給するための総費用を差し引いたものなのです．

図8.1は，前章の**図7.4**の市場需要—供給曲線分析の再録ですが，たまたま事情によって，完全競争市場の需給均衡点 E とは異なる $\tilde{q}=(\tilde{x}=\tilde{y})$ で資源配分が実行されているものと仮定します．この時，靴の市場需要曲線が**図8.1**の DD' のように与えられるとすれば，市場需要曲線の高さは，その点で靴を消費した消費者が獲得した限界効用を表していますから，x の量の靴の総消費から得られる効用の総和 $\sum_{h=1}^{H} b_h(x_h)$ は $ODA\tilde{q}$ の面積で表されます．一般に多数の消費者から成る経済で，消費者が市場価格を一定と考えて行動すれば，一定の財の消費から生ずる効用の総和は市場需要曲線の下の部分の面積で表され

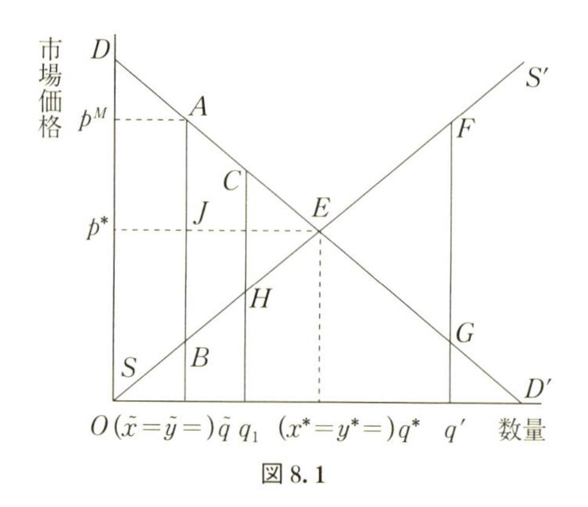

図 8.1

るのです．

他方，靴の市場供給曲線が**図 8.1** の SS' で与えられたとすると，市場供給曲線の高さは，その点で靴を生産した企業が生産に要した限界費用を表していますから，y の量の靴を生産するために必要とされた総費用 $\sum_{k=1}^{K} c_k y_k$ は $OSB\tilde{q}$ で表されます．企業も消費者同様に競争的に行動するという仮定のもとで導かれた市場供給曲線の下部分の面積は，企業が一定量の財を生産するのに必要であった総費用を表しています．

以上のように見れば，社会的余剰 Φ の図示は容易です．例えば，**図 8.1** の $\tilde{q}$ $(=\tilde{x}=\tilde{y})$ 点を見ましょう．$\tilde{q}$ の取引から生ずる(8.1)式 Φ の第 1 項は $ODA\tilde{q}$，第 2 項は $OSB\tilde{q}$ ですから，当該財である靴の取引から生ずる社会的余剰 Φ は $DABS$ の面積で図示できるわけです．

社会的余剰の厚生評価における意義(1)――パレート効率性との関係

社会的余剰は，以上に見たように簡単に図解することができます．また，この図解を利用することによって，経済の効率性に関する規範的な評価を行うための大切な手掛かりを与えてくれます．はじめに重要なポイントは，部分均衡分析のもとでは，「社会的余剰を最大化する資源配分と，パレート効率的な資源配分とは同値である」ということです．

この命題は，次のように簡単に証明できます．まず，「資源配分がパレート効率的であれば社会的余剰が最大である」ことが，次のように証明できます．

もしも社会的余剰が最大でないとすれば，追加的な余剰を人々に配分することでパレート改善が可能ですから，もともとの資源配分はパレート効率的でなかったことになりますが，この結論は，元の命題の対偶命題ですから，元の命題も正しいことになります．

逆に，「社会的余剰が最大であれば，資源配分はパレート効率的である」ことは，図解によって，わかりやすく確認できます．**図8.1**における完全競争市場均衡点であるE点において，財の取引量はq^*，この消費から消費者が得る効用は$ODEq^*$，q^*を生産するために必要費用額が$OSEq^*$ですから社会的余剰はDESとなり，例えば$\tilde{q}$のように，q^*よりも取引が過小になる資源配分状況と比べると，ABEだけ社会的余剰の額が大きくなっています．逆に，q'のような，q^*よりも過大に財が取引される場合を見ると，E点と比べてEFGだけ余剰Φが減ってしまいます．このように，E点以外のどの資源配分をとっても，E点より社会的余剰の額は小さくなります．ところが我々は，厚生経済学の基本定理によって，**図8.1**の市場均衡点E点がパレート効率的な点であることを知っています．よって，余剰Φを最大化するE点は，パレート効率的な資源配分を実現する点でもあるわけです．以上のようにパレート効率的な点と社会的余剰の最大点はユニークに対応します．

社会的余剰の厚生評価における意義(2)——次善(セカンド・ベスト)の場合

しかし，社会的余剰を用いて経済厚生評価を行うことに，さらに積極的な意義が生ずるのは，むしろパレート効率性が成立しないような次善(second-best)の状況であると思われます．今度は**図8.1**の$\tilde{q}$とq_1を比べましょう．いずれの点もパレート効率的ではありません．しかし，社会的余剰はq_1の方が$\tilde{q}$よりも$ABHC$だけ大きくなります．

パレート効率性が何らかの理由で実現できない場合，パレート効率性という基準のみではもはや経済厚生を評価できないのですが，その場合でも，少しでも社会的余剰を上昇させるように資源配分を変更してゆくことは望ましいと推論されますので，社会的余剰は次善的な諸状況の経済効率性を評価する上で特に有用であると予想されます．法政策的介入が必要になる，「市場の失敗」が生じているケース(内容については，第10章以下で説明します)では，様々な政治や社会の制度上の制約によって，いきなりパレート効率的な資源配分へと移行できないケースが多々あります．あるいは，具体的に問題となる「市場の失敗」のほとんどがそういう状態と言っても，言い過ぎではありません．そして，そのような場合に，2つの次善の状態を比較して，どちらがより望ましいかを検討することが大変重要な，時に国論を二分するような政策イッシューになります．このような状況では，余剰分析が占める実践的な重要性は計り知れないものがあります．

しかしながら，資源配分が変更されることで社会的余剰が増大する，ということがどのような規範的意義をもっているかについては，十分に慎重な解釈が必要です．このため，まず社会的余剰が人々の間にどのように分配されるのかを考えましょう．

消費者余剰・生産者余剰

社会的余剰は，消費者余剰(consumers surplus)と生産者余剰(producers surplus)の和として分割して定義されます．この伝統的な定義と(8. 1)式とが一致することを確認しておきましょう．消費者余剰は，現在市場で成立している価格と需給量の下で，消費者がその消費量を購入するのに支払ってもかまわない最大の金額と実際の支払額との差として定義されます．また，生産者余剰とは，財の供給に際して最小限必要となる金額(＝費用)と実際に生産者が受け取った売上額との差として定義されます．

そこで図8. 1に戻ってE点のケースを考えてみましょう．消費者が各々の消費量に対して支払ってもかまわない最大価額は，その消費者の効用です．一方，実際に支払ったのは，市場価格p^*に消費量を乗じた支払総額です．q^*の靴の消費から得られる効用の個人間総和はDEq^*Oで表され，全ての消費者の支払総額はp^*Eq^*Oで表されますから，差引き消費者余剰はDEp^*となります．他方，生産者による財の販売総額はやはりp^*Eq^*Oであり，一方供給をまかなうのに最小限必要な価額は総費用SEq^*Oですから，生産者余剰はp^*ESです．消費者余剰と生産者余剰の和はDESで表されるので，結局(8. 1)式の値Φに一致します．

次に，$\tilde{q}$の資源配分においては，何らかの理由で企業が独占力を持っていて，価格をp^Mにつり上げているものと仮定します．この時，消費者余剰はDAp^M，生産者余剰はp^MABSとなり，社会的余剰Φは$DABS$で表され，やはり(8.1)式に一致します．これらの余剰概念は，(8.1)式で定義される社会厚生指標に直観的な意味内容を与え，また，厚生の消費者・生産者(場合によっては政府など公的主体)への分配状況を示す点でも有用であり，本書において以後繰り返し活用されることになります．

富の増加の意味

ここでも早速この概念を活用して，社会的余剰の増加ということの意味を考えてみましょう．2つの資源配分$\tilde{q}$とq^*を比較すると，ABEだけ後者の方が社会的余剰は増大しています．そこで今，$\tilde{q}$の状況を前にした政府は，企業に対してq^*だけの財を供給するように命じたとしましょう．重要なポイントは，このような資源配分の変更によってパレート改善が実現するわけではない，ということです．なぜなら，$\tilde{q}$の下でp^Mであった市場価格が，q^*において，今やp^*に下落します．このため，消費者余剰は価格下落によってp^MAEp^*だけ増加しますが，生産者余剰は，p^MAJp^*-JEBだけ減少します．従って，靴を消費している消費者は利益を得るものの，靴を生産する企業の株主たちはむしろこの資源配分の変更から被害を被っていることになります．

このように，政策の変更によってパレート改善が実現できないにもかかわらず，社会的余剰の上昇が経済効率の改善と評価されるのはなぜでしょうか．確かに，政策の変更の結果，損する人も得する人もいるのですが，全体として社会的余剰が増えているならば，得をする人が損をする人に対して適当な補償金を支払うことによってなおABEの金額があまるため，パレート改善が実現するでしょう．この意味において，社会的余剰の増大をもって経済厚生の改善，そしてその最大化をもってパレート効率的，と判断してもかまわないことになります．ABEは，厚生費用(welfare cost)，超過負担(excess burden)と呼ばれますが，それもこの意味においてであることに留意しなくてはいけません．

仮説的補償原理(カルドア＝ヒックス基準)

しかし，具体的な政策提言の段階になると，問題はそこで終わりません．確かに，資源配分の変更と適切な所得の再分配を組合わせることができればパレート改善が実現しますから，そのような政策の妥当性には異義を差し挟む余地はないでしょう．しかし，現実にはそのような所得の再分配は不可能であるとする十分な論拠があります．

第一に，さきほどの例から明らかなように，このような所得の再分配は膨大な情報量を必要とします．例えば，本書の例である靴が，もともと政府の規制を受けて独占価格 p^M をつけていたとします．規制改革によって価格が p^* に下がると，消費者が便宜を受け靴屋が損失を被りますが，これら個々の主体がどの程度の金額の受益ないし負担をしているかは，各個人，企業の靴の消費量や生産量に応じて様々です．これら個々の主体の得失をいちいち政府が調べて，所得再分配のプログラムを用意することは全く不可能です．また，このような再分配プログラムを政府が提供しようとすると，生産者余剰はともかく，個々人の消費者余剰を観察することはできませんから，各消費者は自らの享受する消費者余剰を少なく偽って報告し，規制緩和の打撃を受ける生産者への補償的な所得移転に抵抗することでしょう．

こうして，折角の規制緩和政策も，パレート改善へと変換することができないために，様々な政治的抵抗を受けて頓挫するおそれがあります．では，もはやこのような政策は断念すべきでしょうか？　これに対してヒックスやカルドアは，第2章で触れたように，「もしもある政策の結果として，損をする人に対して，得をする人が適当な補償を支払うことで，パレート改善が**実現しうる**とすれば，そのような所得移転が**実行されなくても**その政策を断行すべきである」という仮説的補償原理を提唱しました．仮説的補償原理は，この厚生基準を最初に提唱したカルドア，ヒックスの名を取って，カルドア＝ヒックス基準とも呼ばれます[1]．

社会的余剰基準を政策判断に利用する立場が根本的に依拠しているのは，仮説的補償原理の倫理的基準です[2]．従って，政策の結果損害を被る人々の厚生

1）カルドア（Nicholas H. Kaldor），ヒックス（J. Richard Hicks）は，いずれも20世紀前半のイギリスを代表する経済学者です．特に，第5章註3で触れたヒックスの主著 *Value and Capital*（邦訳『価値と資本』）は，ワルラス，マーシャル，ケインズらの業績を集大成して，今日の新古典派経済学の基礎を築いた金字塔的名著ということができます．

を重んずる立場からは，この立場は是認されないでしょう．反対に経済効率の促進を主張する人々の中には，しばしばそのような政策の所得再分配効果による犠牲者が存在しないかのような主張をする人がいますが，仮説的補償原理の立場を明確にすることによって，経済効率促進政策の背後には，必ず効率促進と平等(あるいは，既得権維持)とのコンフリクトが存在することに繰返し注意を促す必要があります．

費用便益分析

費用便益分析(cost-benefit analysis)は，ある政策的決定が社会的余剰の増加をもたらしたか否かを観察可能なデータから評価するための，システマティックな方法論です．今日では，費用便益分析は，経済学者だけではなく法学者の間でも強い関心を持たれるようになりつつあります．特に，行政法の分野では政策評価法が成立し，様々な行政上の規制や支出に対して費用対効果の計測を求める動きが出ています．しかし，現実の行政評価の実態を見ると，計測の客観性に対して疑問が付されるようなものが多いように思われます．データの制約や計測法の一貫性のなさ，記述の曖昧さなど，いろいろな問題が存在しますが，方向性としては，このように政府の政策に対してできるかぎり客観性のある評価を求めることは正しいあり方であると思われます[3)]．法の経済分析においては，立法的な意思決定のみならず，司法判断に関しても，仮説的補償原理と費用便益分析に基づく考察が中心的な要素になりますが，この点については批判も多く，今日もなお論争の的となっています．これについては第II部，特に第17章で詳しく検討することにします．

---

2) 仮説的補償原理の厳密な定義，及び，我々の仮定の下での，余剰の増加と仮説的補償原理基準との関係についての厳密な議論に関しては，林[3]の439-443頁，を参照のこと．

3) 費用便益分析と法政策との関連については，常木[2]，特に，その第1章，第6章を参照いただければ幸いです．

第9章
公平な税体系

資源配分と分配の公平

第5-8章では，効率性の観点から，市場機構の意義について概観しました．しかし，市場機構は富の分配の公平性に関して中立的であり，その帰結として，市場機構が最も効率的に働いたと仮定しても，富の分配の不平等に基づく経済格差が生じうることは明らかです．厚生経済学の基本定理は，完全競争市場均衡のパレート効率性を立証しているだけであり，その帰結が公平性，平等性の観点から正当化できるとは全く主張していないのです．実際，我々が第7章で取り扱ってきた簡単な経済社会の場合でも，市場均衡における個人間の経済格差はニュメレールの期首賦存量 $\bar{m}_h$, $h=1, 2, \cdots, H$(ならびに，各消費者の企業持ち分権 θ_{hk})の分布に依存しており，これらの分布は，諸個人の能力や運，親族などからの贈与などに基づいていますから，これらが規定する経済格差が市場機構自体によって公平に再配分されるとは全く限りません．

これまで本書で指摘したように，厚生経済学の目的は，経済効率性の実現に留まらず，公平な経済社会を実現することにあります．また，第3章で指摘したように，比較的納得しやすい，いくつかの道徳的価値判断の下で構成される社会的厚生関数の下で，富の平等な分配が社会的に最適となると考えられます．しかしながら，第3章では一定の富を個人間に分配することが問題であり，どの財をどれだけ生産し，それを誰にどれだけ分配するか，という資源配分の問題が無視されています．本章では，この資源配分の問題を明示的に取り上げて，社会的に最適な富の分配の問題を再考察します．

社会的無差別曲線による図解

初めに，分析のためのツールとして，いろいろな社会的厚生関数を図解するための社会的無差別曲線(social indifference curves)について説明します．社会的無差別曲線とは，一定の社会厚生を実現することができる人々の効用水準の組

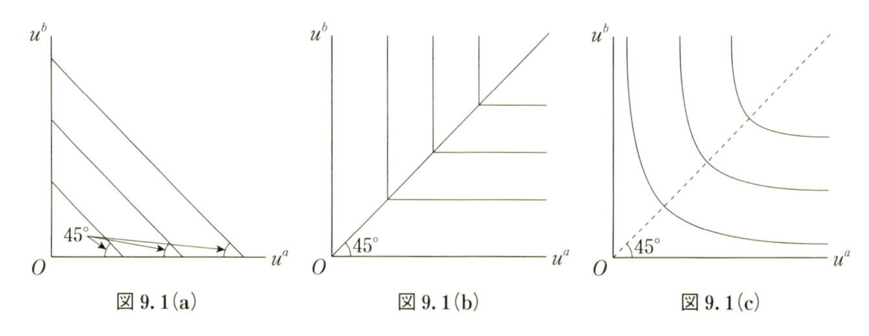

図 9.1(a)　図 9.1(b)　図 9.1(c)

み合わせの集合で，例えば，社会のメンバーが 2 人の場合，縦軸と横軸に a, b 2 人のメンバーの効用水準を取ると，功利主義的な社会的無差別曲線は，図 **9.1(a)**のように，−45° の傾きを持った直線となり，右上に属する社会的無差別曲線ほど高い社会的厚生水準に対応します．同様に，ロールズ型の社会的無差別曲線は，図 **9.1(b)**のように，L 字型になり，やはり，右上に属する社会的無差別曲線ほど高い社会的厚生水準に対応します．ナッシュ型の場合，図 **9.1(c)**のように双曲線になります．

パレート・フロンティア

次に，一定の社会において，限られた一定量の資源が存在し，それを人々の間で適当に配分することによって獲得可能な，全ての効用配分の可能性を考えてみます．このような可能な効用配分の集合を，効用可能性集合と呼びます．抽象的でわかりにくいと思いますので，社会が 2 人の個人からなるケースを考えて，図解によって説明してみます．より一般的なケースは，図解からの類推によって，かなりの程度まで直観的なイメージをつかめるはずです．

図 **9.2** では，a, b 2 人の人からなる経済において，領域 OPP' によって効用可能性集合が表わされています．効用可能性集合の右側の境界線 PP' は，パレート効率的な資源配分に対応する 2 人の人への効用配分の集合であり，パレート・フロンティアと呼ばれます．パレート・フロンティアの形状は一般に多様ですが，必ず右下がりとなります．もしも，右上がりであれば，右上の点は左下の点に対してパレート改善となるため，パレート効率性の定義と矛盾してしまうからです．おなじような推論を行えば，効用可能性集合のなかでパレー

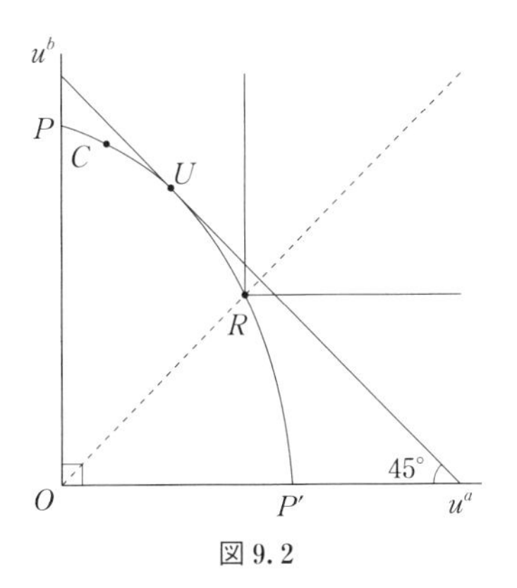

図 9.2

ト・フロンティア以外の点は，パレート非効率な資源配分における効用配分を示していることが容易に理解できるはずです．

パレート・フロンティア上の全ての点はパレート効率的なのですから，パレート効率的な資源配分は無数に存在し，それぞれが，各人への富の分配状況に依存します．a 氏の富が多く，b 氏の富が少なければ，u^a が高く，u^b が低い資源配分となり，逆の場合は u^b が高く，u^a が低い配分となりますが，いずれにせよ，パレート効率性を満足していることはありえます．

社会的に最適な資源配分

政府による富の再分配に関する政策目標は，適切な社会的厚生関数を選択し，

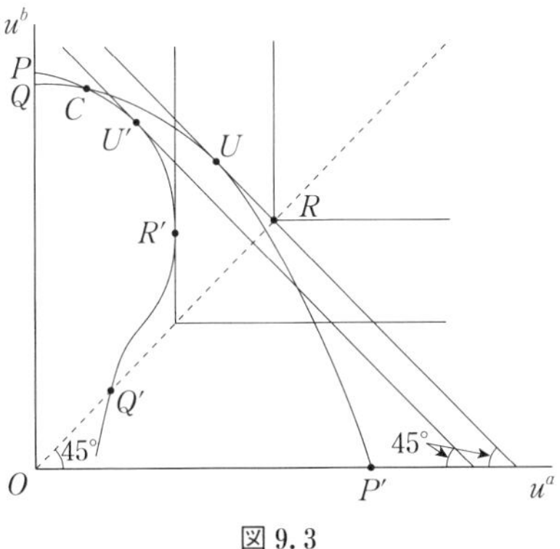

図 9.3

社会的無差別曲線

社会的無差別曲線とは，「同一の社会厚生を実現する効用ヴェクターの集合」です．これだけ聞いても，何のことかよくわからないと思いますので，例を挙げて考えてみましょう．まず，社会に2人の人 a, b がいるケースで考えましょう．この2人の効用を u^a, u^b とすると，この社会のメンバーの効用水準は，2次元の効用ヴェクター (u^a, u^b) で表されます．仮に社会厚生のレヴェルが1であるとしましょう．

社会的厚生関数が功利主義的な場合，社会厚生水準1を実現する効用ヴェクターの集合とは，$u^a+u^b=1, u^a\geq 0, u^b\geq 0$，を満たす (u^a, u^b) の集まりです．**図 9.1** のように，横軸に u^a，縦軸に u^b を，それぞれ非負の実数に表すと，社会厚生水準1を実現する効用ヴェクターの集合，つまり，社会厚生1に対応する社会的無差別曲線は，傾きが -1，切片が1の直線になりますね．同様に，社会厚生水準が2, 3…と増えてゆくと，傾きは -1 で一定で，切片が2, 3…と上方にシフトした直線が，新たな社会的無差別曲線になり，**図 9.1(a)** が得られます．

次に，社会的厚生関数がロールズ的な場合，社会厚生水準1を実現する効用ヴェクターの集合とは，$\min(u^a, u^b)=1, u^a\geq 0, u^b\geq 0$，を満たす (u^a, u^b) の集まりです．今度は，まず，$u^a=u^b=1$（$(u^a, u^b)=(1, 1)$）のケースから考えてみましょう．この場合社会厚生水準が1であることは明らかですね．次に，ロールズ社会的厚生関数では，$u^a=1$ が固定していれば，$u^b\geq 1$ を満たす全ての u^b に関して社会厚生水準は1と評価されますから，(1, 1) を起点にして垂直上方に伸びる直線全体が，社会厚生水準1に対応する社会的無差別曲線に含まれます．同様に，$u^b=1$ が固定していれば，$u^a\geq 1$ を満たす全ての u^a に関して社会厚生水準は1と評価されますから，(1, 1) を起点にして水平右方に伸びる直線全体が，社会厚生水準1に対応する社会

様々なパレート効率的資源配分のうちで社会的にもっとも望ましい効用（＝実質的所得）の分配を実現してやることです．例えば第2章で説明した功利主義的な社会的厚生関数を選択した場合，効用可能性集合 OPP' のもとで社会的厚生を最大化する効用の配分は，**図 9.3** においては，パレート・フロンティアと功利主義的な社会的無差別曲線が接する U 点になります．

これに対して，ロールズ社会的厚生関数の場合，**図 9.3** の R 点が社会的に最適になりますが，功利主義の場合と比較すると，前者の場合，社会的最適点

コラム8

的無差別曲線に含まれるので，結局，(1, 1) を支点とするL字型の線が，社会厚生1に対応する社会的無差別曲線となります．以下同様に，社会厚生水準が2, 3…と増えてゆくと，L字型の形状は一定で，支点が(2, 2), (3, 3)…と上方にシフトした線が新たな社会的無差別曲線になり，**図9.1**(b)が得られます．

同様に，社会的厚生関数がナッシュ的な場合，社会厚生水準1を実現する効用ヴェクターの集合とは，$u^a \times u^b = 1, u^a \geq 0, u^b \geq 0$，を満たす (u^a, u^b) の集まりです．以下，**図9.1**(c)の社会的無差別曲線群が得られることは，各自確認してください．

「集合なのに，無差別曲線とは，これいかに」と思われた方もいるかもしれませんが，これはもちろん，社会のメンバーが2人のケースを考えているからです．社会に，a, b, c，3人のメンバーがいる場合，社会厚生1に対応する社会的無差別曲線は，社会的厚生関数が功利主義的な場合，**図9.4**の三角形 ABC のような平面になりますから，社会的無差別曲面と呼ぶべきでしょう．同様のケースで，ロールズやナッシュの場合の「曲面」もイメージしてみてください．これは，図に表すのが，結構，厄介ですね．

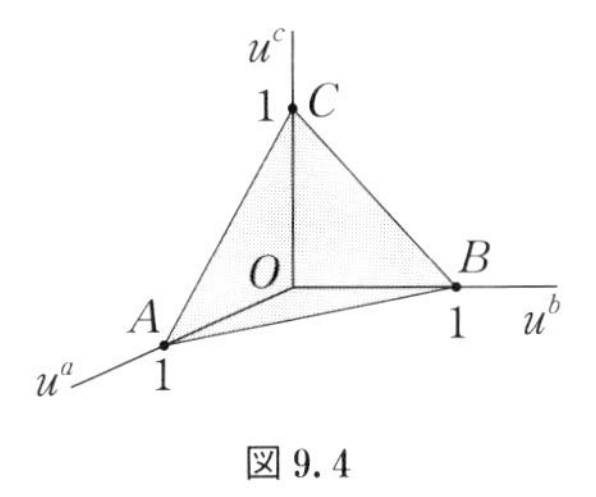

図9.4

において2人の個人の間で不平等が生ずるのを認めるのに対して，ロールズ型の場合，2人の個人が全く等しい効用を得る状態を社会的最適と考えますから，功利主義以上に社会的平等を重視するものということができます．

効率と公平のトレードオフ

厚生経済学の基本定理によれば，完全競争市場均衡はパレート効率的な資源配分を実現しますから，**図9.2**の枠組みでいえば，完全競争市場均衡における効用配分は，パレート・フロンティアに属することを意味します．この点が，例えば，**図 9.2** の C 点だったとしましょう．すると，先の功利主義的社会的厚生関数(あるいは，ロールズ社会的厚生関数)に参照すると，最も理想的な U 点(もしくは，R 点)と比べて，完全競争市場均衡では低い社会的厚生しか実現していないことになります．理由は簡単で，C 点は効率的ではあっても，b さんに対して極端に有利で a さんに対して極めて不利な効用の分配状況が生じており，著しく不平等だからです．

そこで，政府が本来望ましい U 点(あるいは，R 点)を実現するためには，資源配分の非効率をもたらさない一括固定額の所得移転(lump-sum transfer)を利用して，初期の所得や富の分配を個人間で公平に再分配した上で，完全競争市場を運用しなくてはなりません．ところが，ここで問題になるのは U 点(あるいは，R 点)を実現するためにどの程度の所得再分配が必要なのか，政府が適当な情報を持っていないことです．なぜなら，各人の能力や資産，嗜好はばらばらですが，適当な再分配額の計算にとって必要とされる，それらに関する知識を政府はもっていないからです．この知識を政府が各人に質問しても，本当の答が返ってくる保証はありません．むしろ，人々は自己に有利な資源配分を導くために，自らの能力その他を偽って報告する可能性が高いでしょう．従って，政府は，一括固定額の所得移転を利用して社会的に望ましい富と効用の再分配を行うことができないことになります．

包括的税制

応能課税原則(ability to pay principle of taxation)は，直接観察できない情報ではなく，具体的に観察可能な担税能力指標である所得や消費支出を基準として，これらに応じた課税を行うことで社会的公平を実現しようとします．これが，現実のデモクラシーを基本とする国家が採用している包括的税制の基本原則です．しかし，包括的な総合所得税や一般消費税であっても，税制の資源配分に関する中立性を満足しません．つまり，これらの税制の存在によって，労働意欲や貯蓄意欲などに変化が生じ，完全競争市場において実現するようなパレート効率的資源配分が成立しなくなるのです．日本ではしばしば，所得税は労働意欲を阻害するのに対して，一般消費税は「広く，薄く」課税することで，資源の効率的配分を妨げない，といった議論がなされることがありますが，これは全く間違った議論です．これは，消費者の予算制約式に関する簡単な分析からわかるので，試みてみます．以下の(9.1)式は，第7章の(7.1)式を再録したものですが，労働供給を明示的に扱うため，ニュメレールの中から労働の部分は抜き出して，独立に扱っています．労働の時間単価＝賃金率は，第7章の仮定を継続して1(円)とすると，

$$m_h - \bar{m}_h + px_h = \sum_{k=1}^{k} \theta_{hk}\pi_k + L \tag{9.1}$$

のうちのLが，労働供給量になります．

この左辺は，消費者の手持ちの財を差し引いて市場で今期購入した財の消費額ですから，一般消費税とは，この消費額全体に対して，包括的に比例税をかけることを意味します．比例税の税率を仮にt%(現在，8%)とすると，課税後の消費者の予算制約式は，

$$(1+t)(m_h - \bar{m}_h + px_h) = \sum_{k=1}^{k} \theta_{hk}\pi_k + L \tag{9.2}$$

です．ところが，(9.2)式を (1+t) で割り算すると，

$$m_h - \bar{m}_h + px_h = \frac{1}{1+t}\left(\sum_{k=1}^{k} \theta_{hk}\pi_k + L\right) = \left(1 - \frac{t}{1+t}\right)\left(\sum_{k=1}^{k} \theta_{hk}\pi_k + L\right) \tag{9.3}$$

になります．つまり，t%の一般消費税は，$t/(1+t)$%の包括的比例所得税と同等な効果を持っているのです(消費税率が8%とすると，所得税率は約7.4%)．直観的な理屈は単純なもので，消費税は消費意欲を減退させるのですから，消費の元手になる賃金を稼ぐための労働意欲も下がるということです．ただし，消費税が比例税なのに対して，大多数の国における所得税は累進課税，つまり，所得の高い人に対しては一定比率以上に重課されるので，より強い労働意欲の阻害効果が生ずる可能性が高いのは確かでしょう．

なお，所得税と消費税の選択は，動学的な経済では，貯蓄意欲の阻害の程度にも影響します．入門的な財政学の議論では，貯蓄意欲への阻害効果は，消費税の方が少ないとされますが，これは，所得税が資産所得に課税することで貯蓄誘因を過度に阻害していることを前提としています．しかし，そもそも日本の所得税のように，資産所得に対する包括的課税が不完全な場合，つまり，資

産収益の多くが分離課税され，ローン支払額の控除も認められていない場合，貯蓄を阻害する程度が著しいかどうかは疑問があります．また，日本のように源泉徴収の制度があると，所得の捕捉率が労働者，自営業者，農業者などで異なる，いわゆるクロヨン問題があり，これも資源配分に影響を及ぼします．結局，所得税と消費税の選択は，これらの様々な資源配分効果を踏まえて判断する必要があります．

最適課税理論

上に説明したように，どのように包括的な課税標準を利用したとしても，所得再分配のプロセスで，必然的に資源配分の損失が生まれます．図**9.4**では，この間の事情は，パレート・フロンティアの内側にある山型の曲線である，次善のパレート・フロンティア $QCU'R'Q'$ に表わされています．全く再分配を行わない完全競争均衡点 C 点を除けば，政府の再分配的課税によって，効用の個人間分配はパレート非効率な次善のパレート・フロンティア上を移動してゆきます．もちろん，次善のフロンティアの右側の部分ほど，b さんから a さんへと多くの所得が再分配されています．図**9.4**上で示されているように，次善のパレート・フロンティアを所与とすると，功利主義的な社会的厚生関数に基づいて最適な効用の配分は U' になります．これを，全く富の再分配を行わない C 点に比べると，依然として，ある程度の再分配が行われており，貧乏な a さんは金持ちの b さんから一定の再分配を受けとりますが，その再分配額は，最善の点 U と比べると小さくなります．それは，大規模な再分配を行おうとすると，税の社会的コストが急激に上昇し非効率性が高まるため，最善の場合と比べると再分配に対して抑制的にならざるを得ないからです．

最適課税理論は，以上のようなグラフによる説明を厳密に理論化したものです．まず，目的となる社会的厚生関数を設定し，次に利用可能な課税手段を特定化して，資源と生産技術，個人の選好を所与として最適な税体系が有する定性的な性質を導出し，場合によっては，具体的な関数型やパラメーター値を決めて最適な税率のシミュレーションを行ったりします．

理論的には極めて技術的に複雑で，本書で説明するレヴェルをはるかに超えていますが，直観的な意味は，先の図解で，ある程度まで理解可能であると思います．簡単にまとめておくと，最適な税体系は，所得の再分配による平等化の効果と，再分配の原資を調達するための課税による資源配分非効率の拡大によるコストとのバランスが，最もうまく取れているものである．従って，適度な再分配は容認されるが，人々の経済的誘因を完全に破壊してしまうような極端な平等化政策は容認されません．具体的にどの程度の再分配が正当化されるかは，いくつかの仮定に依存しています．

まず，設定される社会的厚生関数が，どの程度，平等化を強く要求するものであるか．例えば，ロールズ社会的厚生関数を仮定すれば，功利主義的社会的厚生関数を仮定するよりも望ましい再分配の程度が大きくなる可能性が高いでしょう．次に，税制の負の誘因効果がどの程度強いか．例えば，もしも課税による労働誘因削減効果が無視できるほど少ないと仮定するならば，極めて強く累進的な労働所得税をかけて平等化を促進することが正当化できるでしょう．第三に，課税前の富の分配状況がどのようになっているかも重要なポイントで，もしも事前の富の分配が比較的平等であれば，高い課税コストをかけて再分配を行うことは望ましくない，逆に，もともとの社会が著しい富の偏在を示しているならば，高い税率を設定することが正当化できると思われます．

ロールズ最適な税制

図9.3は，功利主義的に最適な効用配分 U' とともに，ロールズ最適な効用配分を R' で図示しています．ここで注目されるのは，ロールズ的な最善の R 点の場合と違って，公平と効率性のトレードオフが存在する場合には，ロールズ最適点 R' において，依然として a, b 両氏の間の不平等が容認されていることです．このような現象が生ずるのは，次善のパレート・フロンティア $QCU'R'Q'$ が最善の場合のフロンティア PP' と異なり，右上がりになる可能性があるからです．

これは，どういうことかと言うと，所得税や消費税などの資源配分効率の歪みをもたらす税制の場合，再分配のために獲得できる税収に限界があるということです．このことは古くから知られていたことですが，これを特に強く提唱したラッファー(Arthur Laffer)にちなんで，ラッファー・カーヴ(**図9.5**)と呼ばれています．つまり，再分配のための税収を得ようとしても，税収は税率と課

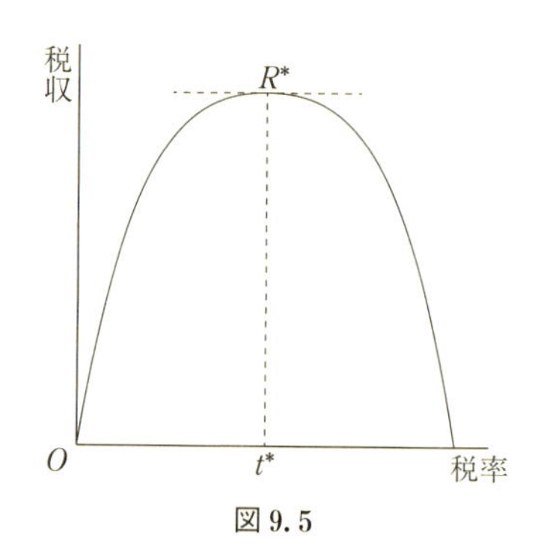

図 9.5

税標準(労働供給，消費など)の量との積ですから，あまり税収を上げようとして高い税率を課すると課税標準の水準に対して強力な負のインセンティヴ効果が生じてしまい，かえって税収が下がってしまうのです．それ以上に重い課税は，税収の減少と負のインセンティヴ効果の拡大によって，豊かな人も貧しい人もより不幸になるという結果をもたらします．

図 9.5 において最大税収を挙げうる税率 t^* に対応する点 R^* は，**図 9.3** における R' と対応しています．ロールズは，著しく平等主義的な価値判断を正当と考えていましたが，例えば，**図 9.3** の Q' 点のような，より不遇な a さんの立場をも害するような完全平等主義を主張したわけではありません．彼の第二原理がはっきりと主張しているように，「不平等は，その社会において最も不利な立場にある人々の利益を促進するという制約のもとでのみ肯定される」のです．

第10章
市場の失敗と政府の失敗

はじめに

厚生経済学の基本定理(以下，基本定理と略記)は，市場機構の規範的正当性の基本的根拠を提供します．しかし，それは同時に，市場機構が理想的な資源配分を実現するための前提条件を明確化することによって，市場機構の限界を確定する意味をも有しています．そして，これらの市場機構の限界，すなわち「市場の失敗」と目されるものを同定することによって，市場に対する国家の介入と，その基礎となる法制度の正当化の根拠をも提供することになります．しかし，市場が万能でないのと同様に，政府も万能ではありません．政府による資源配分もまた，非効率性の深刻な原因になることがあり，これを「政府の失敗」と呼びます．そこで，法学と経済学との接点を探る上では，「市場の失敗」とともに「政府の失敗」とはなにか，そして，それが生ずる理由を探り，政府による法的な介入の適切性を保証するための方法論が不可欠です．本章は，そのための基礎作業に充てられます．

市場機構の非効率性

前章では，分配の公平性に関する市場の失敗を是正するために，どのような税体系を選択すべきかについて検討しました．しかし，効率性の観点に議論を限定したとしても，完全競争市場の前提条件が満たされない場合には資源はパレート効率的に配分されません．このような効率性に関する「市場の失敗」の事例として，通常，経済学では，不完全競争と不完全市場という2通りのケースを考えます．前者は，何らかの経済主体が市場価格を所与として行動せず，自らが価格支配力を持った価格設定者として行動するケースです．重要なのは企業が価格支配力を持つ場合で，容易に想像されるように，企業行動の公的規制法や独占禁止法の基礎となる経済学の領域です．これについては，第11，12章で扱うことにします．他方，後者は，市場取引の前提となる権利関係が厳密に確立していないケースで，経済学では，しばしば「外部性」(externalities)と呼ばれますが，このように外部性が存在する場合に，どのような法的介入を行うことが望ましいのかは，第13，14章で詳しく議論します．しかし，これだけではまだ，市場機構の「失敗」の意味について十分に考察されたとは言い難いと感ずる方が多いのではないかと思います．言いかえると，法体系が意識している「市場の失敗」は，もう少し幅広いように見受けられます．そこで，上に挙げた不完全競争と不完全市場以外で，基本定理の前提が成立せず市場の失敗が生じていることが直観的に感じられる事例を，思いつく限り挙げてみます．

市場の失敗の詳しい考察

まず，法律家の人が，ミクロ経済学の基本前提として通常真っ先に疑問を呈するのが，(1) 経済主体の合理性と利己性，ではないかと思います．人間はそれほど合理的ではない，特に，現在の選択ならばともかく，将来にわたる選択などは，極めて不確定な状況において非合理的な動機付けに支配されて行われるものです．また，人間は必ずしも利己的ではなく，他人に対する愛情や信頼に基づいて自分を犠牲にして利他的に行動することもあるし，職業選択やぜいたく品の購入などの場合，単なる収入や消費による欲求充足の問題ではなく，その行為自体の対他的なプレスティジが大切なこともあるでしょう．

もうちょっとマニアになると，(2) 財の分割可能性，あたりを問題にするでしょうか？　第7章でみたように，基本定理の証明で，財や労働が実数で表示できると仮定しましたが，これは財や労働が無限に分割可能であることを意味します．しかし，例えば財が椅子であるとして，無限に分割したら座れなくなるので用を足しませんね．さて，どうしましょう．

(3) 市場で取引される財の同質性，はいかがでしょうか．これも基本定理の前提として，取引される財や労働などのサーヴィスは同質的であるとされます．しかし，同じ自動車と言っても，軽自動車とベンツでは大きな違いです．また，労働と言っても，能力には大変な個人差があります．何十億の契約金を稼ぎ出すプロ野球の選手と私の労働能力が同じであるはずはありません．

情報の問題も大事なポイントで，基本定理は，財の品質，価格その他について，全ての市場参加者が同じ情報を持っていると仮定しています．これを，

(4) 情報の遍在性の仮定，と呼んでおきましょう．実際には，保有する情報量は市場参加者の間で大きく偏っています．財の品質に関する情報は生産者の方が消費者よりも多く持っていると思われますし，労働に関する情報は，被雇用者の方が雇用主よりもたくさん持っているはずです．資金の融通であれば，返済の見込みは，貸し手よりも借り手の方がよく知っているでしょう．

(5) 市場取引におけるフリクション(摩擦，あるいは抵抗)の不在，も意外と鋭いところです．市場取引には，財の配送から，それに先立つ契約の作成や事前交渉に至るまで，実際には取引にかかわる膨大な費用がかかりますが，基本定理の前提では，これが捨象されています．

これと関連して，(6) 契約の完備性，も問題になります．完全な契約を作ろうとすれば，そのための費用は無限大になりますから，契約はどうしても，ある程度まで不完備，つまり，契約締結の後に曖昧な部分が残ってしまいます．このあたりが，法律家が経済学の教科書と格闘した時に，いかがわしく感ずる前提条件でしょうか？　確かに，どれをとっても致命的な単純化が行われているという感じがして，何となく，これ以上経済学を勉強するのがいやになってきますね．しかし，経済学の本当の面白さがわかるのは，この先なのです．

しかし，上に挙げたような6つもの大問題を，一度に相手にするのでは大変です．少し先の予定を前もって説明しておくと，(3)は，実は不完全競争の問題と深くかかわっていますから，次章で検討します．(1)，(5)，(6)は，互いに密接に関連した問題として，私法，特に契約法の問題に関係しており，ある意味では「法の経済分析」の核心部分と言えるでしょう．従って，これについては，第II部で本格的に検討します．(4)の問題も，第II部で触れることにします．本章では，残った(2)の問題を題材にして，経済学のモデルにおける仮定をどう解釈すれば，その現実的な意味がわかるか，もう少し深く考えてみたいと思います．

$\sqrt{2}$ 杯のカツ丼が食えるか？

財の単位は実数で表示可能であるというのが仮定(2)の意味だとすると，カツ丼を財の例に取れば，1杯，2杯のカツ丼だけでなく，11/7杯のカツ丼も$\sqrt{2}$ 杯のカツ丼も消費可能でなくてはなりません．確かにこれは，ほとんど

「神業」の領域です．しかし，これは現実の近似として，そんなに悪いでしょうか？

カツ丼の代わりに，ビールを考えてみましょう．ヨーロッパのバーなどに行くと，ビールを1杯，2杯ではなく，リットル単位で量り売りしていることがあります．リットルは実数単位で表示できるので，ビールを1リットル消費することも$\sqrt{2}$リットル消費することもできます．もちろん，$\sqrt{2}$リットルちょうどを消費するのは，やはり「神業」ですが，それを言うなら，1リットルちょうどのビールを消費するのだって，同じく「神業」ですね．

$\sqrt{2}$個の椅子は消費できないでしょうか？　なんだか座り心地が悪そうですが，それなら，レンタル・サーヴィスを考えたらどうでしょう？　椅子のレンタル代金1時間あたりいくら，というようなサーヴィスはあります．これなら，$\sqrt{2}$時間レンタルしても，そんなに座り心地の問題に影響しないでしょう．自動車などもレンタカーで考えれば同じことです．

要するに何を言いたいのかというと，経済学の仮定の中には，一見，途方もなく現実離れしているようなものでも，よく考えてみると，現実の近似として思ったほど悪くはないものが多い，つまり，ちょっと考えて，「現実的でない，勉強するのやめた」と言わずに，もう少し慎重に判断してみる価値がある場合が多いということです．もう1つは，関連していますが，仮定が現実に合わないという場合，どこがどのような意味で現実的でないかを，もっと具体的に考えなくてはいけないということです．その上で，経済理論のどこをどのように修正すれば，より現実に合ったものになるかを考えてゆく．そうすると，気が付くと，経済学の最先端まで，案外早くに見通しをつけることができるのです．それに，このような考察は，それ自体実に楽しいものです．

財の分割可能性の問題は，実を言うと，不完全競争の問題と関連している場合が多いのです．そこで，次章以下で不完全競争の検討をするときに，もう一度触れることにしましょう．

「政府の失敗」

このように，市場は確かに「失敗」しますが，一見失敗に見えても実はそれほど弊害がない場合もあるわけです．一方，市場が著しく失敗する場合には，政府による介入が必要になりますが，政府は「魔法の杖」を持っているわけではありません．政府による介入とは，市場とは異なる手法による資源の配分に他なりませんが，市場の失敗に対する政府の介入が正当化できるのは，当該市場の失敗に伴う資源配分の非効率の程度が，これと代替可能な政府介入による資源配分に伴う非効率性を上回っている場合に限定されなくてはなりません．言い換えれば，市場の失敗の存在は，政府介入の正当化のための必要条件ではあっても，十分条件ではないのです．

政府による市場介入の正当性を考察するには，市場の失敗とともに，政府による市場介入による資源配分について検討する必要があります．本章では，この点について一般的に概観することにします．一言で政府と言っても，現実には，立法，行政，司法の三権が分立して，それぞれに資源配分の役割を分有しています．例えば，環境規制に関する立法が整備されれば，汚染物質の排出量や騒音に関する規制などを通じて，様々な希少資源の再配分が起こります．その意味では，立法をコントロールしている議会こそが，政府による資源配分を規定する源泉であると言えます．しかし，立法に具体的な生命を与えるのは，司法と行政です．まず，資源配分の根幹を規定する民商法の中核は，膨大な司法的実践を通じて規定されており，これらを，立法を通じて根本から変更することは事実上不可能です．従って，政府による資源配分という場合，これらの法実践の蓄積について，直接に検討することが必要です．この課題については，第II部で主として進めることにします．第I部で扱う公的規制の問題の場合，司法部以上に大きな役割を果たしているのは，行政部の担い手である官僚機構と，彼らをコントロールする議員集団です．

もちろん，公的規制においても，必ず法的な裏付けが求められますが，具体的な法の内容が国民の目に届くことは困難であり，まして，その具体的な運用実態まで知られることはほとんどありません．また，多くの根拠法は行政法の各論部分の位置を占めており，民商法や行政法総論のように慎重な学術的精査を受けない場合が多く，更に，司法の独立性の低い日本の法文化の下では，公的規制における行政部の裁量範囲は極めて広範になります．そのため，公的規制のもたらす資源配分の特性を分析するには，官僚機構と議員集団の行動様式の特性を把握しなくてはなりません．

情報の制約

まず，はじめに，官僚機構は公益重視の政策決定をすると仮定しましょう．この場合，公益とは効率的な資源配分のことですから，政府による資源配分は定義によって効率的になるように思えます．しかし，現実には，規制には正しい情報の取得が必要です．例えば，環境規制をするとすれば，汚染物質をどの程度抑制するのが効率的か，あるいは，どのような方法でコントロールするのが最も効率的かなどといった情報を，規制を担当する行政部局がわかっていなくてはいけません．しかし，現実には，被規制産業の生産技術に関する知識も，環境汚染に関する科学的知見も，官僚機構が正確に所有していることは滅多にありません．この結果，規制の帰結が，大なり小なり非効率的であることは，避けがたいのです．

政治経済学

情報の問題とともに，おそらくそれ以上に重要なのは，官僚機構が公益重視の規制を行うか，という問題でしょう．もちろん，日本の官僚機構はかつて世界に冠たる優秀な人材の宝庫とされてきたのであり，現在の官僚バッシングには時流に乗った行き過ぎの側面もあるようには見受けられます．例えば，多くの発展途上国では，官僚による賄賂の獲得が常態化して不平等の深刻化と経済発展への弊害になっていますが，日本の官僚の場合，このような露骨な腐敗は，(個別事案はともかく)一般的に常態化しているとは言えません．また，一部の先進福祉国家に見られるように，福祉の推進や失業救済の観点から公務員の数が大幅に肥大化して，不要不急の業務が増えたり公務員の怠業が蔓延するといった事態も(やはり，個別事案として存在するとしても)普遍的な現象とは言えないように思います．日本の公的支出を見る限り，先進国の中でも比較的小規模であり，公務員数について言えば(少なくとも，外郭団体等を考慮しない限りでは)先進国中で最も小規模な部類に属しており，その枠内でこれだけの膨大な業務をこなしている日本の官僚機構は，優れて効率的な組織であると見ることができます[1)]．

---

1) 筆者自身の日本の官僚制についての評価について関心のある読者の方は，常木[2]の第5章を参照していただければ幸いです．

それでは，日本の官僚機構には問題はないのか，あるとすれば，何が本当の問題なのかという疑念が生じますが，筆者は，かつてスティグラー(George J. Stigler)らが提唱した規制に関する政治経済学的アプローチが，日本の官僚の行動を説明する有効な手掛かりを与えてくれるように思います[2)]．通常の公共経済学と異なり，政治経済学(political economy)アプローチにおいては，政治家や官僚も社会厚生ではなく自らの私益を最大化するという仮定に立ちます．政治家は，なによりも自らの権力維持を最優先に考え，官僚は，組織の自己保存と，個人的な出世や生涯賃金の最大化を目標に行動します．この場合，私益を公益に変換するのは，言うまでもなく民主的な政治手続きに基づく政治への民意の反映なのですが，現実の民主的統治の枠組みだけでは，どうしても公的規制が民意(の平均あるいは標準)から乖離する傾向があります．

まず，政治的な影響力へのアクセスは，一般投票者と被規制産業の利害関係者では大きく異なります．被規制産業は，自らの監督官庁やそれを上位でコントロールする議員への継続的なアクセスを通じて，自らの正当性を強く説得できる立場にあるのに対して，一般投票者の多くは，個別の政治的イシューに対して逐一情報を集めて選挙その他の政治活動に利用する余力にもインセンティヴにも欠けています．

そして，被規制産業は利害関連集団への影響力に基づく強い集票力を持っており，これら「選挙マシーン」としての機能を政治家に提供することとの交換条件として，自らに有利な規制政策を要求する力があります．他方で，一般投票者は，全体としては規制の社会的コストが膨大になることはわかっていても，個々の規制政策に対して逐一介入する政治的コストを支払う余裕がない場合が一般的です．

加えて，政治家は直接の票だけでなく，事務所の運営，政策のための調査，あるいは，選挙民への様々な利益供与のための資金を必要とします．同様に，官僚機構も，自らの権益を維持するための資金や，「天下り」など，組織維持のためのポストを必要としています．被規制産業は，自らの獲得した規制の利益を政治家・官僚への直接，間接の利益供与として還元することによって，政

2）シカゴ学派による政治経済学については，Stigler, G. ed. (1988), *Chicago Studies in Political Economy*, The University of Chicago Press に基本的な文献がまとめられています．

治への影響力を行使することができます．

規制の実態

集票力を基盤とする規制としては，農業などの第一次産業や自営業，中小企業に対する参入その他の規制が典型的です．他方，電力・通信・交通をはじめとする巨大企業に対して有利な規制が行われるのは，これらの規制から生ずる官庁，政治家への資金その他の利益供与が大きな意味を持つからと言えるでしょう[3]．もちろん，いずれの場合にも，関連する官僚機構には，規制に伴う予算と規制権力，天下りをはじめとする金銭的な報酬が配当されます．経済産業省による電力会社の規制や，国土交通省による高速道路サーヴィスの規制，総務省による周波数領域の通信会社への割り当て規制，厚生労働省による医療や介護サーヴィス産業への規制など，あらゆる規制にカネと権力の分配が付きまとっています．

そして，現実の政治家と官僚が，公益ではなく，自らの私益を最大にするように行動する以上，現実の規制は，公共経済学のテキスト的な理路に従って決められるとは限らず，そこに絶えず政治的な偏りが投影されています．東日本大震災に伴う原子力発電事故の後に，電力会社に対する弛緩した安全規制の実態が明らかになりましたが，それ以外でも，民営化の成功例として挙げられることも多い高速道路の場合を見ても，現実には料金プール制のような非合理的な制度が温存され，高速道路料金が政治的な裁量で恣意的に決定される状態も改善されませんでした．

また，保育所への参入規制による待機児童問題や，規制による農業の衰退など，枚挙にいとまがないほど行政による不適切な規制がもたらす弊害は蔓延しているように見えます．

確かに市場は失敗しますが，これに対応するのに，政府が一片の法律を作って規制をすれば事足れりというのは，とんでもない間違いです．「市場の失敗」と「政府の失敗」のいずれが深刻であるかを慎重に見極めて，注意深い規制政策を行う必要があるのです．規制の基盤となる法律を解読する場合にも，

3）これらの規制については，今後の規制改革の進行により，ドラスティックな変化が起こる可能性があります．このコメントは，2014 年時点のものであるとご理解ください．

公益を主張する文言の背景に，これら政治的意図を読み込まないと，その正しい意味を解釈し，必要に応じて新たな立法提言を的確に行うことができなくなります．

第 11 章

独占と競争

不完全競争による市場機構の限界

理想的な状況ではきわめて有意義な市場機構も，完全競争市場均衡が成立するための前提条件が満たされないならば，その有用性は大きく限定され，これを補完するための公共的な政策介入が求められます．完全競争市場が成立しない典型的状況として，本章と次章では，不完全競争を取りあげることにします．

不完全競争は，特定の経済主体が市場で決まる価格を所与と考えて行動するのではなく，需要・供給量の選択を介して市場価格をコントロールしようとするところから生じます．特に重要なのは，1 つの巨大企業あるいは少数の企業による談合(カルテル)によって供給量が制限されることで価格が高騰し，消費者の利益を阻害する場合です．

不完全競争が発生する理由

まず初めに，そもそも，なぜ不完全競争が発生するかを考える必要があります．そのためには，厚生経済学の基本定理の前提である完全競争の仮定が，どのような意味でもっともらしいのかを考えてみればよいでしょう．財を生産・販売する企業側を考えてみると，市場に同じ財を販売しているたくさんの企業がいる場合，他の企業よりも高い価格で財を販売しようとしても，他の企業に顧客を奪われてしまうので市場価格よりも高い価格をつけることができませんから，市場価格を所与として財の販売量を選択する他ないわけです．労働のような生産要素の場合でも，同じようなタイプの労働を供給可能なたくさんの労働者がいれば，市場で決まる賃金よりも高い賃金を要求すると，企業側はほかの労働者を雇ってしまうので，やはり市場で決まる賃金を所与として労働の供給量を決める他ありません．すると，不完全競争が生ずる理由は，何らかの理由で，同じ財を生産する企業が限られた少数しか存在しない，また，同一の生産要素を供給できる主体が，やはり限られている場合であることがわかります．

独占企業の行動

以上のように考えると，独占企業が存在する最も簡単な理由は，ある企業が卓越して独創的な製品を作っていて，それを他のどの企業も真似ができない場合です．まず，このような極端なケースを前提として，この企業がどのような市場行動を選択するか分析してみましょう．**図 11.1** を見ると，完全競争市場と似通った図に見えますが，右下がりの市場需要曲線に面しているのは，ここでは 1 つだけの独占企業です．右上がりに描かれているのが独占企業の限界費用曲線とすると，第 8 章で議論した余剰分析を利用するならば，パレート効率的な財の供給量は E 点に対応する q^* になります．しかし，この企業が q^* の財を売るためには，価格は p^* でなければなりません．しかし，財を独占的に販売しているこの企業は，p^* より高い価格をつけても，競争相手がいないので依然として財を売ることができます．もちろん，値段が高くなると財の需要量が減るので売り上げが減りますが，より高い価格をつけることで利潤を増やすことができます．独占企業が利潤を最大にする価格は，市場需要曲線が右下がりであれば，必ず p^* よりも高い，例えば p^M であることがわかります（細かい証明は，テクニカルなので省略）．すると，独占企業が供給する財の量は $q^M(<q^*)$ になり，効率的な財供給量よりも少なくなってしまいます．ちなみに，これも第 8 章の余剰分析を応用すると，効率的な場合と比べて，余剰の減少量は EGH です．余剰分析のいい練習問題になるので各自考えてみてください．この EGH は，通常，独占の社会的費用とか超過負担と呼ばれているものです[1)]．

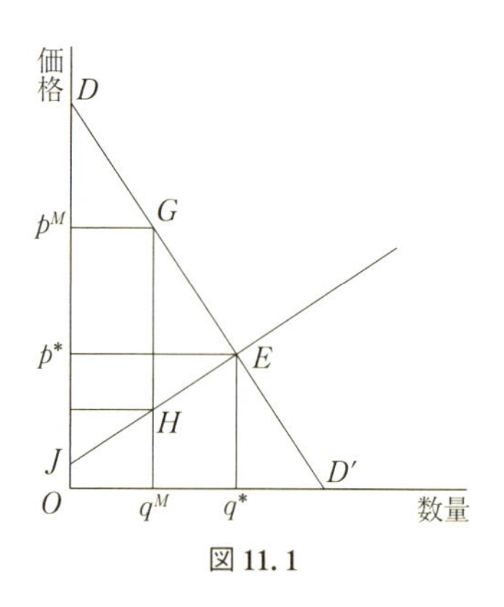

図 11.1

市場の失敗＝法規制？

独占は，財の過小供給による非効率をもたらしますから，市場の失敗をもたらします．そこで，市場の失敗を修正するためには，政府が価格の上限規制をして，p^* よりも高い価格をつけた場合，違法とするといった措置が考えられます．しかし，独占の場合をはじめ，市場の失敗は法規制のための必要条件となりますが，これを十分条件と取り違えると，前章で指摘したように，誤った過剰規制への第一歩になります．規制が正当化できるのは，政府が p^* という効率的な価格を発見できる場合ですが，実際の政府は，そのために必要な市場需要曲線や独占企業の限界費用曲線についての情報を持っているわけではありません．また，前章で触れたように，たとえ情報を持っていたとしても，社会的に最適な価格規制をするとは限りません．従って，たとえ完全競争の前提が厳密には成立していない場合でも，自由競争の価値をもっと慎重に評価する必要があるのです．

財の質の問題

現実の市場においては，企業が市場価格を全くの所与として，最適な供給量を選択するような完全競争市場がほとんど存在しないのは確かです．しかし，上に挙げたような，純粋に1つの企業だけが特定の財を供給している産業が存在するでしょうか？　それは，ある程度まで，どのような範囲で「財」を定義するかにもかかっています．

前章のカツ丼の続きで牛丼を例にとれば，吉野家，松屋，すき屋の牛丼が完全に同質的であるなどとは(少なくとも，牛丼通の方々には)耐えがたい仮定でしょう．従って，牛丼の市場は，これら複数の企業が牛丼という財を供給する市場と考えれば，相当に競争的ですが，各社それぞれが，吉野家の牛丼，松屋の牛丼等々，異なる財を供給していると考えれば，独占市場と見ることもできます．現実の多くの市場は，複数の企業が，それぞれに工夫した独自の，しかし，完全ではないにしても相当程度代替可能性のある財を供給する，独占的競争(monopolistic competition)の状態にあると考えられます．そもそも，経営者の任

---

1)「死過重」(deadweight loss)なんて，物騒な翻訳もあります．

務は，あらたなイノヴェーションを通じて，独占力のある新製品を作ること，そのものとも言えます．経営学者のドラッカー(Peter Drucker)は，古典的名著『マネジメント』[2] のなかで，経営者の使命は消費者のためになる新たな財を開発することである，と喝破しています．ところが，厚生経済学の基本定理を認めるならば，全ての企業家は同質の財を提供していることになり，経営者の使命を果たすことができない仕儀となります．法学と経済学の間に限らず，もう少し隣接した研究分野とされている経済学と経営学の間でも市場に対する見方がこれほど大きく異なっているのは，ある意味興味深いことです．

労働市場を例にとれば，労働サーヴィスを供給しているのは生身の人間です．個々人の個性を認める限り，労働者一人一人が供給するサーヴィスは全て異質です．「No. 1 より Only 1」とも言いますが，ある人は剛健な肉体を持ち，肉体労働において優れた能力を発揮するし，他方，少々オタクっぽくても勉強好きの人なら，デスクワークの方が向いているでしょう[3]．

完全競争市場の現実性

供給される財の同質性という仮定は，一見，全く非現実的に見えますが，それがどれほど現実への近似度が高いか，それとも低いかは慎重に見る必要があります．牛丼にせよ労働にせよ，これらは 1 つの市場と解する理由はないことに注意しましょう．まず，牛丼と言っても，さしの入った和牛を使って高級割烹で提供されるものと，駅前のチェーン店で，数百円で手軽に空腹を満たしてくれるものでは，全く異なる財と見ることができます．高級牛丼も庶民向け牛丼も，提供する店が十分にたくさんあれば，それぞれ別々の財として，厚生経済学の基本定理に沿って効率的に配分されますから，これ自体，市場の失敗とは言えません．

---

2) Drucker, P. (1974), *Management: Tasks, Responsibilities, Practices*, Harper & ROW(邦訳：野田一夫・村上恒夫監訳『マネジメント』ダイヤモンド社，1974 年)．

3) 市場機構は，しばしば No. 1 を選出するための「弱肉強食」のシステムであると批判されることがありますが，労働市場における競争は，勝ち負けを決めるスポーツの試合や喧嘩のようなものではありません．その本来の目的は，社会が最も必要としている職場に各人を振りわけることであり，適切な社会的分業によって各人の Only 1 としての価値を尊重するためのものです．これに対して，無責任な規制をすると，「役人に取り入る術」や「声の大きさ」による No. 1 を競う「弱肉強食社会」を作ってしまうこともあります．

同様に，労働市場の場合でも，CEOを選抜する市場から，大卒ホワイトカラーの就職市場，ブルーカラーの市場，パート労働者の市場，などなど無限に分化していると考えることができ，それぞれの市場について需要側の企業と供給側の労働者が十分にたくさんいれば，それぞれの市場での競争価格が決まって，労働サーヴィスの資源配分はパレート効率的になります．つまり，製品の質が同質的でないというのは「製品」の定義次第で変わってくるのであり，「製品」について正確に理解していれば，品質の同質性という仮定もまた，決して非現実的仮定とはかぎらないわけです．

すると，品質の分化が真に問題化するのは，先程，ドラッカーのコメントで挙げたように，提供者の努力によって，個性的な新しい財やサーヴィスが市場に提供された場合です．新たな財は定義によって発明した会社にしか提供できないので，この企業は独占力を持つことになり，不完全競争による市場の失敗が生じます．同じような状況は，労働市場の場合，きわめて独創的な努力によって，あるいは，生まれつきの特異な天分によって，他と全く異なるレヴェルの天才的な人が提供する労働サーヴィスについて妥当します．マイクロソフト社を創業したビル・ゲイツや野球のイチロー選手のように他の追随を許さない天才的才能の持ち主は，必然的に労働市場では独占力を持ちます．

競争の意味

結局，財の品質の多様性という問題もまた，市場の不完全競争性の問題の一部であると考えることができます．このような形で生ずる独占は，理論形式上は明らかに「市場の失敗」例なのですが，本当に失敗と言えるのか，特に，これを根拠にして法規制を正当化できるのかは，一考を要するといえましょう．例えば，カツ丼の場合，いかに品質の差が存在するといっても，たくさんのカツ丼屋が競争していれば，相当程度，資源配分は競争均衡におけるパレート効率的配分に近づくものと予想されます．ここで，官庁が法的介入を行って，カツ丼屋の「適正配置」に乗り出してしまうと，カツ丼産業は官許独占の状態となり，かえって資源配分が悪化する危険が大きいと言えるでしょう．あるいは，新たなイノヴェーションを実現した財が独占的に高額販売されていることを規制するために，政府が当該財のコンテンツを標準化して同質的な財を供給する

フリードリヒ・ハイエク——その経済学と社会哲学

ハイエク(Friedrich A. von Hayek)は，19世紀末ウィーンに生を受け，20世紀を代表する経済学の巨人です．彼は自由主義者としての信念を全うし，社会主義思想や経済計画論に対して厳しい批判を加えましたが，彼の偉大さを語る上で，「マルクスを殺した」，「ケインズを葬った」式の鳴り物は，かえって有害というべきでしょう．

コラム6でお話ししたように，19世紀以降の経済学は，マルクス経済学だけでなく新古典派経済学においても，創始者のアダム・スミス(コラム12)の手を離れてヨーロッパ大陸的な合理主義の学理的影響を強く受けるところとなりました．この結果，経済は合理的に解析可能であるがゆえに，また，合理的に設計，計画することも可能であるという信念が同時に育まれるところとなり，折からの社会主義の台頭の影響もあって，マルクス(Karl Marx)やケインズ以外の新古典派経済学の中でも，市場機構と社会主義的な経済計画との統合や補完的活用を志向する学問上の流れが生み出されていました．事実，コラム6で取り上げた新古典派経済学のファウンダーであるワルラスやパレートも，思想的には社会主義あるいは国家主義の傾向を持った人であり，純粋な自由主義者ではありませんでした．

これに対してハイエクは，生粋の中央ヨーロッパ人でありながら，経済学のこれらの傾向に対する包括的な批判を行うために，アングロ・サクソン的な自由主義の復権を主張しました．大変影響力の大きい論文*の中で，彼はジョン・ロック，デヴィッド・ヒューム(それぞれ，コラム16参照)，アダム・スミスらによって形成されたこれらの自由主義的個人主義を「真の個人主義」と呼び，ルソー(J-J. Rousseau)，ヴォルテール(Voltaire)，百科全書派の哲学者を代表とするフランスを中心に開花した啓蒙思想に基づく個人主義=「偽の個人主義」から区別しました．特に，後者の背景をなすデカルト(René Descartes)の合理主義哲学と，特にそれが自然科学を離れて社会研究に適用されることを厳しく批判しました．彼は，デカルトのような絶対確実な真理の探究への志向が社会科学へと適用される時に，設計主義，社会主義，全体主義を招来し，人間の本源的な自由を破壊してしまうことを何よりも

コラム9

おそれていました．

さらに，ハイエクは，ヒューム，スミスらのスコットランド啓蒙思想が，人間の理性の限界に対する自覚と結びつけて，自由の基本的な意味を考えている点を高く評価しています．もちろん，理性の限界の自覚は，現代社会に横行する無軌道な反合理主義や蒙昧主義とは何の関係もありません．長期的な社会進化の過程で徐々に生成するシステムには，デカルト的な理性によって説明可能な合理性が認められないとしても，人間の社会において不可欠の役割を果たしているものが存在しており，それらを擁護することは，一見不合理なように見えても長期的な合理性に適っていること，逆にこれらを破壊することは，人間社会の秩序を根底から解体へと追いやる暴挙であることを彼は主張したのです．

このような社会制度の代表としてハイエクが注目したのが法秩序と市場経済の競争秩序でした．法秩序に関して，ハイエクは「法」と立法とをはっきりと区別し，私有財産の尊重，契約の自由と履行強制などの自生的な法秩序は立法によって形成されたものではないとし，立法が法を作ると考えるホッブズ(コラム11)，ベンサム(コラム16)らの法実証主義を，設計主義の法学ヴァージョンとして退けました．

他方，市場経済秩序を設計主義的に置き換えようとするのが，言うまでもなく社会主義です．ここで，ハイエクが否定する社会主義は，マルクス主義だけでなくケインズ(J. Maynard Keynes)によるマクロ的な総需要管理政策，更には，市場機構による資源配分システムを社会主義的経済計画に適用しようとする市場社会主義に対する批判をも生み出しました．本論中で取り上げた，ハイエク流の「競争の意味」も，この文脈から生じており，市場機構を静態的な資源配分の手段としてのみならず，不確定な現実の中で生ずる動態的な進歩・発展のためのシステムとして把握するハイエクの世界観と不可分な主張なのです．

---

* Hayek, F. A. von (1948), "Individualism: True and False," in his *Individualism and Economic Order*, The University of Chicago Press, pp. 1–32(邦訳：嘉治元郎・嘉治佐代訳『個人主義と経済秩序』春秋社，2008年)．

ように規制し「真の競争市場」を実現する，といった規制は望ましいでしょうか？　同じことを，労働市場にいるビル・ゲイツやイチローに課するとすると，身の毛もよだつような，おそろしいことになるのは，少し想像力のある人であれば，すぐわかるでしょう．

このような標準化の発想は全くの非常識には見えますが，厚生経済学の基本定理を純粋に形式的に読み取る限りでは必ずしも誤りとは言えないのです．逆に言うと，このことは，市場における自由競争が，厚生経済学の基本定理だけでは，なお十分に汲みつくせない意義を持っていることを示唆しています．ハイエクは，今日もなお不朽の価値を持つ論文「競争の意味」[4]において，上記のような発想を鋭く批判しています．彼によれば，厚生経済学の基本定理とは，自由競争が十分に進行して，その成果が完全に現れた，いわば競争の終着点を表すものであり，現実の市場とは，絶えずその地点への収束を目指すプロセスであるということです．そこでは，市場とは必然的に不完全であり，不完全なものが完全性へと進化しようとする動的な存在であることになります．しかるに，政府がこれらの動的なプロセスを逆算して理想的な市場均衡に導こうとすることは完全に倒錯した論理であり，市場の動的なプロセスからのみ生ずる，新たな財やサーヴィス，生産技術，生産組織などのイノヴェーションへの傾向を破壊し，人々の能力向上へのインセンティヴも損なってしまうと指摘しています．このように，厚生経済学の基本定理は，間違った読み方をすると大変な政策的過ちをもたらしてしまいます．我々が，市場機構を理解し正しい規制政策を探求する上で，市場機構を，静学的な厚生経済学の基本定理が示す資源の効率的配分システムという側面だけでなく，市場の動的なプロセスがもたらす発見と努力への誘因装置として見る視点が大切です．

4）Hayek, F. A. von (1948), "The Meaning of Competition," in his *Individualism and Economic Order*, The University of Chicago Press, pp. 92-106.

第 12 章
自然独占と規制

自然独占

前章では独占の基本理論を解説しました．その際，独占が生ずる理由として，企業家による新たな製品戦略から生ずる，市場における製品の質の分化を挙げましたが，それ以外に重要な独占の原因として，規模の経済性，生産単価の逓減，という問題があります．本章では，この現象と，その結果として生じうる自然独占の現象について説明します．

固定費と平均費用逓減

1 社が財を生産する方が，複数で生産するよりも安価なケースを自然独占と呼びます．平均費用逓減は，その十分条件になりますが，我々が第 5 章以下で仮定した基本モデルでは固定費の存在を無視したので，平均費用の概念も説明しませんでした．不完全競争モデルの場合，平均費用の概念は大変重要なので，まず，この点を整理するところから議論を始めたいと思います．

第 5 章で説明したように，すでに投下されて用途を固定されてしまった資本設備は，機会費用の観点から見ると費用ゼロとなります．そこでまず，現時点では資本設備への投資は行われていないものとします．次に，資本設備は労働サーヴィスと違って，細かく分割して購入することができず，創業時に固定費として一括額を支払って購入し，いったん投入された場合，投資費用を回収できないものとします．工場の機械や建物，あるいは会社の創設時に一括投下した宣伝費用などは，いったん支出して購入すると，これを他人に貸したり資金の形で流動化することが極めて難しいので，この仮定は近似的には妥当なものと言えるでしょう．

このような生産技術を持つ企業は，第 5 章の場合とは異なった生産技術の構造を持ちます．まず，総費用は労働賃金の支払いだけでなく，投資による一括固定費の支払いを含むことになります．このため，総費用(total cost; 以下 TC と

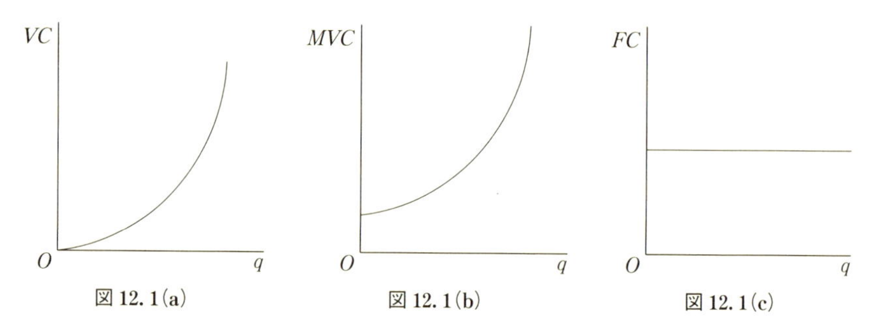

図 **12. 1**(**a**)　図 **12. 1**(**b**)　図 **12. 1**(**c**)

略記)＝可変費用(variable cost; 以下 VC と略記)＋固定費用(fixed cost; 以下 FC と略記)という等式が成立します．このうち VC は，第 5 章と同様に賃金支払額ですから，図 **12. 1**(**a**)のように生産量 q の増加とともに逓増し，限界可変費用(marginal variable cost; 以下 MVC と略記)もまた，第 5 章と同様な理由から図 **12. 1**(**b**)の要領で逓増します．これに対して，FC は定義によって，図 **12. 1**(**c**)のように，q の増加に対して一定です．このため，これも定義によって限界固定費用(marginal fixed cost; 以下 MFC と略記)は常にゼロになります．このため，限界総費用(marginal total cost; 以下 MTC と略記)$=MVC+MFC=MVC+0=MVC$ という等式が成立しますから，固定費がある企業の場合でも，MTC は図 **12. 1**(**b**)の形になり，q の増加関数になります．

これに対して，平均費用(average cost; 以下 AC と略記)は財生産のための平均単価ですから TC/q で表されます．こちらも可変費と固定費に分解しておくと，$AC=$平均可変費用(average variable cost; 以下 AVC と略記)＋平均固定費用(average fixed cost; 以下 AFC と略記)$=VC/q+AC/q$ となります．図 **12. 2**(**a**)のように，AVC は q の増加とともに逓増しますが，AFC は双曲線になるため，図 **12. 2**(**b**)のように q の増加とともに逓減します．この結果，両者の和である ATC は，図 **12. 2**(**c**)のように，最初は逓減し次第に逓増する形になるものと思われます．

図 **12. 1**(**b**)の $MVC=MTC$ 曲線と図 **12. 2**(**c**)の ATC 曲線が，企業の生産技術を記述するものとして，以下で分析に使用されますが，この際，もう 1 つ MTC 曲線と ATC 曲線との間に大事な関係があります．図 **12. 2**(**c**)において ATC が最小となる生産量を q^L で表していますが，$q=q^L$ において，

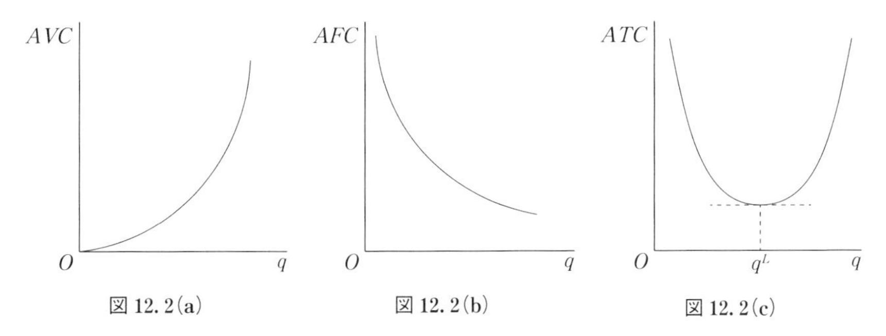

図 12. 2(a)　図 12. 2(b)　図 12. 2(c)

$ATC=MTC$ が成立します[1)]．この性質を踏まえて ATC 曲線と MTC 曲線を同一の図上に描くと，**図 12. 3** のようになります．

自然独占と市場構造

生産技術の説明が長くなりましたが，このような資本の初期固定投資を必要とする生産技術を持った産業では，需要との関係如何で，市場機構のあり方や，その帰結の効率性に関して通常の固定費を考慮しない基本モデルとは大きな相違が生じます．特に典型的な分析対象となるのは，**図 12. 4** のように，市場需要曲線 DD' が，AC が逓減する $q=q^L$ 点の左側で交差する場合で，このよう

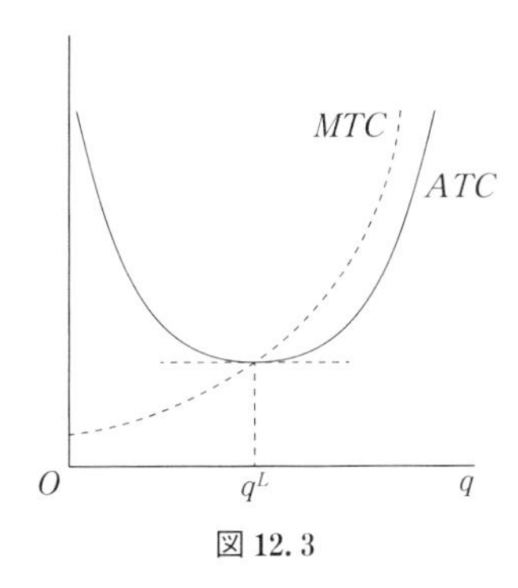

図 12. 3

1) この点は，簡単な計算でわかります．q^L 点では ATC 曲線の傾きがゼロになるので，$\frac{dATC}{dq}=0$ になります．ここで分数関数の微分公式(高校のころに使った公式集を見ていただくか，最近はネットでも簡単に検索できます)を適用すると，$\frac{dATC}{dq}=\frac{MVC\cdot q-TC}{q^2}=\frac{MTC-ATC}{q}$ となり，$\frac{dATC}{dq}=0$ になる q^L 点では $MTC-ATC=0$，すなわち，$ATC=MTC$ が成立します．

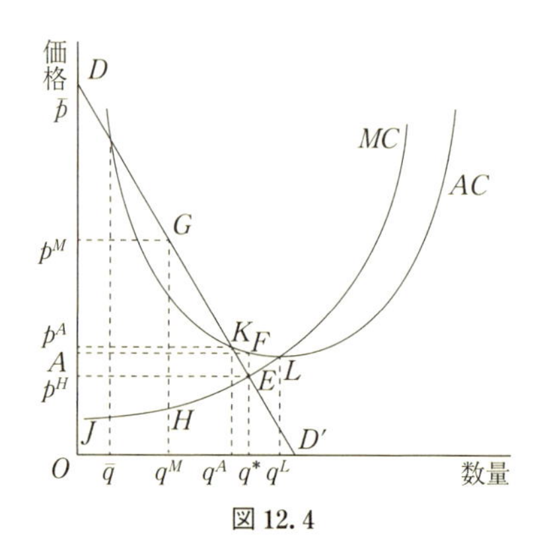

図 12.4

な状況を自然独占と呼びます[2]．次に，このような状況における経済厚生の問題を詳しく検討しましょう．

まず，自然独占の状況では，1つの企業でも追加生産の単価が下がっているのですから，複数の企業が営業することは固定費の二重投資になり，明らかに非効率です．従って，社会的に効率的な企業数は1，つまり独占が望ましいことになります．次に，財のパレート効率的な供給量は，（それ自体は，固定費の存在とは独立になりますから）財供給の限界費用と財消費の限界効用が等しくなる，**図 12.4** の E 点に対応する q^* になります．

市場機構は，このような自然独占の場合でも，これまでに説明してきた固定費の存在を無視できる基本モデルと同様に，パレート効率的な資源配分を実現できるでしょうか？　残念ながら，事態はそれほど簡単ではありません．もしも，自然独占の状態で企業が1社だけであるとすると，この企業は価格支配力を持つことができるので，効率的な生産量 q^* よりも少ない，**図 12.4** の q^M に供給量を抑えることで価格を吊り上げ，より高い利潤を獲得できます．このような独占利潤獲得行為の結果，社会的費用 GHE が発生して，資源配分のパレート非効率が成立してしまいます[3]．

2）市場需要がある程度大きく AC が逓増する $q=q^L$ 点の右側で DD' 曲線と交差する場合でも，不完全競争による企業の価格支配力を完全に抑えることはできませんが，需要が自然独占の場合よりも相対的に大きいことによって利潤獲得の機会が増え，その結果，参入企業の数が増えるために，自然独占の場合よりは価格支配力は弱まるものと考えられます．

他方，自由競争のもとでは，このような独占価格の設定による利潤獲得は新規企業の参入を促し，価格を切り下げることによって供給量の効率化を促進できるという議論もあり得ます．しかし，各企業の生産技術が同一である限り，新規参入は固定費の二重投資に伴う経済的損失を発生させますから，自然独占下の自由競争は，価格の切り下げによる便益と二重投資による損失というトレードオフを発生させてしまい，必ずしも効率的とは言えないという問題が生じます．

限界費用価格形成原理

自然独占に伴う上記のような「市場の失敗」に対して，政府の規制による介入が必要であると考えるのは自然な発想であり，事実，経済学者の間でも規制の必要性が検討されました．最初に合理的な規制方法として提案されたのは，ホテリング(Harold Hotelling)による限界費用価格形成原理です．この規制手法では，参入規制によって企業の独占を維持するとともに，被規制企業は市場需要曲線 DD' と限界費用曲線 MC とが交差する E 点に対応する p^H という安価な価格を規制価格として設定し，そのもとで消費者は効率的な財の消費量 q^* を選択することでパレート効率的な資源の配分を政府が保証することになります．

しかし，限界費用価格形成原理は，価格が低くなり過ぎて企業が赤字を被ることになります．**図 12.4** の場合で言えば，生産1単位当たりで価格 p^H と原価 A との差 EF だけの赤字が発生するので合計 $AFEp^H$ の赤字が生じ，それらは政府の一般財源から補填する必要があります．しかし，補填のための増税には税率の上昇による別途の社会的コストが伴うので，全体としては経済効率が高まるかどうか明らかではありません．

---

3) なお，このような独占利潤は，自然独占の場合以外にも，複数の企業が価格についてのカルテルを結んだ場合でも成立する可能性があります．カルテルのなかでも，価格カルテルは法律上，当然違法という厳しい考え方が取られています．独占禁止法については，本書では説明する余裕がありませんでしたが，関心のある読者の方は，宍戸・常木[8]の第7章2をご参照いただければ幸いです．

次善の規制政策

この問題に対処するために次善の規制手法として提案されたのが平均費用価格形成原理で，規制価格を被規制企業が赤字を被らないという制約の下で最も消費者余剰が高くなる水準に設定するという原則です．**図 12. 4** の場合，この平均費用価格は p^A となり，価格と原価とが定義によって等しいため被規制企業は赤字を被らず，超過利潤も発生しません．ただし，赤字を回避するため平均費用価格は限界費用価格よりも高く設定されるため，財の消費量は効率的な q^* から q^A に減少し社会的費用 KLE が発生します．

これに対して，コース（Ronald H. Coase）は，規制事業の財の利用者に対して固定的な初期料金を課して二部料金制を採ることによって，限界費用価格 p^H を選択しつつ事業者の赤字を解消することが可能であると主張しました[4]．しかし，消費者への一律の加入料を設定すると，便益の低い消費者の一部は財の利用自体をやめてしまい，再び非効率が発生するおそれがあります．他にも，利用料の多寡に応じて異なる料金設定を行うことで赤字を埋めながらより効率的な資源配分を行う提案もありますが，転売によって制度が機能不全になったり，制度が複雑になり過ぎるなど，様々な限界が指摘されています．

被規制産業の価格政策の実態

日本においても，様々な産業が政府の規制を受けています．事業の安全性の確保や，品質の維持などの観点から大切な役割を担っている多くの規制がありますが，社会的な効率性や公平性の観点から問題をはらむ規制も数多く存在すると思われます．また，規制には必ず法的な裏付けが求められますが，大部分の根拠法は，裏側に官僚組織や被規制産業の利害が色濃く反映されていても，それらの問題点が放置されてしまったり，また，具体的な問題にぶつかると，法ルールの整備が明確でないために，官僚組織の恣意的な裁量による問題解決が図られてしまうことも多いように思われます．

また，本章で説明したような経済学的に最適，もしくは次善の規制に関するロジックは，通常完全に無視されますが，時に応じて，官僚や被規制産業に都

4）コースについては，次章と第 II 部で，より詳しく解説します．

合のよい部分だけ適当に利用されて，更に問題を複雑化する傾向が垣間見られます．

かつて JR が民営化される以前の旧国鉄では膨大な赤字が垂れ流されてきましたが，これに対して，鉄道は典型的な自然独占産業であり，限界費用価格を設定することで赤字が生ずるのは当然であるといった議論が，まことしやかに行われました．そもそも，鉄道は自然独占産業の定義を満たしているか，旧国鉄の料金体系は限界費用価格に基づいていたのか，なども疑問の余地がありますが，仮にこれらの前提を認めたとしても，このような議論には重大な欠陥があります．

限界費用価格形成原理は，被規制産業が供給費用の最小化を行うという前提のもとで成立する限界費用価格を設定することを求めるものです．しかるに，通常の民営企業の場合は，完全競争の場合はもちろん，たとえ独占の場合であっても，費用最小化が利潤最大化の前提条件となりますから，企業は必然的に生産費の最小化を求めますが，被規制産業の場合，費用最小化は必ずしも成立しません．組合の強かった旧国鉄の場合のように従業員給与が民間企業よりも高くなったり，逆に経営陣が過大な報酬をもとめたり，あるいは，費用最小化へのインセンティヴが働かないことにより，生産効率化のためのイノヴェーション意欲の弛緩が生じて，企業の「高コスト体質」が定着してしまう場合があります．これらの問題は，規制当局が的確に監視できれば，ある程度改善しますが，このための情報は企業外部からはなかなか正確に把握できず，場合によっては企業自らも正確に把握しているとは限りません．この結果，企業側の主張する生産技術と費用の構造を前提とする価格設定が行われることが多いと言えるでしょう．そのため，現実に設定される規制価格は理想的な限界費用価格よりも高くなり，赤字補填額も巨大になってしまいます．

電力料金の規制

電力料金は，最近，問題になっているだけでなく，日本の被規制産業の典型的な例なので，ここで議論の題材として取り上げてみます[5]．電気事業では，法的には電気事業法という行政法上の特別法の裏付けによって，原則，ユニヴァーサル・サーヴィスの義務とともに地域ごとに電力会社の地域独占が保障されており，かつ，そのもとでの電力料金規制の基準が記されています．その原則は総括原価方式と呼ばれるもので，当該電気事業に要した全ての経費を合計して平均費用を算出し，定められた一定の利益率を上乗せして規制料金を算出して，その料金による需給調整で市場均衡を図るというものです．

電力供給の基盤となる送電網は電力事業の自然独占的性格を規定するものであり，地域独占自体は経済原理と必ずしも矛盾しません．しかし，料金体系としての総括原価方式は，定義によって赤字を出さないという意味では優れたものですが，極めて深刻な問題点をも抱えています[6]．まず，平均費用を基準とした料金体系であることは，平均費用価格形成原理に一致するという意味で望ましいものですが，総括原価方式では機会費用の概念に基づいて，経営者の標準的な報酬や株主，債権者の標準的な利益が，それが民間企業への資源として投下された場合の平均的な利益との比較に基づいて平均費用の一部に組み入れられています．本来，平均費用を超える超過利潤は，通常の民間企業のように経営に伴うリスクが存在する場合に，そのリスク負担の対価として市場の評価に基づいて決定されます．従って，国による地域独占が保障され，経営リスクの存在から免れている電力事業において，市場の評価を伴わずに平均的な利潤率を国が法律によって認めると，電力事業者は自己申告による費用計算に基づいて一方的に算出した原価に基づく費用を報告することによって，より高い収益を上げることができるので，「高コスト」料金を利用者に強いることができ，そのことが，日本の経済や人々の生活に対して非効率な重い負担を課してきたと言えるでしょう．

それに加えて，電力需要は昼間のピーク時と夜間のオフピーク時で大きく変化します．料金設定の基準として，ピーク時の料金を高く設定して利用者の節電意欲を促進し，他方，オフピーク時には安価な料金を設定してピーク時にお

5）東日本大震災に伴う原子力発電所事故以後，電力業界への社会的批判は極めて強いので，執筆時現在の2014年以降に急速な規制改革が生ずる可能性があります．本書は，あくまでも2014年現在の状況を素材として議論してゆきます．

6）また，独占自体についても，自然独占の定義と合致するのは送電事業だけであり，発電および配電事業について，規制緩和に基づく競争を促進すべきであるという主張は説得的であり，今後，これらの規制緩和が進行するものと予想されます．もちろん，安全管理体制の刷新・強化が喫緊の課題であることは，言うまでもありません．

ける不要不急の需要をオフピーク時に移行するのが経済効率的に望ましいことは，良く知られています．しかし，総括原価方式では電力料金のこのような合理的決定の仕組みは十分考慮されることなく，コスト・ベースの料金設定に終始したことにより，膨大な経済的非効率を生みだしたばかりではなく，事故による電力供給の限界が生じた場合に著しく脆弱な経済システムを作ってしまいました．

第13章

外部性の経済学(1)——ピグー対コース

外部性とは？

経済学でいう外部性(externalities)とは，市場を経由しない資源配分一般を意味します．通常の市場経済においては，全ての財の取引は市場を経由して行われ，その結果として，市場が完全競争的であれば効率的な資源配分が成立すると考えますが，全ての財やサーヴィスが，必ずしも市場によって取引されているわけではありません．

例えば，借景と言いますが，私の隣りの家に美しい庭があって，高い塀で囲っていないので，私はその庭の景観を楽しんで効用を享受できるとしましょう．それに対して隣人が料金を請求するわけではないので，私は市場を経由しないサーヴィスを受けたことになります．これを(正の)外部性といいます．一方，テーマパークや旅館の庭のように，入場者から何らかの料金を徴収する場合は，同じ庭の景観といってもサーヴィスは市場化されているわけです．以上とは反対に，環境汚染のように，他人に対して市場を経由しないマイナスの効用を与える場合は，外部不経済(disexternalities)と呼ばれます．しばしば，深刻な社会問題となり政策的な解決を求められるのは，外部不経済の場合です．

外部性を伴う資源配分は，市場を経由しない個人間の利益の相関や相反が存在するので，放っておいては効率的になりません．外部性を伴う資源配分過程は「市場の失敗」の代表例とみることができます．

環境破壊と市場の失敗

外部性のもっとも典型的なケースとして，企業の生産活動が周辺住民に対して騒音や汚染物質の排出などの環境被害をもたらす状況を考えてみましょう．企業は生産活動によって，社会的に有用な財・サーヴィスを供給しているとすると，その活動を通じて財の消費の効用や企業利潤の獲得によって社会に便益をもたらしています．第5-8章で詳しく考察したように，**図13.1**の市場需要

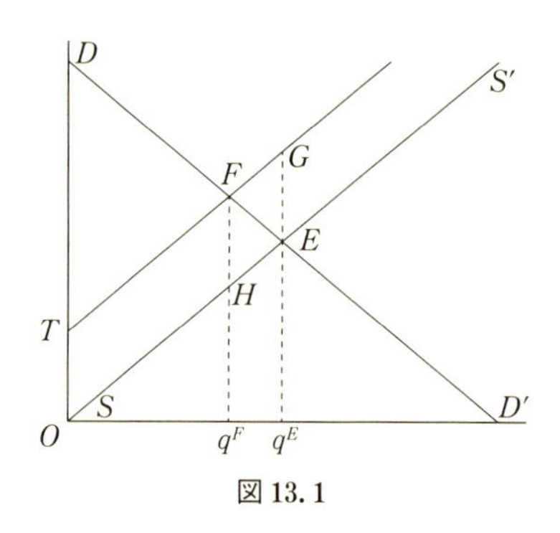

図 **13. 1**

曲線 DD' の高さは財消費の限界効用を表し，市場供給曲線 SS' の高さは，財供給の限界費用を表します．従って，企業の生産活動に伴う消費者の限界便益は生産の増加とともに逓減すると考えられ，この大きさは，**図 13. 1** の市場需要曲線 DD' と市場供給曲線 SS' の高さの差で表されると考えられます．他方，企業の生産活動に，上に述べたような環境被害が伴うとします．簡単化のために，生産の増加に伴う限界的な環境被害の大きさが一定であるとすると，**図 13. 1** の ST が企業の環境破壊の社会的限界費用を示します．

まず，環境破壊の問題を無視したケースを考えて見ましょう．この時，社会的利益は，社会的限界便益がゼロに達する E 点において最大となります．そして，環境破壊その他の市場の失敗が存在しないケースでは，完全競争市場均衡は市場需要曲線と市場供給曲線との交点であり，まさしく E 点を実現します．これが，第 7 章で証明した厚生経済学の基本定理です．

次に，環境破壊が存在するケースを考えましょう．完全競争市場均衡点は，依然として E 点に留まります．しかし，E 点は，もはやパレート効率的な資源配分とはなりません．第 8 章で説明したように，部分均衡分析の仮定のもとでは，パレート効率的な資源配分は社会的余剰を最大化する資源配分と一致しますが，E 点では三角形 DES の面積の社会的便益が発生する一方で，$TGES$ の環境破壊の被害が生じており，全体としての社会的余剰は $DFT-FGE$ です．これに対して企業の生産水準を q^E から q^F まで抑制すれば，社会全体の余剰は DFT となり，これが余剰最大，つまりパレート効率的な資源配分となっています．すなわち，完全競争市場による資源配分は，財の過大供給という市場の失敗をもたらすのです．

ピグーの税政策

まず，環境問題を経済学において最初に真剣に取り上げた経済学者であるピグーの議論を，出発点として取り上げましょう[1]．上に述べたような市場の失敗に対処するため，ピグーは次のような政策を提言しました．すなわち，環境汚染の原因たる企業の生産活動に対して，環境汚染の社会的限界費用に等しい ST だけの従量税(ピグー税)を課すのです．これは，企業の生産に伴う限界費用を税率 ST だけ上昇させることによって，企業の生産量を q^E から q^F まで抑制する効果を持ち，これによって資源配分のパレート効率性が実現することとなります．また，ピグー税は，企業に対して，自らの環境破壊の損害に相応する税負担を求めるという意味で，公平性に関する汚染者負担の原則(polluters pay principle)も満たしています．ピグー税は，法制度上は，政府による課税を政策手段として用いて資源配分を改善しようとする，公法的な誘導規制の手法であると言えます．

コースの法的権利画定アプローチ

このような税制を用いるピグー流の環境保護政策に対して痛烈な批判を加えたのが，「法と経済学」の始祖，コースです[2]．コースは，ピグー的な税を課するための税率算定に必要な情報量は莫大であり，このような公的介入による資源配分の補正は著しく非現実的であると論じています．例えば，ピグーの税政策を実行するには，**図13.1**の場合，環境破壊の社会的限界費用 ST の情報が必要です．それ自体，かなりの曖昧さを避けられないのですが，加えて，**図13.1**のように社会的限界費用 ST が一定ではなく，逓増したり，あるいは不規則に変動するならば，適正なピグー税を算定するには，社会的限界費用のみ

---

1) 第3章でも登場したピグーは，アルフレッド・マーシャル(第5章註3参照)の高弟で，事実解明的経済学から規範的経済学(厚生経済学)への学問的道筋をつけたことで高名な経済学者です．主著は，Pigou, A. C. (1920), *The Economics of Welfare*, Macmillan(邦訳：気賀健三他訳『ピグウ厚生経済学』全4冊，東洋経済新報社，1953–55年)．

2) Coase, R. H. (1960), “The Problem of Social Cost,” *Journal of Law and Economics* 3, pp. 1–44 (邦訳：宮沢健一・後藤晃・藤垣芳文訳『企業・市場・法』東洋経済新報社，1992年，第5章所収)．

ならず，市場需要曲線，市場供給曲線の情報も必要となるため，その必要情報量は禁止的です．そこで，コースはこれに代わる資源配分の方法として，法的権利の画定を基礎とするアプローチを提案します．

コースによれば，環境問題をはじめとする外部性の問題を解決するのに重要なことは，資源配分を矯正するための課税ではなく，当事者間の民事上の権利関係を法的に厳密に確立しておくことです．今の例では，被害者の環境権が厳密に守られ，環境汚染を伴う企業の活動は禁止されているとしましょう．コースのアプローチは極めて分権的なので，一般的な図解ではなく簡単な数値例で説明してみます．ある企業が生産を増加させると 10 万円の被害が出るとします．生産による市場価格の変化は無視できるほど少ないとすると，社会的余剰の総額は，被害額と企業の利潤のどちらが大きいかで決まります．生産による利潤の増加が 10 万円以下であれば，生産は止まります．しかし，利潤が 10 万円より大きければどうでしょう．企業は被害者に対して 10 万円(プラスアルファ)の賠償を払って生産を拡大することで，利潤を増加できます．従って，当事者間の交渉を認める限り，均衡点では社会的余剰は最大(つまり，パレート効率的)になります．

しかも，このように，当事者間の交渉によってパレート効率的な資源配分が実現することは，「権利配分のルールが画定している」ということに依存しているが，「権利配分がどのようなルールで画定しているか」には依存しないことも，コースは指摘しています．例えば，環境を汚染する活動の機会を含めて，企業の自由な生産の権利が法的に保障されている場合を考えましょう．この時，当事者間の交渉がなければ，企業は財を生産して利潤を得ることができます．しかし，この点を初期時点に選択して，当事者間の合意によって生産水準を自由に選択できるとしましょう．再び，生産単位あたりの被害額が 10 万円であったとすると，利潤が 10 万円以下である限り，被害者側は利潤(プラスアルファ)の補助金を企業に支払って生産を停止してもらう誘因がありますから，均衡点では余剰最大(パレート効率的)になる，というのがコースの主張です．これは「コースの定理」と呼ばれ，法と経済学の基本定理となっています．

コースの議論の問題点

コースの定理の重要性については，どれほど強調しても足りるものではないのですが，彼の批判によって，ピグー流の税制に基づいて環境を制御するアプローチが，全くナンセンスな過去のものとなったわけではないことも明らかです．例えば，**図 13.1** の例について，コースが提唱するような当事者間交渉による環境問題の解決を行おうとすると，企業，消費者，環境被害者という，それぞれほとんど無数に上る主体が交渉に参加して，全員が合意できる資源配分と所得移転を求めることになり，そのための取引費用は禁止的なものとなります．コースのアプローチは，もともと近隣間の法的な紛争をモデル化したものであり，限定された相隣関係における外部性の制御を目的としているので，**図 13.1** に例示されているような，きわめて多数の利害関係者を巻き込む外部性のコントロールには向かないのです．つまり，どちらのアプローチがより適切であるかは，あくまでも取り扱われる問題状況に即して考えなくてはならないということです．しかし，他方において，ピグーのアプローチは著しく中央集権的であって，本来，政府が収集可能な水準をはるかに越える情報量を政府に要求しているとするコースによるピグー批判もまた，核心を衝いています．そこで，その後に提案されてきた，環境制御のためのより具体的なアプローチについて次章で解説します．

第 14 章

外部性の経済学(2)——現実的な規制の諸手法

損害賠償ルール

前章で説明した課税，及び，交渉による解決は，通常の法的な外部不経済規制の手法の中では比較的マイナーなものです．現実に，最も重要な制度は，不法行為に対する損害賠償の法制度です[1)]．損害賠償ルールについては，過失責任と厳格責任との法原理上の対立がありますが，まず，簡単化のために厳格責任の場合から考えてみましょう．**図 14.1** は，**図 13.1** の再録ですが[2)]，このモデルの場合，環境破壊の加害者である企業に対して厳格責任ルールを課すると，法原理は加害者の環境破壊に伴う社会的費用と等しい賠償額を要求することになります．従って，企業は，生産 1 単位あたり被害者に対して ST の額の損害賠償を請求されることになり，結局，ピグー税と同一の資源配分効果が得られて資源配分はパレート効率的になります．しかも，環境破壊に伴う被害額は直接被害者に塡補されるという意味で，ピグー税以上に汚染者負担の原則を厳密

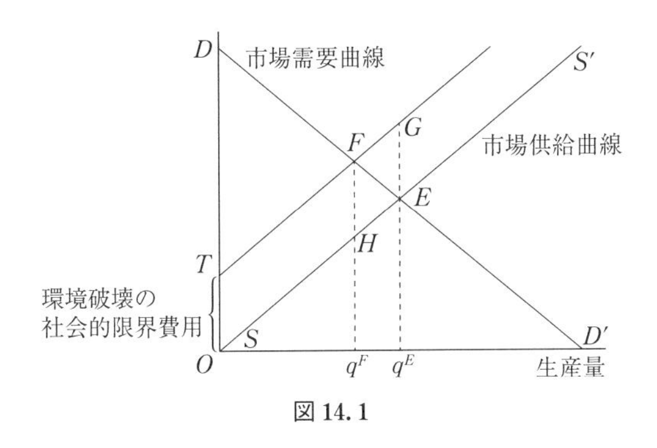

図 14.1

1) 本章についての，より詳しい解説としては，常木淳・浜田宏一(2003)「環境をめぐる「法と経済」」植田和弘・森田恒幸編『環境政策の基礎』(「岩波講座 環境経済・政策学」第 3 巻)岩波書店，第 3 章所収，を参照していただければ幸いです．同書では，外部性の経済学と民法，環境法との関連についても，詳しく説明しています．

2) 元の図は，常木・浜田前掲註 1，70 頁による．

に満たしています.

過失責任ルール

しかし，欧米でも日本でも，伝統的に不法行為法の基本的原則は過失責任原則です．この場合，著名なハンド判事(Judge Learned Hand)による古典的定式化，すなわち「事故の被害者が負担する期待費用が，加害者の事故原因となった行動から獲得する利益よりも大なること」という基準(ハンドのルール)は，経済合理性の観点から過失責任原理を的確に定義するものとして，今日もなお極めて重要です．これは様々なヴァリエーションを伴っていますが，本質的に，社会全体の利益と費用の数学的期待値を集計して，その大小を基準として個々人の行動に伴う過失の存否を判定しようとするものであり，社会的余剰を最大化するような費用便益分析を裁判官が行うことを求めていると考えられます．

このハンドのルールを，**図 14.1** の議論に応用してみましょう．(過失認定が正確であれば)企業の操業水準が q^F に至るまでは，生産の社会的便益が環境破壊の費用を上回るために過失は認定されず，生産が q^F を超えるとその逆が成立するために過失認定がなされて，ST だけの損害賠償がもとめられますから，過失責任ルールを織り込んだ企業の限界費用曲線は $SHFG$ となり，供給水準は，やはり効率的な q^F の水準にコントロールされることになります．

2つのルールの相違は，環境破壊の費用 $STFH$ が厳格責任の場合には企業の負担になるのに対して，過失責任の場合は住民側が負担するということです．損害賠償ルールは，事故が起こった後で紛争処理を行うという意味では事後的なルールですが，環境破壊に対して損害賠償を支払わねばならないというコストが汚染者によって自覚されるならば，外部性を事前に統制するシステムとしても機能するわけです．事前的な効率性の促進という観点から見る時，過失責任と厳格責任とのいずれが優れているかは，第 II 部第 27, 28 章で，事故の事案をもとに，更に詳しく検討します．

ボーモル＝オーツ税

経済学者は，外部性に対する公的規制手法として税・補助金型のシステムを想像しがちですが，現実の規制において圧倒的に優位を占めているのは，環境保護のための技術・設備の義務付け，あるいは汚染物質の総排出量に対する上限規制といった直接規制です．これに対して，税や補助金などを利用して，価格体系を調節することで外部不経済をコントロールしようとする誘導的抑止手法は，少なくとも近年に至るまでは，きわめて限定的にしか用いられてきませんでした．しかしながら，直接的規制は，効果の点において本質的な欠陥が存在することが知られています．**図 14.1** に戻って，この点を確認しましょう．

先に論じたように，もしも，環境破壊の限界費用曲線ならびに市場の需要・供給曲線の情報が測定できるならば，ピグー税を課することでパレート効率的な資源配分が実現します．しかし，これだけの情報量があれば，最適な汚染物質の排出量，あるいは最適な財の供給量を算出することも可能であり，それらの数量に関する直接規制を行うことで，ピグー税と同様な効果を挙げうるように見えます．ところが，仮に最適な財や排出量の供給水準がわかったとしても，直接規制の場合には，これらを様々な企業間でどのように割り振るかという問題が残ってしまうのです．そして，これらの振り分けが適切でなければ，個々の企業が異なる限界費用で操業することを余儀なくされ，産業全体の費用最小化が成立しなくなります．これに対してピグー税の場合には，各企業は，市場価格が税込みの限界費用と等しくなるように供給量を選択するため，均衡においては自動的に各企業の限界費用が均等化し，社会全体での生産費用を最小化するような調整が可能であるという点で，直接規制に対して優れた性質を持っているのです．

ボーモル(William J. Baumol)とオーツ(Wallace E. Oates)は，ピグー税の持つ，この側面を重視しています．現実にはコースの批判するように，税金によって社会的最適な資源配分を一挙に実現することは困難かもしれませんが，妥当な汚染ないし排出量の水準について，社会的合意が得られるケースは多いと考えられます．その場合，直接規制では，これらの総排出量を総費用最小となるように企業間に配分することが困難ですが，税率を適当に設定すれば目標排出量を費用最小で実現できます．このような税制はボーモル＝オーツ税と呼ばれています．もちろん，ボーモル＝オーツ税率の設定が適当でなければ，総排出量が目標値よりも過大，あるいは過小になりますが，過大な場合には税率を上げ，過小な場合には税率を下げてゆけば，排出量を目標値に収束させることができます.

ただし，このような税率の逐次的改訂が，制度上容認できるかどうかは別問題であり，他方，直接規制によっても，長期的に，ある程度まで費用最小に近い排出量の企業間割り当てが可能であるという意見もあります．情報と制度上の制約下において，直接規制と税金政策とのいずれが望ましいかは必ずしも自明ではなく，より個別・具体的な実態を踏まえた議論が必要です.

排出権取引

誘導的抑止手法に関するもう1つの重要な提案として，アロー(Kenneth J. Arrow)やデールズ(John Dales)による環境汚染権の市場化という提案があります．環境汚染の権利が誰かに賦与され，これを取引する市場があり，かつ，この市場が完全競争的であれば資源配分はパレート効率的になります．このアイデアは，今日では「排出権取引」と呼ばれることが多いので，以下，その呼称に従います．排出権取引の問題点としては，アローが指摘しているように，排出権市場に限られた参加者しか存在しない場合，不完全競争に伴う資源配分の歪みをもたらす可能性があります.

この問題を解決するには，排出権証書の供給を国が一括管理して，これを需要する企業や個人に対して競争価格で売却するという競争入札方式が考えられます．**図 14.2** の AB は，**図 14.1** における市場需要曲線と市場供給曲線の高さの差をプロットしたものであり，財の供給に対する企業の支払い意欲(財を供給するために，最大支払って構わない金額)を表しています．つまり，AB は，企業による排出権証書に対する需要曲線を表すものと見ることができるのです．これに対して OC は，**図 14.1** の ST に対応しており，環境破壊の社会的限界費用を表しています．今，もしも政府が，社会的に効率的な財の供給量に対応する F 枚の排出権証書を発行したとすると，証書に対する需給が一致する E 点が均衡となり資源配分はパレート効率的になります．また，証書の価格は OC となり，ちょうどピグー税率に一致するため，汚染者負担の原則も満たされることになります.

ただし，政府が最適な財の供給量 F を知っているという条件は厳しく，資源配分問題の分権的解決という本来の趣旨からは不満足な解決といえるでしょ

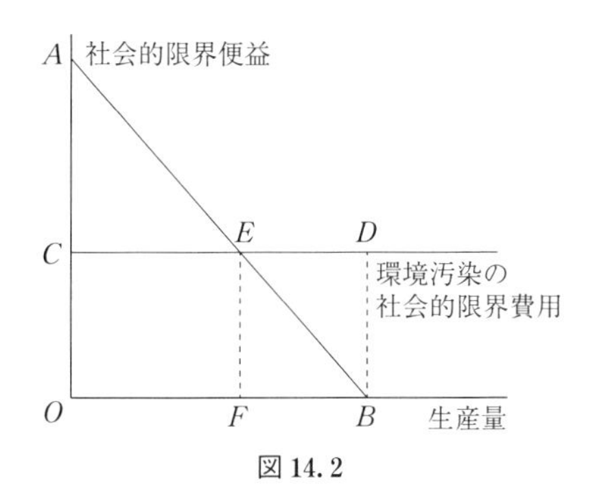

図 14.2

う．しかし，仮に政府が正確な F の水準を知らずに，F よりも多めに証書を供給したとしてみましょう．この場合，企業のみが権利証書の需要者であれば証書の価格は OC よりも下がり，財の過大供給が起こってしまいます．しかるに，環境破壊の被害を受ける住民にも証書購入の権利があるとすると，権利証書の値段が OC よりも下がった場合，住民は自ら証書を購入することで財の過大供給に歯止めをかけるインセンティヴを持っています．その結果，企業が購入する証書の枚数は F に留まり，分権的な形で資源配分の効率化を実現できます．このアプローチは，ピグー税率そのものをも市場機構を用いて分権的に算定しうるという点で，きわめて優れた性質を持っていると言えます．

ただし，ここで説明した競争入札方式は，権利証書の購入者である企業側の負担感が強く，政治的抵抗をもたらしやすいと言えます．また，地球温暖化問題のような国際的な環境問題については，制度上適用が困難です．他方，排出権を民間主体に適宜初期配当する方式の場合には，初期配当のやり方如何では市場が競争的に機能しなくなること，また，初期配当の手続をめぐって，当事者間の政治的合意を得にくい場合が多々ある点が，問題として指摘されています．

第 II 部　法の経済分析

第15章

法解釈学にとって経済学とは何か

法解釈学とは？

第II部の目的は，「法と経済学」，あるいは「法の経済分析」と呼ばれる分野に関する入門的知識を，法律家ならびに法律家を志しておられるみなさんにお伝えすることです．読んで字の如くと申しますが，これは，法学と経済学との境界に位置する学際的な研究分野と考えていただければと存じます．しかし，そもそも，法学とは何かということがわからないと，「法と経済学」が何かを説明することができないわけで，にもかかわらず，この最初の設問も，大いに難しいことはいうまでもありません．法律を学ぶ皆さんにしても，法とは何か，法学とは何か，などと改めて問われれば，多くの方は，はたと答えに窮するのではないかと思うのです．しかし，そうは申しましても，一応の相互理解がないと，話が先に進みません．あくまでも暫定的な理解ということをお断りした上で，これらの概念について定義するところから，話を始めたいと思います．

法学とは何かという場合，多くの人が描くイメージは，法解釈学です．それ以外にも，法哲学，法社会学などの基礎法学や，最近は立法学も盛んになりつつありますが，憲法，民法，刑法などの，いわゆる実定法学は，その学問的エネルギーの大半を，法解釈学に投下していると考えて差し支えないものと思われます．とりわけ，法律家，あるいは法曹を志すみなさんにとっては，法解釈学こそが関心の大部分を占めていることと思います．

周知のように，法解釈学とは，現存する法の体系を所与として，個別の紛争に対して，どのように法を適用して紛争を解決するかを研究します．ここで，法の体系が完備(complete)であって，あらゆる紛争事例に対して，その法的効果が一義的に定義できているならば，法の適用は実に簡単であり，あえて学問として取り上げる必要もないわけです．しかし，言うまでもなく，現実の法体系は，そのような完備性を持ち合わせません．そもそも言語を媒介とする法の体系は，必然的に「開かれた」，「曖昧な」部分を持っています[1)]．すると，人々の社会的関係の中において，法が指し示すものが何か，更には何であるべきかについて絶えず対立が生じます．これが紛争であり，様々な紛争に対して適切な法の解釈を行うことで，これを処理することが法解釈学の存在意義であり目的です．これが，どのようにして経済学と接点を持つのか？　そのことを理解するための手がかりとして，アメリカの法学界において，どのようにして「法と経済学」が法学研究に導入されるようになったかという経緯を見てみたいと思います．

法の真理性について[2)]

多少，大上段に構えて，「法と経済学」には直接関係のないように見える，次のような質問をしてみたいとおもいます．すなわち，「「法」規範の正しさ，あるいは真理性は，何によって根拠づけられているのか」という問いです．と申しますのも，「法と経済学」が，アメリカにおいて本格的に取り上げられるための大きな契機が，まさしくこの問いと関連しているように，筆者には思えるからです．

そもそも「法」とは何か，というのは，20世紀法理学の泰斗，ハート(H. L. A. Hart)が，いみじくも主著の冒頭に提起したように，実のところ本当に難しい大問題だと思います[3)]．しかし，皆さんは「法学」をやっているわけですから，もちろん，何らかの「法」に対するイメージは，持ち合わせていらっしゃることと思います．筆者のような法学の素人は，法と言えば，成文法典のことだと思ってしまいますが，法解釈を勉強している皆さんは，このような法に対する理解が誤りであることは，すぐにおわかりと思います．法典の中に「法」の全てが書き込まれているならば，そもそも法解釈学などという学問は成立不可能だからです．

---

1) Hart, H. L. A. (1961), *The concept of Law*, Oxford University Press(邦訳：矢崎光圀訳『法の概念』みすず書房，1976年，2nd ed. published in 1994), p. 124 以下を参照のこと．

2) 本章における，ポズナー，及び，ドゥウォーキンの法思想の成立経緯と内容の説明，ならびに，彼らとの対比におけるキャプローとシャヴェルの法理論についての次章における説明については，常木[7]の第1部に基づいています．より詳細な議論に関心をもたれた方は，同書を参照していただければ幸いです．

3) Hart 前掲註1，p. 1 以下参照．

社会的実践としての「法」は，様々な訴訟案件に対して裁判官が下してきた司法判断を通しての紛争処理であり，法典はそのための大まかな基本指針を与えているにとどまります．英米のように，日本と異なる法系を持つ国では，「法」の最も基幹的な部分が，成文法典を持たないコモン・ロー(慣習法)として体系化されているのも，このためです．すると「法」とは，上述のような社会的実践の積み重ねとして解する方が適切であるように思われます．このように見ると，表題の問いかけは，法典，判例その他の法源に依拠しつつも，それらを適宜解釈・統合しながら，それなりに自律性を持って行われる裁判官の司法判断の真理性の根拠如何，ということになるでしょう．

フォーマリズムとリアリズム

それでは，改めて，裁判官による司法判断は，どのような意味で「正しさ」を保障されているのでしょうか．法解釈に関するもっとも古典的な考え方は，裁判官が司法判断を行うにあたって，法体系に内在する規範に従った裁定を行うと考えるものです．裁判官は，自らの私心を交えることなく，法体系と解釈技法の形式を踏まえた客観的判断を行うことによって，彼の判断には単なる個人の価値判断とは異なる客観的真理性が担保される，ということです．このような考え方をフォーマリズムと呼びます．

しかし，フォーマリズムの古典的な法に対する見方に対して，1920年代以降のアメリカにおいて，これを批判する新たな学派が登場しました．このリーガル・リアリズム学派は，裁判官の判断が法の形式に拘束されるのではなく，現実社会の要請や，場合によっては，裁判官の心理のような法外在的，かつ経験的・主観的な裁量的要素によって規定されることを主張しました．そして，リアリズムの研究者のなかにも多様な考え方があったのですが，もっともラディカルな立場を取る人々に至っては，裁判官の司法判断は純粋に主観的な価値判断であって，法ルールに拘束されないとするルール懐疑主義にまで到達したのです．

このリアリズムの運動は，法学に対して社会科学・行動科学の視点を導入するという意味で生産的に寄与するのみならず，それ以上に，法とは何か，司法とは何か，という根本的な問いを提示したことで，その後の法学の理論展開に重要なインパクトを与えたといえます．リアリズム法学に対する回答は，大きく2通りの方法でなされたと言ってよいでしょう．第一が，ドゥウォーキンによるネオ・フォーマリズムであり，第二が，シカゴ学派によって展開された「法と経済学」です．

リチャード・ポズナーへ

「法と経済学」を確立したもっとも偉大な研究者は誰か，ということになれば，衆目の一致するところ，本書において，繰り返し取り上げているロナルド・コースでしょう．しかし，規範的「法と経済学」を正面から取り上げ，体系的に展開しようと試みた先駆的業績は，シカゴ大学におけるコースの同僚であったリチャード・ポズナー（Richard A. Posner）に帰するものと思われます．

ポズナーは，裁判官が司法判断において，どのように裁定を下すべきかという設問に対して，富を最大化するようにであると答えます．富の最大化とは，一定の条件のもとにおいては，第2，8章で説明した仮説的補償原理（ポズナーのタームでは，カルドア＝ヒックス基準）に基づく効率改善と同値です．つまり，仮説的補償原理という，およそ法規範に内在するとは思われない厚生経済学の規範に従って司法裁定を行うべきであるというわけです．もちろん，これに対しては，伝統的なフォーマリズムの立場からの厳しい批判が待っていました．

この批判に答えるためにポズナーが示した論拠はさらに驚くべきもので，英米のコモン・ロー体系においては，明示に意識されることがなかったとしても，これまでも富を最大化するように司法判断が行われてきたのであり，その事実こそが，司法判断における富最大化基準の適用を規範的に正当化するものである，という主張です[4]．この点を，ポズナーは，不法行為をはじめとする自らの様々なコモン・ロー分野に関する研究に基づいて立証しようとしました．

もちろん，「裁判官は，富を最大化するように判決を下す」というのは事実命題であって，それ自体，将来の判決を規範的に拘束するものではありませんが，もともと，コモン・ローにおける規範とは裁判官が過去に下した判例の集

4）ポズナーの著書で，この点を最も明確にしているものとしては，Posner, R. A. (1983), *The Economics of Justice*, Harvard University Press（邦訳：馬場孝一・國武輝久監訳『正義の経済学』木鐸社，1991年）を参照のこと．

積であって，それらが将来の類似案件の判決を拘束するのですから，これらの過去に行われた判決が富を最大化することを黙示の目的としてきたことが確かであれば，将来の判決もまた，富最大化基準に規範的に拘束されると考えることは自然です．従って，彼の事実命題が正当であるとすれば，フォーマリズムからの効率性批判に対抗する強力な論拠となります．その一方，裁判官は自らの主観を語っているに過ぎないとするリアリズムのニヒリスティックな結論に対しても，司法判断の客観的真理性の根拠を示して，これに反証したものと評価できるでしょう．

ロナルド・ドゥウォーキンとネオ・フォーマリズム

ロナルド・ドゥウォーキンは，その卓越した知性と雄弁とによって，20世紀を代表する法哲学者です．ドゥウォーキンの課題もまた，ポズナー同様，リーガル・リアリズム運動の帰結に対する回答を与えることでしたが，その方向性はポズナーとは正反対であり，従って，ポズナー法理論に対するもっとも強力な批判者でもありました．

ドゥウォーキンの法理論の特色は，「解釈」という独自の概念に基づいて，司法判断に関する伝統的なフォーマリズムに基づく法的思考の特色を再定式化しようとしたことです．ドゥウォーキンは，ポズナーと異なって，立法が私益にまみれた，いかがわしいものだとは考えませんが，司法の目的は，生の立法をそのまま機械的に適用するものだという考えも採りません．制定法であれコモン・ローであれ，確立した法規範は，「解釈」の方法によって，それらの法体系が総体として最もよく正当化されるように適用されなくてはならないというのが，彼の基本的な考え方で，これは，ネオ・フォーマリズムと呼ばれています[5)]．

そして，ドゥウォーキンによれば，アメリカ合衆国の法体系をもっともよく正当化する原理は，ポズナーのような効率性ではなく，「平等な尊重と配慮への権利」という法原理であるとされます．また，その際，司法部は自らの司法判断において，この法原理に基づく原理論拠のみに依拠し，効率性その他の法

---

5) ドゥウォーキンの主著は，Dworkin, R. (1986), *Law's Empire*, The Belknap Press of Harvard University Press（邦訳：小林公訳『法の帝国』未来社，1995年）．

リチャード・ポズナー

リチャード・ポズナー(Richard A. Posner)は，コース(コラム 13)と並ぶ，シカゴ学派「法と経済学」の二大巨頭の一角です．ともに，シカゴ大学の法学教授として「法と経済学」を確立した2人ですが，そのキャリアも性格も大変対照的でした．コースは，もともとイギリス人で学問的にもイギリス的な散文体を好んだのに対して，ポズナーは根っからのアメリカ人で，学問の方法もアメリカ的な新古典派経済学の方法論を基盤としていました．また，経済学者であるコースが標準的な経済学を批判的に見ており，法学全般に対する明確な評価を控えていたのに対して，ポズナーは既存の法学のあり方に対して大胆な批判を行いました．しかし，現実には，そのキャリアから明らかなように，ポズナーはあくまでも法学者であるということができます．

彼は，ハーヴァード・ロースクールを首席卒業した後，司法実務の研鑽を積み，反トラスト法(日本でいう独占禁止法)の研究者として，スタンフォード大学，次いでシカゴ大学で職を得ました．この分野は，法学と経済学との関連が早くから着目されており，彼はこの頃から経済学への関心を持って，独学で経済学の勉強を始めたようです．その後は，連邦高等裁判所の判事としても司法実務に携わっているように，ポズナーの関心は，机上の学問としての経済学ではなく，法学を理解するための方法としての経済学にありました．

筆者の目から見ても，ポズナーの経済学理解には，時に大胆過ぎる解釈や誤解が散見されるように思われるのですが，それでも，このことが彼の学問に対する評価を決して低くしないのは，彼の法律家としての法学に対する実践的な理解の広さと

外在的価値に基づく政策論拠を切断するとされます(その意味で，原理論拠は「切り札」(trump)として作用するとされています)．

これをリアリズム，及び，ポズナーの立場と対比すると，ドゥウォーキンによれば，司法判断を支える法的思考は，リアリズム法学が主張するような裁判官の経験や直観に基づく主観的な裁量ではなく，その内部に「解釈」を通して表明される一貫した道徳的原理を持っており，それが裁判官の判断を，ただの主観的意見以上のものとします．また，その原理は，経済学的価値を含む恣意的な政策判断をも排除しつつ，法をもっともよく正当化する基盤になります．

コラム10

深さによるものと思われます．彼は，この知見を武器として，法学の幅広い分野について，新古典派経済学の原則が，法と法制度とを理解する基本的な道具となることを立証してゆきます．反トラスト法に始まり，不法行為法，更に財産法，契約法，家族法，手続法，刑法などのコモン・ロー領域をカヴァーし，会社法，労働法，公的規制法，行政法，憲法に至るまで，大学教育や裁判官としての仕事の中でも，彼の著書，論文の執筆は精力的に続き，量的に膨大であるにとどまらず，内容的にも常に学会に大きな刺激を与え続けました．これらの研究の基礎的な部分は，現在も逐次改訂され続けている体系書 *Economic Analysis of Law* にまとめられています．また，標準的な実定法学の範囲に留まることなく，法哲学や基礎法学においても精力的に著作を発表し，同性愛，人工妊娠中絶，老年，麻薬などのタブー視されやすい問題に対しても，著作を通じて積極的な意見表明を続けています．また，近年では，ノーベル賞を受賞したシカゴ学派の経済学者ゲーリー・ベッカー(Gary S. Becker)との間で，ブログ上で，様々な現実的問題への意見交換を社会に向けて発信しています(2014年5月，ベッカー教授の逝去により終了)．

ハーヴァード・ロースクールのマーク・ラムザイヤー教授は，ポズナーを評して，「彼の論文の政治的結論を非難する人が多いにもかかわらず，退屈する読者は滅多にいない．彼の論文を読みながら居眠りしてしまった学者は，まずいないと思われる」* と書いていますが，大変的確な評価であるように思われます．

* マーク・ラムザイヤー(1990)『法と経済学——日本法の経済分析』弘文堂，4頁．

そして，その法原理はポズナーのような効率性ではなく，平等を促進する性格を持っており，ゆえに，立法府による政策的な公平の促進とは別個に，司法部による独自の平等化促進が正当化されることとなります．

ポズナー—ドゥウォーキン論争の顚末と，日本における受容

ドゥウォーキンとポズナーとの論争は，その後，法学者のみならず，哲学者や社会科学者をも巻き込んで活況を呈しました．しかし，それは，ある意味では，泥仕合の様相を呈したと言えなくもありません．主要な論点である，コモ

ン・ローを支配する価値基準が平等性か効率性か，という問題について言えば，結局，判例如何によって，効率性に依拠したものもあれば，効率性に還元できない何らかの公平性，正義性を探究する場合もあり，一概な結論は難しいように思われます．

ポズナーによるコモン・ローの効率性テーゼについては，その妥当性について，様々な疑問や批判が生じており，少なくとも一般的には支持不可能と見ることができると思われます．しかし，他方で，ドゥウォーキンの提示する「解釈」の技法が，純粋に客観的な司法判断を可能にするものなのか，彼のいわゆる原理論拠は，司法判断における政策論拠の加担を完全に排除できるものなのか，という点は，深刻な疑問の余地を残すでしょう．このドゥウォーキンによる「正解テーゼ」が維持不可能であれば，少なくとも部分的に，経済学をはじめとする法外在的な政策論拠が司法判断に関連性を有すること，すなわち，法律家にとって経済学が有意味でありうることが主張できるでしょう．

ドゥウォーキンの法理論は，日本の法律家，法学者の間で，強い好意と期待を持って受け入れられました．ドゥウォーキンの法理学においては，日本における法解釈方法論のタームで言うと，「形式論」と「実質論」との対立が，彼のいわゆる「解釈」の方法によって統合されていると見ることができます．すなわち，一方では，法の体系的正当化という視点から，生の主観や政策判断が原理論的に制約されるという意味で「形式論」の要請に応えるとともに，法の内在する道徳的原理の探求という観点から概念法学を排除している点では「実質論」的配慮もなされており，ドゥウォーキン流の法解釈の手法は，日本の法解釈学の伝統を，かなりの程度まで的確に説明，かつ正当化できるものと思われるからです．その意味で，ドゥウォーキンの法理論は，日本における法解釈方法論に関して，今後とも重要な示唆を与え続けるものでしょう．

しかし，ドゥウォーキンの「解釈」が，アメリカ法について見出したような「平等な尊重と配慮への権利」という原則が，果たして日本法の伝統をも等しく正当化するのか，それとも，日本法の正当化にあたっては，これと異なる道徳原理が探求されるべきなのかは，なお，今後の真剣な検討を待つ必要があるでしょう．この中で，ドゥウォーキン流の原理と政策との二分法の問題点も，日本法の文脈に即して再考されてしかるべきと思われます．とりわけ，利益衡量論のような著しく「実質」的とも思える法原則が，純粋に原理論的正当化を以て事足りるのか，そこには政策論的配慮が明らかに存在してはいないのかは，慎重に検討されなくてはならないでしょう．

他方，ポズナーの理論について言えば，彼の理論的結論が妥当かどうかについての一連の批判を踏まえることも大切ですが，それ以前に，彼の問題関心が，英米流のコモン・ロー伝統を踏まえて，その枠内での「法と経済学」の活用という問題意識に支えられているため，日本のようなコモン・ローの伝統を持たない国の場合に，どの程度の妥当性を持つのかが疑問とされざるを得ないと思われます．この点を踏まえて，次章では，キャプローとシャヴェルによる，いわば「法と経済学」第二世代の「法と経済学」方法論に目を向けることにします．

第16章

「法の経済分析」と日本の法解釈学への適用可能性

キャプローとシャヴェル——「法と経済学」の第二世代

経済学自身に事実解明的経済学と規範的経済学が存在することに対応して，「法と経済学」にも，事実解明的側面と規範的側面とが存在します．本章の後半で検討するように，事実解明的側面においても法学に経済学を適用する上で論ずるべき課題は多々ありますが，何といっても，法学と経済学との対立が鋭くなるのは，法学研究において規範的経済学を適用する時です．それは，法律家にとって，法規範は法それ自体に内在すると観念されるのに対し，規範的「法と経済学」は，法規範から独立した経済学的価値を明示的に導入し，これらの価値判断に依拠しつつ司法的(価値)判断を規範的に分析し，判例の評価や今後に向けての提言を行うからです．

この規範的「法と経済学」には，2つの流れがあります．ロナルド・コース，リチャード・ポズナーを中心とするシカゴ学派の「法と経済学」を第一世代とすると，本章が扱うキャプロー(Louis Kaplow)とシャヴェル(Steven Shavell)の「法と経済学」はハーヴァードをホームとしており，年代的にも第二世代に属すると言えるでしょう．法学方法論における彼らの代表作である *Fairness versus Welfare*[1] は，ポズナーら第一世代と，その対抗者であるドゥウォーキンのネオ・フォーマリズムをともに批判しつつ，新たな視点から規範的「法と経済学」の再構築を図ったものですが，今日における「法と経済学」の考え方の基礎論的な側面を的確に要約するものとして非常に興味深いものです．本章では，キャプローとシャヴェルの考え方を説明し，彼らの提唱する「法と経済学」が日本法の解釈学にとっていかなる意義を持つかを説明することにします．以下では，特に断らない限り，シカゴ学派による第一世代の「法と経済学」と

---

1) Kaplow and Shavell (2002), *Fairness versus Welfare*(第2章註1).

区別して，キャプローとシャヴェルを中心とする第二世代を，彼らが好んで使用するタームに従って「法の経済分析」と呼ぶことにします．

「法の経済分析」の規範的主張

キャプローとシャヴェルは，（立法論を含む政府が全体として追求すべき社会目的はもちろんのこと）法解釈学がよるべき指針もまた，第2章で定義した社会的厚生（関数の値）であると主張します．その意味で，効率性を法解釈のための究極的な基準と考えているポズナーらシカゴ学派の「法と経済学」とは一線を画した考え方を取ります．つまり，原則的には，司法判断は，効率性のみならず，社会厚生関数値の最大化を基準として富の分配の公平性をも評価して行われるべきであると考えるわけです．

その一方で，キャプローとシャヴェルは，法律家が伝統的に遵守してきた規範的価値としての公平，あるいは正義（これらを，彼らは，フェアネスという概念で一括りにしています）に対しては，これらの基準は，全体としてはもちろん，部分的・折衷的にも司法判断に影響させてはならず，法的判断が依拠すべき価値基準は社会厚生に一本化すべきであると主張します．彼らは，これらの個別的もしくは手続的な正義あるいは法原則の例として，「契約遵守の原則」，「（刑事罰に関する）比例性の原則」，「矯正的正義の原則」などを挙げて，これらの適用が社会の効率性を阻害し，場合によっては，かえって本来の直観的な正義の実現をも，結果として阻害してしまうことを例示しています[2)]．

法における外的視点と内的視点

このような考え方に対して，大いに抵抗を感ずる法律家の方は多いと思いますが，まず，はじめに，以上のキャプローとシャヴェルの「法の経済分析」には，彼らの独自な法解釈学方法論が伴っていることに留意しておきましょう．それは，彼らの「視点の外在性」とでも名付けるべきものです．法律家の思考

2）この結果，キャプローとシャヴェルは，ドゥウォーキンの法理論についても，ドゥウォーキンの言う原理と政策の峻別，「平等な尊重と配慮への権利」といったテーゼに対して，「何が言いたいのか，わけがわからない」という素っ気ない反応を示しており，法の評価にあたっては社会厚生による一元的な評価が望ましいとしています．

の特色として，内容に関してはイデオロギー上の大きな対立が存在するにもかかわらず，一点，明確に立場を共有していることがあります．それは，法の命ずるところが(具体的な内容は何であれ)法に内在するという考え方です．これに対して，キャプローとシャヴェルは，厚生あるいは効率性など彼らが法的判断の基準として定める価値が，法に内在すると考えていません．彼らの視点は，あくまでも法に対して「外在的」「規範的」であり，内生的な法形成過程から生ずる価値判断と司法判断を批判的に修正するための基準を与えていると考えます．すると，法律家的な観点からは，このようなアプローチでは現行法の解釈学に対する内在的批判としては無効である，という批判が生ずるでしょう．

ここで，我々は，法解釈学方法論における1つの大問題にぶつかっています．それは，H. L. A. ハートが，法に関する「外的視点」と「内的視点」と名づけたものです．法というものは，ハートによれば，判断主体が，その体系に巻き込まれたときの「内的視点」と，その体系から距離を取った場合における「外的視点」との二通りの観点から理解したり評価したりできるということです．両者のいずれの視点に立って法学の研究を行うかには，それぞれ一長一短があります[3]．

法内在的視点に徹することの利点は，法の現実に即した法的議論を行うことができることです．しかしながら，現行法が持っている問題点に対して，ともすれば盲目になりがちであり，内的視点における正しい法の在り方に関する見解の相違が生じた場合に，それらを相対化する外部の視点を欠いているために，論争が水かけ論の様相を呈しがちです．他方，法外在的視点を取ることの欠点は，現実の法体系からくる制約を無視した非現実的，ユートピア的な法政策を提言してしまう危険性です．しかしながら，法律家の内的視点をたえず相対化しつつ，これを社会的現実に引き戻してゆくための解毒剤的作用を果たし得るところに，外的視点からの法学研究の価値があります[4]．

---

3) ただし，ハート自身が主著(第15章註1)の中で，彼のいわゆる1次ルールと2次ルールとの関係の解明に際して，内的視点と外的視点の区分を持ちだしたのは，あくまでも，法の事実解明的分析に関連しており，この範囲では，外的視点は，規範的意味を持っていませんでした．しかし，ハートは，2次ルールに対して更に外部に立つ外的視点からの法に対する規範的アプローチをも肯定しており，これを発見的法理学(censorial jurisprudence)と呼んでいます．キャプローとシャヴェルの立場は，これに対応すると見ることができます．

結局，法学研究においては，外的，内的双方の視点からの研究が複眼的に進められる必要があります．そのために，可能であれば，1人の研究者が法解釈学と「法と経済学」双方の学問に通暁して，視点の移動を伴いつつ正しい法の在り方を研究することがのぞましいでしょう5)．しかし，それが現実的でなければ，経済学をはじめとする法の社会科学者と法解釈学者との間の生産的な対話と相互協力とが，何よりも大切であると思われます．

日本の法解釈論争への指針

これまで日本においても，幾度か，法解釈の方法論に関する論争が起こってきました．これらの論争の帰趨と意義とを整理することは，日本の法解釈学の現状を踏まえて経済学の法解釈学への適用という課題を検討する上で，欠くことのできない重要性を持っています．

興味深いことは，日本の法解釈学においても，前項で説明した法に関する内在主義と外在主義との対立に大まかに対応する「形式論」と「実質論」という二項対立図式が存在することです．法律条文の形式的な当てはめによって司法判断を行うのが「形式論」であり，個々の紛争の事実関係に即しながら利益衡量を行って結論を得るのが「実質論」とされます．そして，日本の場合，後者の利益衡量に基づく「実質論」が法解釈の核心であり，「形式論」は利益衡量を軸とする実質論を正当化するための法技術である，という見方が優位を占めたと言ってよいと思われます6)．これは，伝統的に内在主義が優位を占める欧米の場合とは対極的と言えるでしょう．もちろん，このような主流派の見解に

4) 倫理学者のヘアは，道徳的思考を，直観的レヴェルと批判的レヴェルの2つの次元に分けて，直観的レヴェルでの道徳的思考が相互に矛盾や葛藤を生じた段階で，それを打開するための批判的思考としての功利主義的思考の意義を理解しますが(Hare, R. M. (1981), *Moral Thinking*, Oxford University Press〔邦訳：内井惣七・山内友三郎監訳『道徳的に考えること』勁草書房，1994年〕)，法規範に関する内的視点と外的視点との複合的な理解は，ヘアの道徳理論とも通じるものがあるのではないかと思われます．

5) アメリカの「法と経済学」の若手研究者の中には，double degreeと呼ばれる，法学，経済学両方の博士学位を持った研究者が多々存在します．そのうち日本でも同じような時代が来るという説もありますが，諸事情によって，近未来にはそうならないと思われます．

6) ただし，日本の法律家の間では，利益衡量と区別して「利益考量」を提唱するとともに，後者はあくまでも法内在的であるとする立場も有力ですので，この点でも見解が分かれていると思われます．

対しては，日本の法学アカデミズムの内部でも頑強な批判が存在し，それが論争を生み出したわけです．このような法解釈の方法に関する洋の東西でのパラレルな見方の存在は，これまでに論じてきた法解釈をめぐる論争が，日本においても重要な意義を持ちうることを示唆するものと言えるでしょう．

「法の経済分析」が前提とするような社会厚生最大化を指針とする裁判官像は，日本における法実践を全面的に説明するものと言えないことは当然です．これは，キャプローとシャヴェルが言うように，一定の規範的提言としてのみ意味をもつものでしょう．しかし，日本の法解釈学者が伝統的に重視してきた「実質論」，とりわけ利益衡量論の意義を適切に理解するためには，政策論的考察と経済学の適用が不可欠であると筆者は考えます．この際，「法の経済分析」は，ポズナーらシカゴ学派の「法と経済学」と異なり，コモン・ロー過程の効率性に関するドグマを全く信奉していません．また，コモン・ローが制定法とくらべて効率的であるとする主張も根拠薄弱であるというのが，彼らの考え方です．従って，個別の論点はともかく，一般的な方法論として，英米とは異なる法系に属する日本の法学研究において「法と経済学」を導入するには，キャプローとシャヴェルの方法論は，はるかに良い見通しを与えてくれるというべきでしょう．

今後，日本における「法と経済学」のさしあたりの目標として，「実質論」，利益衡量論の方法を，可能な限り明確かつ客観的に洗練させてゆくことを挙げることができると思われます．この結果として，日本における法実践が，どの程度まで法内在的な方向に沿って説明され，どの程度まで「法の経済分析」のような政策論的・機能主義的方法によって理解できるのか，そして，それらが，今後どのように発展してゆくべきなのかを，注意深く探求してゆかなくてはなりません．その意味で，伝統的な法解釈学と「法の経済分析」とは，今後とも，日本の法学の発展に指針を与え続ける最も強力な競合的研究プログラムであると言えるでしょう．

事実解明的「法と経済学」

法学における経済学の利用という場合，これまで論じてきたような規範的な利用ということが重要ですが，それ以前に，法価値を実現するための手段として事実解明的な経済理論を適用するという方向が存在します．法とは，一定の状況にある当事者に対して，一定の行動を命ずる規範的な言明であり，法解釈学の課題は，それらの様々な判例の妥当性について考察・検討を加えることにありますが，規範的言明が依拠する解釈技法の中の1つの有力な解釈指針として，上に述べた利益衡量論に代表される目的論的解釈，すなわち，一定の規範的価値を実現するために目的合理的な法解釈を行うという考え方があります．この場合，当該目的を定めるのは，あくまでも法律家・法学者の視点に基づくものであり，法体系の外部から特定の目的を導入して法解釈を行うことはありませんが，それでも，一定の目的を措定した以上，当該目的と法的判断との間に整合的な関係が成立するか否か，という問題が生ずることになります．「公共の利益」，「動的安定性」等々といった価値判断の基準となる法的目的を導入した場合，当該紛争における判断が，真にその目的の実現と整合的なのか否かが問題になるわけです（コラム15）．

価値判断そのものが法的に与えられるとしても，現実の法的判断と最終的な法的目的との間の因果関係を確定するためには，様々な社会科学，自然科学の知識を前提にすることは当然のことです．例えば，環境汚染に関する裁判において，原告の被害と被告の汚染物質の排出との間の因果関係を確定するためには，化学者や医学者の見解を参照しなくてはいけません．同様に原告の被害を認定して被告企業に損害賠償を求めることが「公共の利益」に適うか否かを決定するために，経済学者，その他の社会科学者に見解を求めることは自然なことと言うことができるでしょう．このように，法的価値判断に基づく事前的な目的論的法解釈を所与として，その際に参照可能な事実分析的知見として経済学を利用してゆこうとする考え方を，事実解明的「法と経済学」と呼ぶことができるでしょう．これは，規範的「法と経済学」よりも保守的な，あるいは，より穏当な意味での，伝統的な法律家にとっても受け容れやすい「法と経済学」に対するアプローチであるということができます．しかし，このような意味でのきわめてマイルドな経済学の法的議論に対する関与についても，これまで，法律家の間に強力な抵抗感が存在してきたということができます．それは，第1章で指摘したように，経済学が前提とする理論仮説が，法律家の直観に対して極めてなじみにくいという問題です．次に，この点について，論ずることとしましょう.

法律家の自家製「経済学」

法律家が法的判断の効果を考える場合に，経済現象に対する理解が前提となることがしばしばありますが，このような場合に，法律家の多くは専門的な経済学の知見をあてにしません．むしろ，法律家が実際に扱う問題に即して，自らの直観や経験則に基づく経済法則に依拠する場合が多いと言えるでしょう．ここで，法律家が実際に依拠する経済学は，「法解釈」の一部分として，その内部に包摂される形で現れます．このような直観的な経済法則のことは，しばしば「自家製」経済学などと揶揄的に表現されることもあります．

しかし，このような法律家の経済現象に対する理解や態度を一概に否定的に見ることは適当ではないと思います．第1章で指摘したように，市場経済モデルは，平均的・一般的に，市場経済が円滑に作動している状況を記述・分析して経済法則を立てています．そこでの理論仮説もまた，一般的・大域的には反証されることなく存続しているとしても，個々の状況に対して常に成り立つほどの精度を誇るものではないと思われます．

これに対して，法解釈学が主として対象とする個別的な経済的紛争処理の場面は，社会経済全体との関連でいえば病態に属すると言えるでしょう．ここでは，通常は円滑に働いていた市場経済の一部が何らかの障害を生じているのであり，同時に，通常は妥当している経済学の基本的仮説が現実に妥当していない状況が，しばしば生じていると思われます．このため，法律家が経済学の体系を一瞥しただけでは，法学の中に経済学の理論を適用するのは，極めて一面的な人間や社会に対する理解を無理やりに法解釈の中に押し込もうとしているような印象を受けてしまうわけです．

事実解明的「法と経済学」の存在意義

このような背景のもと，法律家による経済学に対するこれまでの評価は，要するに「現実的でない．少なくとも法解釈学にとっては有益でなく，場合によっては有害である」というものだったと思われます．しかし，こういった反応も含めて，この点について「法学 vs. 経済学」式の方法論争を積み重ねることは，価値論に関する議論と同様に，ほとんど生産的ではないと思います．現実に，事実解明的な経済分析が法解釈における的確な知見と指針を与えるか，それとも，法律家の「自家製」経済学の方が有益か否かは，個々の事案解釈の文脈に即して決すべきであるし，それ以上でもそれ以下でもないということです．

我々は，法律家が提起する経済法則に関する理解を，一方的に非科学的とか無意味といって退けるつもりは全くありません．むしろ，法律家が前提とする「自家製」経済学の中には，しばしば，教科書的な経済学の枠組みを超えて，経済学自体の発展に寄与しうる重要な洞察が存在すると考えます．例えば，従来の法律家の問題意識のうちには，限定合理性，契約の不完備性など，近年の経済学の展開を予描する部分があったと思います．しかし，法律家的な経済法則に関する理解の問題点は，それが，法的価値判断と同様にどこまでも内省的な直観と結びついてのみ有用であるため，しばしば独善に陥りがちなところにあると思われます．また，複数の法律家の間で異なる法則理解が生じた場合，対立を調整するための新しい視点を欠いてしまうように思われます．このような場合に，経済学の基本的な知見に立ち返って考えることが，法的議論をより生産的にするのではないかと思われます．

法律家に限らず，専門の経済学者でも，筆者のように一定の年齢に達してしまえば，よほどの学問的努力を払っている一部の研究者を除けば，現在の最先端の経済学をフォローすることは，全く不可能になってしまいます．しかし，「法と経済学」にとって，もっとも大事なことは，先端的な経済理論の表面だけを追いかけて右往左往することではなく，あくまでも具体的な法解釈の文脈を大切にしながら，基本的な経済学の意味を正確に理解して的確に解釈技法の一部として活用してゆくことです．この作業は，法解釈のための法的議論の構造を明確化する上できわめて重要な働きをすることを，筆者は確信しています．

第17章
効率・公平・司法

法ルールによる分配の公平促進は可能か？

前章では，「法の経済分析」が，司法の目的を(立法と同様に)社会厚生の促進に置くべきであると主張していること，ならびにその意味を検討しました．第2, 3章で指摘したように，社会厚生の概念は，経済効率性の実現に留まらず公平な経済社会の実現を目的として考慮します．このとき政府による富の再分配に関する政策目標は，適切な社会的厚生関数を選択し，様々なパレート効率的資源配分のうちで社会的にもっとも公平な効用(＝実質的所得)の分配を実現してやることです．この点は，経済学の規範的議論のいちばん基本的な大切なところですので，もう一度復習しておきましょう．

まず，パレート効率的な資源配分とは，当該資源配分をどのように変更しても，全ての成員の効用を同時に改善(少なくとも現状維持)するような再配分ができない，つまり，パレート改善することができないことを意味しています．ところが，特定の資源の社会全体での賦存量に対して，パレート効率的な資源配分は無数に存在します．効率的ということは，全員の利益を同時に改善できないということですから，社会の一部の人たちがほとんど全ての富を独占していて，他の人たちは貧困に喘いでいるような状態でも，高所得者，低所得者を含めて全員の利益を改善する可能性がなければ，その状態はパレート効率的と判断されます．そこで，それらの無数に存在するパレート効率的な資源配分のうちで，最も社会的公平の観点から望ましい配分を選択することが厚生経済学の目的となるのです．

第8, 9章で触れたように，富を再分配するための第一義的な手段は，司法的な手段ではなく包括的な税制と社会保障を用いた再分配政策であると考えられます．ただし，同じく第9章で検討したように，包括的な総合所得税や一般消費税であっても，税制の資源配分に関する中立性を満足しません(つまり，資源の配分に非効率性をもたらします)から，税による富の再分配の結果としてパレート効率的資源配分が成立しなくなります．従って，社会の平等化が望ましいとしても，大規模な再分配を行おうとすると，税の社会的コストが急激に上昇し非効率性が高まるため，資源配分に中立的な税を用いることができる最善の(非現実的な)場合と比べると，現実的な徴税手段に基づいての最適な再分配は，より抑制的にならざるを得ないのです．

また，以上で説明した包括的な税制と所得移転による再分配プログラムは，法律論としては立法論の問題になります．これに対して法律家が考える公平とは，主として司法部による裁判の場面における事後的な公平をイメージしていますが，特に，上記の結論によって，効率性と公平性とのトレードオフを考慮するならば包括的な課税と所得移転による完全な平等化は望ましくないということであったとすると，司法のプロセスを使用することによって，さらに追加的に公平性の促進を図ることに意味があるかのように見えます．しかし，この点について，キャプローとシャヴェルが証明した以下の基本定理がたいへん重要な意味をもちます．

キャプロー＝シャヴェル定理

> **キャプロー＝シャヴェル定理**(Kaplow-Shavell theorem; 以下，K-S 定理)：
> 富を再分配する手段として包括的所得税システムが利用可能である場合に，再分配を目的として法ルールを用いることは，同一の富の分配状態を包括的所得税システムよりも非効率に実現するに過ぎないので，行うべきでない[1]．

なお，上記の論文では，法ルールの具体例として，(効率的な)厳格責任ルールと，賠償額を加害者の所得に応じて調整するルールとを取り上げ，後者が必ず非効率になることを証明しています．不法行為以外の分野でも同様の帰結を生ずることは，証明から類推可能というのが彼らの主張です．

ここに至って，話は急激に法解釈論へと重大な影響を及ぼすことになり始めたことに，お気づきのことと思います．K-S 定理は，包括的な再分配システムの設計を除く立法政策と，その具体的な紛争時における法解釈の指針を，全

1) Kaplow, L. and S. Shavell (1994), “Why the Legal System Is Less Efficient than the Income Tax in Redistributing Income,” *The Journal of Legal Studies 23*, pp. 667-681.

て分配の公平性から切り離して効率性に求めるべきことを主張しているからです．このようにして，本来，「法の経済分析」は分配の公平性について十分配慮するものですが，現実の法政策分析と法解釈では，分配の問題よりも効率性を基準とした判断を行うことが正当化できるとされます．

K–S 定理の妥当性と批判

K–S 定理自体は大変抽象的で，証明も，それほど簡単ではありません．また，いくつか反論の論文も出ており，まだ，確定的な結論と言うには時間がかかるかもしれません．しかし，もう少しプラグマティックに現実の法制度を見た場合，K–S 定理が主張するような効率—公平分離論は，それほど的外れなものではないように思われます．

第一に，法政策の対象となる法は，特に日本法における民事・刑事法領域を考える限り，政策効果が概ね分配中立的です．例えば，不法行為法の場合，被害者と加害者は平均的には同じ程度の所得を持っているため，全体として政策選択による富の再分配効果は大きくないでしょう．契約法のように当事者間の契約が媒介されるものについては，再分配の効果は更に小さいと思われます．

第二に，税制と公的給付に基づく直接的な再分配は，明示的に所得をターゲットとして全ての社会の構成員に等しく適用されるのに対し，法ルールは，限られた紛争当事者のみを対象として，不確定な仕方で富の再分配を行っています．例えば，不法行為法が，公平性の観点から原告に対してより同情的な法ルールを採用したとして，更に原告が実際に低所得者であったとしても，たまたま紛争に巻き込まれた低所得者だけが救済されることが効果的な社会的不平等の是正措置になっているとする根拠は薄いと言わねばならないでしょう．

第三に，現実の政府立法部が不適切な富の再分配しか実現できないとしても，裁判官が法ルールの選択を通して，より公平な富の再分配を実現できるのかは疑問があります．特に日本の裁判官は行政部に強く統制されており，行政部は，基本的に立法部の統制に服しています．すると，法務官僚に統制された裁判官が，立法部とどれだけかけ離れた分配に関する価値判断をするでしょうか．もし，両者に大差がないとすれば，平均的かつ長期的に見て，司法部は立法部がより効率的に行いうる再分配を，より高い社会的コストで行うに過ぎないし，また，立法部は税や所得移転の計画を決めることで，司法部が局所的に定めた分配状況を容易に覆すこともできるわけです．

多くの法律家の方々は，このような主張には大いに抵抗を感ずることと思われます．しかし，少なくとも，これまで法律家がしばしば主張してきた「経済学＝効率性」，「法律学＝公平性」という対立図式を，K-S 定理を媒介とすることで，より明快に整理できるように思われます．つまり，経済学においては，公平性という場合に，富，所得の分配の公平性に限定してこの概念を用いること，そして，分配の公平については，包括的な税制と社会保障に関する立法論の問題と考え，司法部の役割は効率性の観点から適切な司法判断を行うことであると考えます．これに対して，法律家にとって司法判断の中心的な役割は，当事者間の公平性の実現であり，この場合の公平性とは単なる富の分配の公平性ではなく，当該紛争のプロセスを把握した上での個別的・総合的な判断基準としての公平性を指しているわけです．この点の対立の帰趨を，より具体的な事案に即して慎重に検討してゆくことも，「法の経済分析」の重要な課題です．

法の経済分析における仮説的補償原理の適用

いろいろな異論の余地があると思いますが，とりあえず，「法の経済分析」においては，効率性を規範的基準として司法判断の評価を行うという点について，（賛同とは申しませんが）ご理解を得たいと存じます．筆者は，このような法に対する見方を唯一正当なものであると主張する意図は全くありません．しかし，通常，法律家が正義の論拠から語る法的議論を，可能な限り効率性あるいは利害の論理として語り直すことは，法律家の思考を外在的に反省し，その内容を深化させるための有意味な思考実験であることを主張したいのです．

ここで効率性とは，もちろん，第一義的にはパレート効率性を意味します．すると，司法判断においても，当事者間の分配に関して中立的な，当事者全員の利益を改善するパレート改善基準を選択することが自然と思われます．しかし，和解の場合は，紛争当事者相互のパレート改善とパレート効率性を探求するものと解釈できますが，現実に裁判に持ち込まれた事案の場合，これらの当事者合意による相互利益の追求の可能性が尽きた状況において裁判に発展することが多いわけですから，裁判の場では，当事者双方にとって利益が得られる余地は，ほとんどなくなっていることが予想されます．従って，裁判官がパレート改善基準に依拠する限り，どのような判断についても判断停止を余儀なくされるおそれが強いと言えるでしょう．

例えば，航空機の発着に伴う騒音の発生に関する訴訟が起こったとしましょう．原告である住民勝訴の判決を出せば，周辺住民の騒音被害が緩和されることによって彼らの効用が高まりますが，一方で航空会社は，便数の制限や防音工事の負担が生じて利益が減ずるため，会社の株主は不利益を被ることになります．便数制限があれば，航空機の利用者も不便になって効用が下がるでしょう．被告側勝訴の判決が出れば逆の効果を生じますから，どちらにしてもパレート改善的な判断はできないのです．

このような場合に，効率性の基準をパレート改善基準から仮説的補償原理へと拡張するのが，規範的「法と経済学」の行き方になります．第2，8章で説明したように，仮説的補償原理(カルドア＝ヒックス基準)とは，「ある政策を行った結果として，その政策と同時に適当な所得再分配が行われればパレート改善が実現する場合，実際にはそのような所得再分配が行われなくとも，その政策は効率性の観点から正当化できる」とする考え方です．

パレート改善基準を満たす司法判断は，現実にはほとんど存在し得ないのに対して，仮説的補償原理を基準とすれば，どちらの判断が望ましいかについて一義的な判断が可能な場合は多いので，効率性の観点から種々の司法判断を評価する基準として仮説的補償原理には現実的妥当性があります．再び上の例を引くと，住民勝訴の結果として周辺住民の効用は通常明らかに増加しますが，株主や航空機の利用者の不利益が生ずるため，パレート改善基準の下では勝訴判決は正当化できません(企業側勝訴の判決も正当化できません)．しかし仮説的補償原理のもとでは，周辺住民の便益が株主・利用者の不利益を補償してもなおプラスであると判断できれば，この規制は効率性を改善したものとして是認されます．

仮説的補償原理の正当化

キャプローとシャヴェルの場合，富の分配の公平性は，すでに司法以外の立法手段によって担保されていると仮定することで，仮説的補償原理に従った司法判断は常に社会厚生を改善することができるので正当性がある，という正当化を行いますが，これに対してポズナーは，立法府による最適な富の分配という可能性を認めません．ポズナーの場合，立法府は社会厚生を最大にするとは限らず，むしろ政治家の私益を最大にしている可能性を重視するからです．

従って，ポズナーは，キャプローとシャヴェルとは異なった方向から仮説的補償原理の正当化を行います．すなわち，裁判官が仮説的補償原理を基準に裁定を行うことで，全ての市民にとって自らの期待効用はプラスになり，そのため，この裁定基準が全ての市民から黙示の合意を得ていると考えるわけです[2)]．

ポズナーの主張は，経済学の世界では古くから「ヒックスの楽観主義」(Hicksian optimism)と呼ばれた見方と同じものを司法判断の領域に適用したもので，要するに，仮説的補償原理を基準とした政策を行うことは，結果的に損をする人と得をする人を生み出すにせよ，これらの政策が十分に多く行われれば高い確度で全ての人の利益になる(近似的に，パレート改善を実現する)という考え方です[3)]．今日では，ポズナー流の考え方だけで，仮説的補償原理に基づく司法判断を正当化する人はいないと思いますが，必ずしも，立法府による分配政策が完全でなくとも，効率性重視の司法判断を正当化できる根拠を示す補充的な議論としては，今日でも一定の意味があると言えるでしょう．

仮説的補償原理の指標としての富最大化基準

次に，第8章で詳しく検討したように，ある政策が仮説的補償原理に参照して正当化可能であるということは，貨幣の限界効用一定の仮定の下では，政策によって社会的余剰の増加が生じていることと同値です．従って，仮説的補償原理を適用することは，具体的には，裁定に伴って生ずる受益者の利益と不利化する人々の損失とを集計して裁定の是非を判断する，費用便益分析の手法に基づく司法判断を行ってゆくことを意味します．合計値がプラスであれば，個人的に不利益を受ける人の損害額の合計よりも，個人的に利益を受ける人の利

---

2) Posner (1983), *The Economics of Justice*(邦訳『正義の経済学』，第15章註4)参照．

3)「ヒックスの楽観主義」を裏付ける厳密な議論として，Polinsky, A. M. (1972), “Probabilistic Compensation Criteria,” *Quarterly Journal of Economics 86*, pp. 407-425参照．ヒックスについては，第8章註1を参照．

益の額の合計が多くなるのですから，利益を受ける人が不利益を受ける人に対して適当な補償を支払って，以前と同じ効用水準を保つようにしてもなお，社会的に追加的な利益が残ることになり，仮説的補償原理を充足するからです．しかし，このような費用と便益の集計が可能であるためには，安定した価値の物差しが必要であり，その背景に隠されているのが，第5章で説明した「貨幣(ニュメレール)の限界効用一定」という仮定です．

市場における取引は，通常，貨幣を媒介として行われますが，貨幣それ自体は，食べたり着たりできないので，本来は，それ自体に価値があるわけではありません．しかし，貨幣に価値があると観念されるのは，いうまでもなく貨幣を用いていろいろな財やサーヴィスを購入できるからです．経済学では，価値の根源は人々の効用であると考えますから，貨幣の限界効用が一定であれば，貨幣1円と効用1単位とは完全に互換的になり，「Aさんは，この財の1単位の消費に100円支払っても構わないと思っている」という言明と，「Aさんにとって，この財の消費から得られる限界効用は100円である」という言明とは同値であるといって構わないことになります．つまり，貨幣を価値尺度として利用するということができるわけです．例えば自動車が100万円で卵が10円であれば，自動車は卵の10万倍に相当する限界価値を持っていると言えます[4)]．更には，ある人が権利侵害を受けた場合，それが，たとえ市場取引を伴わない精神的苦痛などの場合であっても，当人の効用で評価して10万円に相当するといった判断が有意味になるわけです．

この仮定の下で，1つの市場で生じている社会全体で合計した貨幣価値のことを，第8章で社会的余剰と定義しました．ポズナーは社会的余剰のことを富と呼び，富の増加，最大化を司法判断基準とするという意味で，彼の基準を富最大化基準(wealth maximization criterion)と呼びました．

富最大化基準をいかにして正当化するかについては，難しい問題がつきまといます．貨幣の限界効用が一定という仮定は，一般には満たされないからです．第8章の議論に従うならば，取り扱われる変化が各人の富全体に対して十分に

4) 水とダイヤモンドとを比較すると，水ははるかに安価ですから，水の限界価値はダイヤモンドよりもはるかに低くなります．しかし，水の総価値がダイヤモンドより低いわけではありません．第8章と本章の余剰分析の応用問題なので試みてください．

小規模であれば，近似的にこの仮定が満たされます．ポズナーは，コモン・ロー裁定が関わるような局所的な問題については，この想定が概ね妥当すると主張しています．確かに，紛争処理というのは，あまり楽しいものではないので，所得が増えたからといって，たくさんの紛争に関わりたい人は少ないでしょう．また，独立性の強い現象ですから，所得が低くても紛争処理への需要が大幅に減るということもなさそうですから，ポズナーの推論はそれほど大過ないのではないかと思われます．

他方，富最大化基準に対しては，一部の法学者に偏った誤解が見られるようにも思われます．つまり，富最大化基準は，経済的な地位の有利な人に利して，不利な人を害する不公平な分析ツールであるという主張です．この点は，本章の議論をもとにして，もう少し冷静な整理が可能です．すなわち，ある政策が富最大化基準をパスするということは，政策がパレート改善的である(つまり，全ての人にとって利益となる)ことではなく，仮に政策の損害を受けた人が適切な補償を得られれば，全ての人にとって利益となるという仮説的補償原理(カルドア＝ヒックス基準)を満たすだけです．従って，当該法政策に基づく利益配分は，所得の分配に関して高々恣意的でしかありえません．そこで，富最大化基準を用いた政策判断を補完する上で，適切な社会保障のシステムが確立している必要があるわけですが，仮にそのような補完措置がないとしても，富最大化基準に基づく法政策は，豊かな人に対して必ず選択的に有利に働くわけではありません．

利益衡量論と富最大化基準

富最大化基準は，当該司法判断の結果として生ずる様々な利益，損失の貨幣的な合計額を計算して，それがプラスになるように判断を行います．これは，日本法におけるもっとも基本的な法原則である利益衡量論との関連を想起させます．しかし，もちろん，利益衡量論と富最大化との間には，かなりの相違がみられます．富最大化は事前的な効率性の基準であり，分配の公平には配慮しません．また，利益の評価にあたって，事前的かつ第三者効果を含む形で利益，損失を評価します．これに対して利益衡量論は，原則的には，事後的に決まった富を当事者間でどのように公平に分配するか，という視点を取ります．

しかし，日本における法実践の実質が，全てこのような事後的な当事者救済主義によって理解できるとも言えません．例えば，古典的な公害裁判の事案などを見ると，利益衡量において被害者の不利益が「公共の利益」と比較衡量されるという形で，衡量の範囲が当事者の枠を越え，また，事前的な利益を読み込む場合も，しばしば存在するからです．

つまり，「実質論」にせよ，利益衡量論にせよ，その実態は相当多面的な要素が集められており，事案に応じて柔軟な適用が行われているのです．これは，事案ごとの事情に応じた紛争処理を可能にする利点を持ちますが，同時に，明確かつ客観的な方法論を提示する上では，大きな障害ともなってきました．その結果，裁判の法的安定性を損なってきた側面もあります．従って，「法の経済分析」の方法論を活用することによって，日本法の中での法政策判断の理論構造をより明確化することが期待できると思われます．

第18章
非協力ゲームと法の機能

アナーキーと国家

第4章では非協力ゲームの枠組みを使って隣人間の紛争の分析を行い，均衡点では「囚人のディレンマ」が発生するため，非効率な帰結が均衡になることを説明しました．そこで説明したように，非効率な帰結を避けられないのは，効率的な解を強制する上位権力が存在しないため，**図18.1**(図4.1の再録)における A, B 両名が暴力の行使を放棄するという効率的な解が履行不可能だからです．

逆に言えば，互いが暴力の行使を放棄するという契約の履行を強制するための上位機関が存在すれば，ストーリーは別になります．最も単純化した時の「国家の効用」とは，そのような契約の履行を国民の間に保障することでアナーキーに伴う非効率を解消する機能であり，これは一国内において，国家が法秩序と，それに基づく国民各人の権利を画定し，これを保障することですから，「法の支配」と言い換えることもできるように思われます．

法治国家の体制が整えば，各人の法的権利保護と，そのための強制執行の役割は国家に移管され，秩序維持に必要な暴力もまた国家が独占します．このため，諸個人が自衛のために，非生産的な防衛投資へと資源を割く必要がなくなります．もちろん，警察，刑事司法などの国家体制を維持するための税負担をする必要がありますが，規模の経済性が働くことによって，そのコストは，各人がそれぞれに自衛に投下するコストの総計よりも，はるかに少ないことが期待できます．このように，法治国家による法的権利保護の最も根幹的な意義は，

		B	
		投　資	非投資
A	投　資	(1, 1)	(3, 0)
	非投資	(0, 3)	(2, 2)

図18.1

トマス・ホッブズ――近代社会科学の創始者

第4章と本章におけるアナーキーと国家のストーリーをお読みになった方の中には，トマス・ホッブズ(Thomas Hobbes)の主著『リヴァイアサン』* を想起される方も多かったと思われます．ご想像の通り，筆者が主に念頭に置いていたのはホッブズの議論です．

この著書の中で，ホッブズは，次のように論じました．彼によれば，人間の本性は絶え間のない欲求，情念によって突き動かされ，現在のみならず将来の欲求をも確保しようとする利己的なものです．この結果，個人の行動を統制するための法規範も政治機構も存在しないアナーキーな社会とは，概ね等しい能力を持つ諸個人が互いに自らの欲求の充足を求めて「万人の万人に対する闘争」を行っている状態であり，社会に属する全ての人にとって「最悪」の状態と考えられます．人間は誰しも，この状態を脱したいという強い欲求を持ち，この欲求を充足するために理性が作り出したのが「自然法」と呼ばれる道徳律です．しかも，この自然法が実際に社会を支配する「法」になるためには，(誰もが，それこそが合理的な社会的葛藤の解決策であることを知っているにもかかわらず！)これらの法が各人に周知されるだけでは不可能であり，各人は「主権者」と呼ばれる人為的な権力を設立して，全員が主権者の命令に従うことを決断する，とホッブズは説きます．この合意こそが，彼の言う「社会契約」に外なりません．

ホッブズは，しばしば「近代政治学の父」と呼ばれますが，むしろ，近代社会科学全体の父であると言って過言でないように思われます．それは，近代以前の社会

各人の自衛にともなうコストを縮減することであると言えるでしょう．

アナーキズムと立憲主義

しかし，この議論は数々の曖昧さを含んでいます．そもそも，国家は，上に示したように，国民の治安を守る善良で博愛的な統治者であるという保障があるでしょうか．むしろ，多くの事例では，国家は武力に基づいて国民を虐げ，搾取する主体です．また，一国の内部については比較的博愛的・平和的な統治が行われている国々であっても，対外的には侵略的であったり，国家間の紛争処理ができないために，国民を戦争に駆り立てる動力ともなります．一国内の

コラム11

有機体的な人間観，社会観に代えて，自由な独立した近代的個人の間の合意として，社会や政治の制度の意味を考察したことによります．もちろん，共同体の規範に対して自立した個人の存在が，社会秩序のあり方に及ぼす影響の問題を論じたのは，ホッブズが最初とは言えません．この問題自身は，近代の黎明期を彩る多くの思想家によって，更には古代の思想家の一部にさえも共有されていました．ホッブズの独創性は，この課題を哲学や人間学的な思弁ではなく，科学的な方法によって分析的に解明しようとする試みとして，他を圧していたことにあると考えられます．

彼は，人間の根源的な欲求と自然状態に関する事実認識から，規範としての「自然法」が導出されること，そして，それを遵守するための社会契約としての主権者の必然性を論証しました．一見すると，これは，「自然主義的誤謬」を犯しているのではないか，と思われますが，無論，そうではありません．人間の欲求と社会環境に関する事実を明確に確定するならば，前者を満たすためにどのような社会的手段を講ずるべきか，に関する論理的な分析が可能だからです．もちろん，人間や社会に関する事実の認識を修正すれば，ホッブズの結論もまた修正されます．しかし，彼の方法は依然として有効であり続けます．彼が優れて「近代」的な学者であったのは，その人間観のみならず，彼の学問の方法によっているのです．

＊ Hobbes, T. (1651), *Leviathan*(邦訳：水田洋訳『リヴァイアサン』全4冊，岩波文庫，1954-85年)．本コラムと，コラム16の記述については，内井惣七(1988)『自由の法則　利害の論理』ミネルヴァ書房，を参考にしました．

比較的安定的な秩序を世界全体に押し広げて，各国が軍備を放棄して平和的な世界連邦国家を樹立しようという試みは，理想主義的な運動としては存在しても，現在のところ世界国家実現の見通しはないようです．

国家は本質において悪であり最終的に廃棄されるべき存在であるという思想は，かつてはマルクス主義の大テーゼでしたが，マルクス主義の退潮以降は，あまり語られなくなりました．その中で，このテーゼを今日も維持して一定の思想的影響力を保っているのは，アナーキズムの一種である無政府資本主義(anarcho-capitalism)です．無政府資本主義は，ノージックの最小国家において認められている国家の治安維持機能も否定し，これらの機能も警備保障会社，紛争処理会社のような形で市場供給すべきであるとします．この結果，自衛に伴う社会的コストが生ずるとしても，国家による暴力独占から生ずる国家の悪よりも，はるかに望ましい社会となるというのが無政府資本主義の主張です[1)]．

無政府資本主義の主張が正しいのかどうかは，筆者にはにわかに断ずる準備がありません．ただ，言えることは，アナーキーの利益が国家の利益を上回るという確証もないということだけです．これに対して，我々の住む立憲主義的国家体制においては，国家は暴力の独占を承認されることと引き換えに，権力の行使にあたって「法の支配」に服することが求められます．とりわけ，憲法が定める基本権の保護に抵触するような国家権力の恣意的発動を法的に制約し，国民主権の原則と国家権力の分割を通して「法の支配」の実効性を担保するというのが，今日の立憲民主主義国家のあり方であると言えます．これによって，国民は法のもとにおける自由を享受し，アナーキーの状態よりも幸福で有意義な人生を送ることができると，少なくともその中に生きる我々は考えているわけです．

契約の履行強制

もしも，よく整備された法体系のある国家があれば，刑事上の治安維持のみならず，民事紛争においても重要な意義を果たします．第4章のもう1つのエピソードは，**図18.2**(図4.3の再録)のように，発明家のA氏とビジネスマンB氏とのゲームで，A氏が自分が700万円を投下して発明した技術をB氏に供与することを拒んでしまい，両当事者にとって利益になる共同事業が実現できない，という解がナッシュ均衡になっていました．

しかし，ここでA氏はB氏に対して技術提供をする，B氏はその謝礼として，A氏に1000万円を支払う，という契約を結んでおけばどうでしょうか．もしも，この契約の履行が強制不可能なものであれば契約は履行されません．B氏は技術供与を受けた後で謝礼の支払いを拒み，1200万円の利益を独り占めするのが合理的だからです．そして，このB氏の行動が前もって予見でき

---

1) 最も明快な無政府資本主義の解説としては，Rothbard, M. N. (1982), *The Ethics of Liberty*, Humanities Press(邦訳：森村進・森村たまき・鳥澤円訳(2003)『自由の倫理学』勁草書房)参照．ノージックについては，第3章(文献は，註2)を参照のこと．

		B	
		契 約 履 行	契約不履行
A	知的財産の投資	(3, 2)	(−7, 12)
	非投資	(0, 0)	(0, 0)

図 18.2

るために，A 氏は最初から発明のための費用投下を行わないことが推論されます．

これに対して契約の履行が国家によって強制されるとすると，事態は一変します．上記の契約が，国家と法とによって履行が強制されることを契約当事者が信頼しているならば，そのような契約は当事者間で実際に締結され，法による履行強制のシステムを背景として実行されます．そして，そのことが，結果として両当事者の利益を促進するのです．従って，民事上の問題についても，国家と法は，契約不履行の救済をはじめとする民事執行の枠組みを提供することを通してクリティカルな役割を果たしているものと考えなくてはいけません．

公共財としての法

第 26 章で公共財の概念を説明します．公共財とは，個人が所有するのではなく，国民多数が共通に使用して便益を享受する財・サーヴィスのことですが，よく整備された法は，全ての国民が等しく共有する最も根本的な公共財であると考えられます．国家が，明確かつ整合的で広範に整備された法を持っており，外交，防衛，司法，警察などのサーヴィスによって，国民の法的権利を国内外の紛争から保護するとともに，法に基づいて自由な契約の履行を厳密に強制する機能を持っていることによって，国民は，基本的な権利保護と，市場をはじめとする民間の自由な活動によって締結された当事者間の契約に基づく利益保護サーヴィスを受けることができるからです．

しかし，そもそも，どのような権利が，どのような主体に対して，法において保障されるべきであるのか，どのようにすれば，国民の権利を適正に保障してくれる，良く整備された国家を形成できるのかについて，一般論として，その方法論を語ることは難しいようです．現実の国家は，比較的うまくいっていると思われるものもあれば，明らかな失敗事例と思われるものもありますが，どのような差異が，それらの原因になっているのかは，様々な経緯や個別の原因を伴っているように思われます．本書は，現実に存在する法治国家を前提として，そのシステムを部分的により改良してゆくための１つの指針を提示する試みであって，特定の国家体制の必然性を論じたり，その善悪を一般的に評価する意図を持つものではありませんが，次の大原則については確認するに値するものと思われます．すなわち，特定の国家あるいは社会が経済発展に成功するかどうかを考える場合，しばしば，その社会が(人的なものも含めて)豊かな資源に恵まれているかに関心がゆく場合が多いのですが，経済発展にとって，もう１つの重要なメルクマールは，その社会が「法の支配」を確立することができたかどうかにあるということです[2)]．

法と社会規範・法外紛争処理

よく整備された法秩序を，独立した個人間の契約として立ち上げることには，多分に論理的な困難が伴うという事実を認めた場合，このような社会契約を通して，国家とそれが強制する実定法とが同時かつ一時に確定するというストーリーを少なくとも一部は変更する必要があるでしょう．ここで，前国家的な自然状態には，全くの利己的な弱肉強食の無秩序が存在するわけではなく，不完全な形であるにせよ，それなりの社会的秩序が存在するという，もう１つの見方が可能になります．そして，そのことは，事実によっても，ある程度まで確認できます．

例えば，小規模なコミュニティのなかには，国が定めた法律とは独立した所有権や契約制度が確立しており，コミュニティの秩序がこれらの法外的な規範に基づいて維持されている例があります[3)]．また，これまで，紛争処理は，国が定めた裁判所をはじめとする司法機関によって行われることを前提として議論を進めてきましたが，実際の権利関係や契約履行をめぐる紛争処理が，裁判所以外の民間の裁定機関(商事組合，宗教組織，暴力団など)によって行われるこ

---

2) この点をわかりやすく論じた文献として，Acemoglu, D. and J. A. Robinson (2012), *Why Nations Fail- The Origin of Power, Prosperity, and Poverty*, Crown Business(邦訳：鬼澤忍訳『国家はなぜ衰退するのか――権力・繁栄・貧困の起源』全2冊，早川書房，2013年)参照．

3) この点に関する古典的な研究として，Ellickson, R. C. (1991), *Order without Law: How Neighbors Settle Disputes*, Harvard University Press が著名です．

とがあります．しかも，民間の裁定機関による裁定は，自らが扱う紛争に対して裁判所よりもその分野に関する専門知識があり，紛争処理にもノウハウを持ち，更に裁判の手間を省略することができるので，法の形成，執行を効率化することがあります．このため，裁判所は，しばしば民間の裁定機関が定めた規範を尊重し，その裁定を事後承認する場合があります．

もちろん，これらの法の形成と執行に関する社会規範と民間組織の紛争処理の機能はあくまでも間接的・補充的なものであり，「法の支配」にとって十分条件ではありません．しかし，これらの法の社会的基盤は，現実の国家による「法の支配」を補完するのみならず，「法の支配」はどのような社会において有効に確立するか，開発途上国において，どのように「法の支配」を効果的に実現してゆくかを考察する上でも重要なヒントを与えます．

第 19 章

市場経済と法

「法の経済分析」における厚生経済学の基本定理の意味

第 2, 3, 17 章において，厚生経済学に基づく「法の経済分析」の依拠する価値判断基準について見てきました．経済学は，そのような価値実現のために資源配分を行う社会制度をいかに構築するかを研究します．最近は，そのような制度一般を資源配分メカニズムと総称することが多いのですが，様々なメカニズムのうちでもっとも長く研究され，その評価が確立しているのが市場機構です．そこで，しばしば，経済学とは市場機構，特に市場価格の働きについて研究する学問であるという定義がなされることがあります．

現在の経済学はメカニズム一般を研究対象とし，分析の基本単位も，市場における価格や取引量ではなく「契約」一般と考えますから，上記の定義は狭きに失するおそれがあります．特に「法の経済分析」においては，市場機構とは異なる資源配分メカニズムとして司法制度を理解し研究対象としますから，経済学の対象として広く資源配分メカニズム一般を考える立場に立たなくてはなりません．

しかし，それにもかかわらず，市場機構に関する経済分析の基本を理解することは，「法の経済分析」研究の出発点となります．その理由は，司法制度の資源配分上の役割のうちのかなりの部分が，市場機構の資源配分上の効果を前提として，そのための基盤を提供し，あるいは，その限界を補正するところに生ずるからです．従って，市場機構に可能なこと，不可能なこと，及び，そのための前提条件についての正確な理解を欠いていると，「法の経済分析」もまた的外れな，あるいは表面的なものとなってしまうおそれがあるのです．本書が，「法と経済学」の類書と異なって，第 5-7 章と第 10 章で，市場機構の厚生経済学的意義について，多くの紙幅を割いて丁寧に解説することに努めたのもそのためです．

厚生経済学の基本定理は，全ての資源の配分が，一定の理想的な前提条件のもとではパレート効率的に配分されることを証明しました．ここで，資源とは靴や下着のような，いわゆる「物」に留まりません．例えば労働も，社会的に希少な存在ですから資源の一部です．不動産の供給による住居のサーヴィスや資金の融通，保険などのサーヴィスも，全て希少資源と理解することができます．つまり，法の視点から市場とは何かを見るならば，市場の法的な実体とは，「物」の売買に限定されるものではなく，様々な希少資源の取引に関する契約関係の膨大な集積です．貸金契約，雇用契約，不動産賃貸(および，売買)契約，製造物供給契約，保険契約，(有償の)委任契約，証券取引契約などは，全て何らかの意味で市場取引の一部と考えることができ，これらの巨大な市場機構のネットワークは，単に一時点における「物」の効率的な取引のみならず，人々の労働と余暇との配分，どのような人材をどのような生産過程に振り向けるかの配分，異なる時点間における消費者の消費と貯蓄の配分，更には，不確実な将来に向けて，人々の間でどのようにリスクを負担するのが効率的かというリスク管理に関する資源配分など，極めて広範な資源配分問題の解を，市場機構を通して決定します．

そして，第7章で説明した厚生経済学の基本定理，すなわち完全競争市場均衡における資源配分はパレート効率的である，とは，完全競争市場という一定の前提条件が満たされる限り，全ての希少資源の配分に関して，自由な市場経済の帰結はパレート効率的な資源配分を実現するという，まさに奇跡ともいうべき結論を導いているのです．当然のことながら，この基本定理は，社会主義体制その他の計画経済，統制経済に対する自由市場経済の優位性に根拠を与えるものであるということができます．

市場の枠組みとしての法

我々は，法の役割の評価にあたって，厚生経済学的な価値基準を採用します．このため，市場経済体制が経済効率性をもたらすという前項の結論は，市場機構の下での自由な資源の交換のための制度的基礎を形成する法制度に対しても，当然，正当化の根拠を与えることになります．しばしば，自由競争市場は「弱肉強食」のシステムであるなどと言われますが，自由競争市場は古典的な「法の支配」を前提としなければ成立しないという基本的な論点を，最初に確認する必要があります．

このような基本的な法制度としては，かつて，経済学の始祖，アダム・スミス（Adam Smith）が，「正義の支柱」（the pillar of justice）と呼んだ，財産権の保障，契約自由の原則，契約の履行強制を挙げることができます．市場機構を利用してパレート効率性を達成するためには，その前提として，各人の財産権に関する法的画定が必要であり，これらの財産が，市場を通じて自由に交換でき，かつ，それらの契約の履行が法的に保護される必要があるからです．これらは，いずれも民法上の基本原則であるとともに，経済的自由権の保障のように憲法における明示の記載がなされている場合もあります．

しかし，現実の民法や商法の体系は著しく複雑であり，上のように，単純化された基本原則だけが正当化されても，これら法体系の全体が明らかになったり正当化されたということはできません．この点を更に慎重に考えてゆく必要があります．

市場の失敗と法的正義

法体系の大部分は，市場機構の基盤を形成するというよりも，市場機構の機能を修正，改善しようとするものです．この 2 つの機能は，当然，不即不離の関係にあり，明確に分離できないケースが多いのですが，市場機構の利点だけではなく，その限界点を押さえておかないと，法体系総体の意義を把握することが難しくなるのは確かです．厚生経済学の基本定理の重要性については，これをどれほど強調しても足りないほどですが，これは，あくまでも一定の前提条件のもとで，市場経済の効率性を主張するものであって，その前提条件が満足されなければ市場経済の成果は必ずしも芳しいものではありません．これらの市場の限界を補正することが，法が果たすべき重要な役割となるものと思われます．

法律家は，しばしば，この使命感を，経済効率性優先主義を補正するために法が社会の公平性を確保すべきであるとの主張に託してきたのですが，第 17 章で詳しく検討したように，市場機構が富の公平な分配に関して基本的に無力であることを認めるとしても，自由市場経済における富の分配の公平性を担保するためには公法的な再分配に関する立法政策が中心的役割を担うべきであっ

アダム・スミスにおける法学と経済学

アダム・スミス(Adam Smith)と言えば「見えざる手」，個人が私利私欲を追求していれば，市場における自由競争によって社会は最も望ましい状態になる，市場万能主義者，利己主義者，拝金主義者，etc.……これほどステレオタイプな誤解は，さすがに最近あまり聞かれなくはなりましたが，政府の政策担当者やジャーナリズムの一部では，なお，この種の議論がまことしやかに行われることがあります．

スミスは「経済学の父」と呼ばれるように，スミス以前には，経済学という学問分野がありませんでした．スミス自身が大学で講じたのも道徳哲学であり，この中には，今日の講学上の区分で言えば，神学，倫理学，法学，経済学が含まれていたようです．スミスの(利己主義や拝金主義などとは縁もゆかりもない)高度に倫理的な志向は，彼の『国富論』と並ぶ主著『道徳感情論』において明らかですが，彼が上記の著書で展開した倫理学が，やがて経済学を生み出す過程において，彼の法学が存在していたことは，あまり知られていないようです．スミスの道徳哲学の講義において，神学，倫理学以外の分野は，「正義の原理」に基づく第三部門と「便宜の原理」に基づく第四部門が，まとめて「自然法学」と呼ばれており，この後者が「国富論」に結実した時に，経済学が誕生したわけです．このような経済学の成立過程は，学問区分の発生史に関する学説研究の問題に留まらず，法学と経済学との学問的な関係性を理解する上でも，この上なく興味深いものです*．

先に取り上げたホッブズ(コラム 11)に代表されるように，スミス以前の主流の学説は，自然法の起源と根拠とを社会全体の利益の観点から説明していましたが，これに対してスミスは，自然法と私的所有権を社会的利害の観点から根拠づける説明

て，司法部が，この観点から介入を行うのは(すくなくとも，一般には)望ましくないというのが，本書の立場です．

そこで司法部の役割を効率性の観点に絞った場合，教科書的な厚生経済学は法規制の正当化について，どのような知見を与えてくれるでしょうか？　第I部で指摘したように，厚生経済学の基本定理は，市場機構が効率的な資源配分効率性を実現するために市場機構の満たすべき前提条件を明確化することによって，市場機構の限界を開示するという意味でも，最も重要かつ本質的な定理です．そこで，市場機構の限界を示す「市場の失敗」を前提として，それらの

コラム 12

を拒否しました．本文中に挙げた「正義の支柱」は，利害以外の経路を通って説明されたのです．この役割を果たしたのが，スミスが師であるハチスン(Francis Hutcheson)と年長の友人として強い影響を受けたヒューム(コラム 16 参照)から継承した「共感」の概念でした．しかし，ヒュームが，人々の社会的福利に関する共感が正義と私有財産権への合意を生み出すと考えたのに対して，スミスは共感が人々の心のうちに「公平な観察者」を生み出すことにより，直接的に正義に基づく自然権と私的所有権の根拠を形成すると考えました．こうして，スミスにおいて，共感を基礎として人間の権利と正義を考察する法学から，公的利益について考察する経済学とが分離される思想的準備が完了し，いよいよ『国富論』において，正義の支柱に支えられながら国家社会の福利を実現する学としての経済学が誕生したわけです．

スミスは，倫理学における『道徳感情論』，経済学における『国富論』と並んで，彼の共感に基づく正義論を基礎とした法学の体系書を構想しながらも，残念なことに未完に終わったようです．このことが，後世において，ストイックな倫理学者としてのスミスと，社会の福利を重視する経済学者スミスという異なる像を二重写しにさせて，彼に対する評価を混乱と誤解に満ちたものにしてしまったのかもしれません．

＊ 本コラムは，新村聡(1994)『経済学の成立──アダム・スミスと近代自然法学』御茶の水書房，をもとに執筆しました．厳密な議論については，同書をご参照ください．

事案に対する補正を行い，市場による資源配分機能を改善することが法の修正的機能の本質である，というのが本書の基本的な考え方になります．

市場の失敗についての追加考察

そこでまず，市場の失敗について復習を兼ねて，第 I 部で取り上げた不完全競争と不完全市場のケースを思い出してみましょう．

第 I 部では，市場の失敗に伴う問題やその修正のための手法について，不完全競争および外部性(不完全市場)，を中心として検討してきました．前者は，独占，寡占など，企業が市場に対する価格支配力を行使して資源配分を非効率にしてしまうケースで，独占禁止法に規定された私的独占の禁止やカルテルの排除，あるいは，行政法上の特定私企業に対する価格規制や公企業制度に基づいて法的にコントロールされます[1]．また，後者は，騒音や環境汚染など，特定の(負の)資源が，市場によって配分されることなく，直接に他人に供給されてしまうケースです．このため，これらの資源は，市場による効率的な配分を期待することができません．民法における不法行為法の重要な経済学的機能は，外部性を補正して資源配分の効率性を促進することにあります．ほかにも，行政法上の様々な安全規制や企業に対する環境規制は，外部性の効率的な統制を目的としているものと解釈できます．最近は，税制を利用した誘導的規制が採用される場合もあります．

アメリカの場合，「法と経済学」は，不法行為法と反トラスト法(日本でいう独占禁止法)から出発して徐々に影響力を拡大していきましたが，厚生経済学的分析の基本が，市場機構の効率性を前提として，それが機能しないケースとして外部不経済(多くは，不法行為の現象と重なる)，不完全競争(反トラスト法の対象と重なる)を取り上げていることと，大きく対応しているものと思われます．

他方，この観点から見ると，法学者にとって経済学の意義がどうも腑に落ちない理由についても見当をつけることができます．基本的な経済学においては，完全競争市場という理想的な状態を考えた上で，その前提が成立しない病態を「市場の失敗」という形で括りだすという発想法をとります．不法行為法と反トラスト法においてアメリカの「法と経済学」が最初の成功を収めたのは，これらの典型的な「市場の失敗」事例と，法学の伝統的な問題意識とがうまく重なりあった結果であると思われます．しかし，この視点だけにこだわると，民法，特に契約法を中核とする法解釈学上の根本問題に，どうしても，うまくつながってゆかないわけです．

そこで，第10章(75-77頁)で列挙した市場の失敗に関する6つのケースのうちで，第I部で考察した不完全競争と外部性の関わる論点を除いた4点を改めて挙げてみましょう．(i)経済主体の合理性の限界，(ii)市場取引にかかわる費

1) 第11，12章で，財の分割不可能性，財の品質の非同質性の問題も，不完全競争と価格支配力の問題に関係していることを指摘しました．

用の存在，(iii)契約の不完備性，(iv)情報の偏在，です．これらについて考察するところから，上記の疑問に回答するためのヒントを得たいと思います．

情報の偏在

第11章で財やサーヴィスの質の問題に関して，質の多様性は必ずしも法規制の対象とはならないという議論を紹介しました．しかし，そこでは，財，サーヴィスの質についての情報が，市場取引に参加する主体に普遍的に保有されていると仮定していました．この仮定は，市場機構においてしばしば満足されない仮定です．

財の品質は様々で，食料品などの場合，品質の悪いものを購入すると生命の安全に関わることさえ稀ではありません．にもかかわらず，消費者よりも生産者の方が製品の質に関する情報を持っているのが普通です．これを非対称情報による「市場の失敗」と見ることができます．労働サーヴィスの場合は，企業はできるだけ優秀な労働者を雇用したいのですが，労働者の能力は当人がもっともよく知っており，企業側はなかなか労働者個々人の能力がわからないのが普通であり，ここでも同様な市場の機能不全を見ることができます．

しかし，非対称情報が存在する市場においては法規制が必然であるかというと，これもそれほど簡単ではありません．非対称情報を根拠として法規制が正当化されている最も「ベタ」な例としては，法曹や医師の志望者に対して課せられる資格試験による免許制度を挙げることができます．自由競争の前提から言えば，医者も弁護士も志望する全ての人間が自由に開業することが最も効率的です．しかし，それは，医者や弁護士個々人の能力について，市場関係者が正しい情報を持っていることが前提となります．現実には，その仮定が満足されないとすると，これら専門職のサーヴィス需要者は，誤って「アブナイ」医者や弁護士に依頼する危険があります．このような情報の非対称性に伴う市場の失敗を未然に防止するため，国はこれらの専門職希望者に対して，あらかじめ基本的な知識やモラルを把握しているかに関する試験を行うわけです．このような試験は，第11章で説明した製品の質の強制的な同質化，という方法と酷似しています．試験を課することで，ある程度の専門職の能力の同質化を図ることは，サーヴィスの安全性を一定程度担保することにつながりますが，反対に個性的な専門職希望者を排除してしまう危険があります．しかし，専門職のサーヴィスは，依頼者にとっては自らの生命，健康，巨額の財産など，いったん依頼すれば取り返しがつかないほど重要な問題に関わるものですから，あえて自由市場の利益を制限しても，国による能力規制が正当化できると考えられるわけです．

すると，全ての財の市場に対して，情報の非対称性が多かれ少なかれ存在するわけですが，その中でどのような財について規制が必要なのかに関する基準が，ある程度明らかになります．消費者がいったん消費すると取り返しのつかない危険を生ずる財の場合，例えば，食品や機械の安全性については，たとえ市場による競争の利益を制約しても，規制による安全性の維持が必要不可欠でしょう．しかし，それ以外の財で，安易に非対称情報を根拠とした品質規制を行うことは，市場の資源配分機能，イノヴェーション促進機能を阻害してしまうために望ましくないと言えるでしょう．

現在，盛んに議論されている「法と経済学」の最先端の議論では，非対称情報の問題も，このような「ベタ」な事例ではなく，情報開示義務の問題など，はるかに高度な問題に応用されています．このような状況で，法が経済社会にどのような影響を与えるか，効率性を改善することができるかどうかは，法ルールといっても，そもそも，どのような性質のルールを適用するのか，市場参加者がどのような精度の情報を持ち，どのように市場でふるまうのか，裁判所はどのような情報を持ち，どのような情報には接することができないか，更には，市場参加者は司法に対してどのような期待を持っているか，など，極めて広範な問題圏と関係することになり，一概な結論を引き出すことはできません．これらの上級のトピックについては本書では詳しい考察をする余裕がありませんので，別の文献にあたってくださるようお願いします[2)]．

2）情報の経済学については，神戸[10]が良い教科書です．情報の経済学と法理論への応用についての上級の理論に関心がある方は，Baird, D. G., R. H. Gertner, and R. C. Picker (1994), *Game Theory and the Law*, Harvard University Press の 3，4 章にあたってください．邦文で，情報の経済学と法学との関連を扱った文献の代表的なものとして，藤田友敬・松村敏弘(2002)「取引前の情報開示と法的ルール」『北大法学論集』第 52 巻第 6 号，187-218 頁，も参考になるので，関心のある読者の方々のご参照をお勧めします．

市場取引のコスト

次に，厚生経済学の基本定理における，市場取引におけるフリクション(摩擦，あるいは抵抗)の不在，という仮定を取り上げてみましょう．この仮定は，市場における財・サーヴィスの取引がコストを伴わずにスムーズに進むとする仮定なのですが，これも，法律家から見れば仰天に値する仮定でしょう．

例えば，労働法が対象とする労働市場を考えてみます．厚生経済学の基本定理の通りに話が進むと，労働サーヴィスの需給は賃金率によってスムーズに調整され，たとえ不況や倒産が生じても，一時的な失業については新たな職探しによって労働市場の解決に委ねればよいことになり，定義によって長期的，慢性的な失業は(労働者自身が自発的に余暇を選択している場合を除いては)存在しないことになります．当然のことながら，その論理的帰結として，解雇規制，労働時間規制，最低賃金規制などの法制度は，社会に追加的コストの弊害をもたらすだけの存在になってしまいます．

しかし，現実の労働市場は著しく不完全であり，長期的な失業も(先進国，開発途上国を問わず)慢性化しています．他方，現実の労働生産の体制を含む企業組織は，市場から最も安価な労働を定期的に雇い直して，景気変動や技術革新などに対してその都度再編されるということでは，全く理解できない複雑で固定的な構造を持っています．そして，労働法だけでなく，全ての法は，完全競争市場ではなく，市場取引に伴う膨大なフリクションが存在する具体的な市場を前提としています．

民法学とミクロ経済学

上の指摘は，労働契約に留まらず，契約法に基盤を持つ法解釈学総体が主要な論点として取り扱う問題において共有されます．つまり，市場におけるフリクションを考慮する時，市場機構の実質を構成する様々な契約関係がいかにすれば円滑に進行するか，仮に当事者間の紛争に発展した場合にどのように処理してゆくべきか，という民法が強く意識している中心的問題が，(あくまでも初歩的，教科書的段階での話ですが)ミクロ経済学においては外生的に排除されてしまっているのです．

少々，議論の先取りをすると，フリクションのない市場という仮定は，市場と，それを支える民法の3つの基本原理(財産権保障，契約自由の原則，契約の履行強制)以外には，特別な制度的工夫がなくとも円滑に行われるという結論を内包してしまっています．市場取引に費用がかからないのみならず，財の生産に従事する企業の内部における取引にも費用がかからないと仮定されているので，企業は生産要素の投入と財の産出との間の技術的な関係として理解され，企業組織内部の制度的構造も不問に付されています．政府の制度についても，概ね同様に扱われています．

以上の結果として，ミクロ経済学と，法解釈学的研究は，互いにそれぞれを外生的な与件とする分離・独立した学問であるという理解が生まれます．あるいは，双方の学問の独立性を尊重しつつ，両方の学問の交差する，例えば，不法行為法，環境法，独占禁止法などの領域において，法的な妥当性を意識しつつ経済学の適用を進めてゆくという，個別問題対処型の「法の経済分析」の学問的戦略が成り立ちます．このような学問的戦略は，経済学の分析ツールが，より発展し豊かになるにつれて，例えば，契約法については情報の経済学，会社法についてはエージェンシー理論などという具合に，徐々に経済学の適用領域を拡張してゆくことができます．

本書の今後の方針

以上のような法学と経済学に関する見方，あるいは，双方の学問間の関係に関する理解は，きわめて穏当なものであり，このような方向に沿った生産的な学問間の協力関係が，今後，ますます発展してゆくことが望まれます．事実，このような方向での学問的研究はアメリカではすでに隆盛を極めており，日本でも，より緩やかにではあっても，着実な進展を見せています．従って，このような方向での研究を詳しく具体的に解説することは，本書の課題からは除いて，よりすぐれた専門書にその任を譲るのが適当であると思われます[3)]．

これに対して，次章以下で進めたい議論の方向は，より古典的なものです．すなわち，上に説明したような個別問題対処的な形での「法と経済学」の展開

3) このような問題意識で日本の会社法を扱った代表的な研究として，三輪芳朗・神田秀樹・柳川範之編(1998)『会社法の経済学』東京大学出版会，があります．会社法に関心のある読者は，ご参照ください．

ではなく，ミクロ経済学の古典的なスタイルに基づきながら，その中の限られた(ただし，極めて重要な)仮定を変更することによって，私法，なかんずく財産法の基本的構造を，市場機構を補完するシステムとして体系的に理解しようとする議論の進め方です．

繰り返しになりますが，これは，個別問題対処型の「法と経済学」を批判するものでは決してありません．しかし，我々が採用しようとする包括型の「法の経済分析」の説明は，「法の経済分析」が法解釈学の根本的な課題に関連する学問であることを明らかにする上で 1 つの有効な試みであり，本書の教科書としての性質からいっても，個別の法律問題に即して経済学のツールを列挙するような，より専門書的なやり方よりも，法律家の方々に経済学とは何か(あるいは，経済学専攻の読者にとって，法学とは何か)を全体として見通しよく示すことができる利点があると考えられます．

少し先走って言うと，そのための前提となる認識は，第一に市場におけるフリクションの存在であり，他には，これまで「市場の失敗」例に挙げながら検討を避けてきた経済主体の選択の合理性の限界，及び，契約の不完備性の問題です．このような雄大な構想力を持って「法と経済学」を確立した学問的巨人を，我々はすでに偉大な先駆者として知っています．それが，ロナルド・コースその人に他なりません．

第20章

コースの定理

はじめに

前章では，今後の我々の「法の経済分析」が取り組むべき課題として，市場機構と，市場機構の基盤を形成する民法，とりわけ財産法の問題との関連を全体として明確化することを挙げ，その指針として，ロナルド・コースの提示した学知の体系の存在に触れました．以上の特定化のもとで，法の経済分析を具体的な法学の課題に結び付けてゆく上で，扇の要とも言うべき位置を占める基本定理が「コースの定理」です．本章ではコースの定理を概説し，その意義について詳しく検討します[1]．

コースの定理

まず，定理の内容記述と証明からはじめましょう．

コースの定理：もしも，社会のメンバーが，(1)各人の法的権利を保障され，(2)自己利益を最大化できるような合理性を備えており，(3)取引費用をかけずに，あるべき社会状態について(4)自由に交渉を行うことができ，その結果として形成された(5)契約の履行について，社会がこれを有効に強制する仕組を持っているならば，全員の合意に基づく均衡における資源配分は必ずパレート効率的になる．

証明：前提(1)-(5)のもとで，資源配分がパレート効率的でないと仮定せよ．その時，全ての人にとって，もっと有利な(パレート改善的な)資源配分が存在し，そちらへの移行に対して全員の合意が得られるので，もともとの資源配分は均衡ではなかったことになる．

1) コースの原論文は第13章註2前掲．ただし，後にコース自身は自らが「コースの定理」というものを発見したり，提唱したことはないとしています．Coase, R. H. (1988), "Notes on the Problem of Social Cost," pp. 157-185 in his *The Firm, The Market and The Law*, The University of Chicago Press(邦訳：宮沢健一・後藤晃・藤垣芳文訳『企業・市場・法』).

コースの定理の結論にとって，前提(1)-(4)が必要であることは直観的にわかりやすいと思います．(5)の履行強制の条件がなぜ必要なのかについては，第18章の議論を思い出していただければ十分でしょう．

コースの定理の意味

コースの定理は一言で言えば，一定の理想的な前提条件を満たす限り，明確な法的権利と契約自由の原則に基礎付けられた自由競争経済は，その帰結としてパレート効率的な資源配分をもたらす(から良い)ということを主張しています．

コースの定理は当たり前のことを言っているようですが，誠に深い含蓄があります．まず，法制度の評価基準が(パレート)効率性である限り，必要な法制度は，第一に，何らかの法的権利構造を画定すること，第二に，契約の自由を保障し，締結された契約の履行を強制すること，という2点に尽きる(それ以外の法制度は全て無用である)，ということになるからです．このように，最小限の法制度を除くと，法制度が効率性という価値の実現にとって重要性を持たないと主張する点において，コースの定理は厚生経済学の基本定理と共通性を持っています．

もちろん，コースは，このような偏った結論を正当化するべく，この定理を提唱したわけではありません．現実に存在する様々な法制度が，コースの定理の前提条件が成立しない状況への対処として解釈・正当化できることを立証したことこそが，コースの定理の根本的な意義なのです．本章では，まず，コースの定理に関する最も基本的な応用例を説明することにします．

不法行為と契約

通常，民法において，契約と不法行為とは，独立かつ並列する法制度であると考えられています．ところがコースは，通常，不法行為に伴う損害賠償義務が発生すると考えられている状況に，コースの定理が適用可能であることを指摘します．この点を検討するために，まず，普通の損害賠償義務の存在が人々の行動に対してどのようなインセンティヴを与えて，資源配分に影響を及ぼすかを考察してみましょう．

Aさんは，非常識なまでの大音響でロック・ミュージックを聴く趣味があり，隣のBさんは，その騒音に迷惑している．これは常識的には不法行為にあたり，損害賠償責任が生じます．例えば，Bさんの精神的苦痛の金銭的価値(もしくは，騒音を防ぐために必要な防音工事などの費用)が5万円とすると，AさんはBさんに対して5万円の損害賠償を支払う義務が生ずるでしょう．

では，この経済におけるパレート効率的資源配分はどのようなものでしょうか．物の価値が全て金銭で測れる(貨幣の限界効用が一定)と仮定すると，第17章で説明したように，金銭価値の合計額＝富を最大にする資源配分がパレート効率的です．その反対も成り立ちます．すると騒音がBさんにもたらすコストが5万円なので，Aさんがロック鑑賞で得る効用が5万円より少なければ，Aさんがロックを聴かないのが社会的富最大(＝パレート効率的)，Aさんの効用が5万円より高ければAさんがロックを聴くのが社会的富最大(＝パレート効率的)，となります．

この点で，不法行為に対する損害賠償規定には，次のような経済学上の根拠があります．Aさんは，この損害賠償義務の存在をあらかじめ知っているとします．ロックの効用が5万円以内(例えば3万円)とすると，5万円の賠償を払わされるよりはロックを聴かない方が得です．ところが，効用が例えば8万円ならば，損害賠償額を考慮してもロックを聴くことで効用が高まります．いずれの場合でも，ロックの効用と損害賠償額との比較を通して，社会全体での富が最大になっています．これに対して，損害賠償義務がない場合，Aさんの効用が3万円でもAさんはロックを聴き続け，Bさんは5万円のコストを負担し続けることになり，その結果，3万円－5万円で，2万円が社会全体の損失になります．つまり，損害賠償義務は，不法行為を犯す人に対して適切な費用意識を与えることによって，資源配分が効率的になるように社会を誘導する効果があるわけです．

コースの反論

このような不法行為に基づく紛争処理を志向する伝統的な考え方に対して，コースは以下のような，異なるアイデアを提示しました．上の例で資源配分効率が達成されるために必要なことは損害賠償義務があることではなく，Bさんが静寂を享受する権利を有することを国が画定することである．そうすれば，Aさんは，効用の大小にかかわらずロックを聴けなくなる．もしもAさんにとって，ロックの効用が5万円以上，例えば8万円ならば，AさんはBさんに掛け合って，慰謝料(もしくは，防音工事費)の5万円(プラスアルファ)を払うことを前提としてロックを聴かせてもらう，という契約を結べばよいだろう．これはBさんも異存ないはずなので，どのみち資源配分は効率的になります．

しかも，コースは「損害賠償がなくとも，法的権利さえはっきりと画定すれば資源配分が効率的になる」という上記の命題が，権利の配分方法に依存しない，という重要な指摘をしています．今の例で言えば，上と逆に，Aさんがロックを聴く権利が無条件に承認されていたとします．Bさんは，Aさんがロックを聴くことの効用が5万円を超えるならば，騒音を我慢します(もしくは，自分で防音工事をします)．しかし，Aさんの効用が5万円以下，例えば3万円とすると，その代わりにAさんに3万円(プラスアルファ)を払って，ロック鑑賞をやめてもらうという選択をするでしょう．いずれにせよ，結果は富最大(＝パレート効率的)です．要するに，権利配分方法は，結果として富の分配状態を変えるけれども，資源配分が効率的であることには変わりがありません．厳密な法的権利の画定と自由な契約に関する法的保護が存在していれば，不法行為に関する損害賠償は必ずしも必要とは限らないのです．

法制度と取引費用

これは，ちょっと狐につままれたような結論ですが，コースは，不法行為に関する損害賠償制度の必要がないと言っているのではありません．通常，不法行為と考えられる全ての状況に対して，必ずしも損害賠償が唯一の解決手段ではないと言っているのです．実際の不法行為に関する法実務においても，損害賠償ではなく事前の差し止め請求がなされたり，軽度の外部不経済に対しては被害者の受忍義務が求められることがあるのは，コース的な法的権利画定アプローチによる解決に近いと言えるでしょう．

コースの定理の重要な含意は，これら様々な不法行為に対する救済手段の中で，どのような状況に対してどのような手法が採られるべきか，の基準を示したことにあります．それが，取引費用の大小です．この取引費用こそが，法の経済分析においては最も重要な概念の1つなのですが，実のところ，それを提唱したコース自身の議論を見ても，取引費用の厳密な定義が存在しないという問題があります．そこで，この項では，できるだけ正確に取引費用について理解することから始めましょう．

第5章で，経済学における費用概念について触れた時に，経済学における費用とは「機会費用」，すなわち，「当該市場機構の下である選択を行った場合に失われる最大の利益」が費用であると定義しました．例えば，自分の家を人に貸さずに自分が住んでいたり，あるいは，働かずに家で寝ていれば，それは費用がかかっていないのではなく，本来稼ぐことのできた家賃や給与所得を犠牲にしているので，その分の費用を負担している，ということです．しかし，市場における費用は，このような市場での直接の計算に乗る費用だけではないことを，前章で指摘しました．例えば，労働の場合を例にとれば，自分が稼ぐことのできる賃金(率)が，簡単にわかるわけではありません．失業して家で寝ている人が，自分が稼ぐことのできる賃金率(例えば，時給)を把握するには，現実には，様々な仕事先での時給を調べなくてはなりません．また，職場によっては，「条件等，委細相談」などとあれば，自分で雇い主に会って，給与等の条件について更に具体的に交渉し，働くと決めれば何らかの契約をしなくてはいけません．

いわゆる「厚生経済学の基本定理」においては，これらの市場取引にかかわる様々な手間暇にかかわるコストが存在しないということを，暗黙に仮定しているのでした．しかし，これらの手間暇を要することに関わるコスト，すなわち取引費用は，現実に存在すること，しかもその存在は，「簡単化のために捨象する」ことができないほど決定的な重要性を持っていることを見出したことがコースの偉大な洞察だったのです．

これまでに市場機構とそれに伴う様々な取引に対して，取引費用がかかることを指摘しました．すでに指摘したように，市場機構は，所有権や契約などの法制度によって維持されていますが，コースは，市場以外の法制度にも，それぞれに異なる取引費用がかかることを見逃しませんでした．全ての法制度は，それを選択することによって，一定の取引費用を社会に負担させます．法制度も例外ではありません．そして，法制度に従った紛争処理の取引費用は，制度に属するどのような法ルールを使用するかによって変わってきます．

法制度の取引費用には，法を管理する国家(より具体的には司法部)が負担する部分と，法を遵守したり，場合によっては，紛争を提起する国民自身が負担する部分とがあります．国民の側から言えば，まず，様々な紛争の場面において裁判所が適用するであろうルールについて知る必要があり，自分の知識が十分でなければ，弁護士などに教えてもらう費用がかかります．現実の紛争に巻き込まれれば，相手との調停のために，多くの時間や手間暇，弁護士費用をかけなくてはならず，調停が不首尾で訴訟になれば，更にこれらの費用が嵩みます．一方，国の側から見ると，実際に訴訟が提起されて裁判になると，紛争処理のための様々な調査や裁判のための人件費その他がかかります．公法が適用されれば，裁判官だけでなく，自ら訴訟を提起するための検察官(場合によっては，公正取引委員会のような行政機関)も必要になります．

しかし，更に重要なことは，現実に紛争に発展しない状態でも，法に従う国民の側には，法制度に伴う取引費用が存在することです．契約は最も重要な法制度ですが，先の労働契約の例に見られるように，契約には，そのための情報収集，契約当事者間の交渉，契約の記述・作成，また，紛争が生じた場合に備えて契約内容を裁判所に対する立証するための準備などに伴う取引費用が存在します．事案によって，契約以外の法ルールを選択した場合には，そのルールに伴う法の執行と当事者による遵守のためのコストがかかります．

コースの本来のメッセージ

以上の観点から，まず，取引費用について，できるだけ明確に定義してみます．結局，「取引費用とは特定の法制度(法ルール，法執行手段を含む)に付随して，国家(司法部)と国民とが負担しなくてはならなくなる法の執行と遵守にかかわる費用である」と定義することができます．

次にこの取引費用の視点を導入して，再度，コースの定理を見直してみましょう．もしも，法ルールの取引費用が存在しなければ，様々な案件に対してどのような法ルールを適用しようと結果は効率的であり，それ以上の議論をすることには意味がありません．先程のロック・ミュージックの騒音の場合で言えば，近隣に住む当事者同士の交渉に紛争処理を委ねても，不法行為事案として裁判所が訴えを処理しても結論は同じことです．しかし，当事者間の調停に委ねれば，紛争当事者はより多くの取引費用を負担する必要があり，逆に不法行為事案として裁判所の判断に委ねれば，国はより多くの費用を負担する必要があります．この場合，コースの議論は，双方の取引費用の大小を比較して，より取引費用の安価なやり方で法ルールを事案に適用することを推奨しているのです．

先の相隣関係の紛争事案の場合，当事者間の交渉において多額の費用がかかるとは考えられません．逆に，裁判所が損害賠償額を算定する方がより大きなコストがかかり，しかも当事者以上に不正確である可能性が高いでしょう．そこで，法は当事者間の権利に関する初期配分のルールを定めるに留まって，その結果としての資源配分については，当事者間の交渉による解決に委ねておくのが取引費用の節約になると考えられます．これに対して，飛行機の騒音に伴う紛争の場合，もしも損害が不特定多数に広がると，住民と航空会社の示談に委ねるという処理の仕方では，当事者に対して莫大な取引費用を負担させる可能性があります．むしろ，国が適切な損害賠償の基準を与えておくことで，紛争に伴う社会全体の取引費用を節減できる可能性が高いと言えるでしょう．交通事故のように，不特定多数の間で生ずるために，当事者間の交渉ができないタイプの不法行為では，法的権利を画定するアプローチでは紛争処理は不可能（取引費用が無限大）になるので，不法行為に対する損害賠償が，民事上唯一の救済策になります．

以上の結論を取りまとめると次のようになります．損害賠償と法的権利画定アプローチとは，(1)-(5)の仮定の下では等しく効率的な資源配分をもたらす．しかし，仮定(3)が成り立たず，法制度の執行，遵守に対して取引費用がかかるならば，法ルールの選択は社会全体が負担するコストに重大な影響を与える．よって，「制度の執行，遵守にかかわる取引費用を最小化するように法制度をデザインし，法ルールを個々の案件に適用すべきである」というコースのメッセージが決定的な重要性を持つのです．

ロナルド・コース

ロナルド・コース(Ronald H. Coase)は，1910年にイギリス，ロンドンの郊外で生を受け，長じてロンドン・スクール・オブ・エコノミックス(LSE)などに学びました．40代に渡米してアメリカの市民権を獲得し，アメリカのいくつかの大学で教育・研究に携わった後，50代でシカゴ大学に職を定め，法学，経済学の教授を歴任，名誉教授として2013年，天寿を全うしました．シカゴでは，アーロン・ディレクター(Aaron Director)の後継者として法学専攻者のための経済学教育に従事するとともに，やはりディレクターが創刊した法学と経済学との学際的な研究を取り扱う専門学術誌である*Journal of Law and Economics*の編集者の地位を継承して，同誌を世界的な一流ジャーナルに育成することに貢献，1991年には，長年にわたる優れた研究成果への評価によりノーベル経済学賞を受賞しています．

コースはシカゴ大学に籍を置きましたが，ミルトン・フリードマン(Milton Friedman)やベッカー(コラム10)，スティグラーなどのように，「シカゴ学派」の華々しい看板を背負って活動したわけではなく，経済学の主流から一定の距離を置きつつ，自らのオリジナリティを頼りとした独創的な研究を志すタイプであり，彼の研究は，長く等閑視された後に劇的に再評価されました．また，彼に会った幾人かの日本人の友人に聞いた話を総合する限り，コースはアメリカに居を移した後も，典型的なイギリス紳士の風格を備えた人であり，アメリカ的な自己主張の強さや明るい解放性とは異なる，控えめで温和な人柄の持主であったようです．これは，コースの同僚であり学術上のライヴァルである，リチャード・ポズナー(コラム10)と好対照でした．

コースのイギリス人的気質は，彼の学問的方法にも反映していると言えるでしょう．コースは，シカゴ大学の同僚であるフリードマン流の実証主義的経済学方法論を取りません．彼は数学的な解析的モデルによる経済分析を行わないし，計量的な実証分析に従事することもなく，それらをblackboard economicsと皮肉っています．他方，彼は，華麗な美文や比喩に満ちた大胆な経済社会像を描き出すタイプからも全く無縁でした．彼が依拠した経済学の方法は，あくまでも散文的であり，一見自明過ぎる事態を淡々と語っているに過ぎないように見えます．コースは，ノーベル賞受賞記念講演の冒頭，このような自らの学問的特性について，次のように謙虚に語っています．「自らの長い人生において，私は幾人かの偉大な経済学者を知ってきたが，私は自らがその中に含まれるとか，その近くを歩んでいるなどとは全

コラム13

く考えたこともない．私は高度な理論に関する革新的な研究を行ったことは一度もない．私の経済学に対する貢献は，経済システムの特性の分析にあたって大層自明であるがゆえに……かえって見過ごされてしまっていたものを取り入れることを推奨することであった．それらは，私の信ずるところによれば，ひとたび分析のうちに取り入れられたならば，経済理論……の構造に完全な変化をもたらすものである」*．

コースは寡作の人として知られていますが，ここでは，本論で取り上げた「社会的費用の問題」と並んで，最も代表的な論文である「企業の本質」について触れておきましょう．この論文は，実に1937年に発表されて以来，今日まで学術誌に引用され続け，すでに古典の地位を確かなものとしています．我々が第I部で説明した標準的なミクロ経済学は，市場の需給法則に基づく市場価格の決定過程の解析を中心としており，財の生産者としての企業は，市場経済システムのプレイヤーとして登場はしますが，投入される生産要素と産出される財との間の技術的な関係を表しているに留まり，「企業」は，どこまでも個々の生産アクティヴィティにまで分解されてしまうため，生産のための制度としての企業の存在を説明することができません．

これに対してコースは，ミクロ経済学の基本的な仮定である，市場取引にはコストがかからないという，それこそあまりにも自明過ぎるがゆえに見過ごされてきた事実に注意を向けます．本論で説明したように，契約のための記述，交渉や履行に費用がかかるとすると，例えば，市場取引による契約内容についての絶えざる変更が生ずるために，生産計画が的確に実現できなくなるので，企業内の取引の方が取引費用を節減できるという意味で効率的になることがあります．逆に，企業内取引を重視し過ぎると，市場からより安価な生産要素を購入する機会を失うこともありますから，2つの取引形態それぞれの費用と便益とを比較することで，市場と企業という異なる2つの制度の守備範囲が定まることになります．「社会的費用の問題」において，法制度の役割を説明するために用いられた取引費用の概念は，それよりも20年以上前に，企業というもう1つの制度の意味を理解する道具として，すでに提示されていたわけです．

---

* "The Institutional Structure of Production," The 1991 Alfred Nobel Memorial Prize Lecture in Economic Science, delivered 9 December 1991, in Stockholm, Sweden.

第 21 章

コースの定理の応用

コースの定理の応用例――契約法

今回は前章に引き続いて，コースの定理の応用による法制度への理解を深めたいと思います．前章で指摘してきたように，コースの定理が成り立つならば，必要な法制度は，第一に，何らかの法的権利構造を画定すること，第二に，契約の自由を保障し，締結された契約の履行を強制すること，という 2 点に尽き，それ以外の法制度は全て無用であることになります．他方，これまで，「市場の失敗」という形で，コースの定理が成立しない状況を取り上げて，法的な介入が望ましくなりうる事例をいくつか紹介してきましたが，いずれも契約法の構造を本質的に探り当てるには至りませんでした．

現実の契約法では，法による契約の補充と解釈が重要な役割を占め，契約不履行に対する救済も，これらの議論と不即不離の形でなされます．ところが，コースの定理の成立する世界では，そもそも契約は当事者意思を完全かつ明確に表明していますから，法がここに介入して勝手に当事者契約を補充したり解釈することは，不必要か，あるいは，非効率を増幅させるだけなのです．そこで，契約法とはどういう意義があるのか，というまさに「法の経済分析」の中核に位置する問題を論ずるには，コースの定理の基本仮定を再検討する必要があります．

ここで，コースがはじめに着目したのは，現実の市場経済には絶えずフリクションが存在するという自明過ぎる事実でした．このフリクションを，コースは一般に取引費用と名付けたのですが，コース自身による取引費用の定義は必ずしも明快ではありませんでした．それは，市場機構の最大の法的基盤である契約法についても同様なのですが，その後の研究と議論を通して，契約法と関連する取引費用とは，概ね次のような現象を指すことが研究者の間で合意されたと思われます．

第一に，交渉費用，すなわち，契約締結に至るまで，契約当事者は交渉を重ねるために希少な時間や場所を使用し，また情報収集にも費用を投下します．

第二に，将来の不確実性に伴う費用があります．ただし，不確実性それ自体は，「市場の失敗」と結びつかないことに留意してください．契約による不確実性への対処は簡単なもので，要するに「将来生じうる，かくかくの事態が実際に生じた場合に(のみ)，かくかくの行動を履行してください」という条件付きの契約を書けばよいことになります．例えば，春の時点で，夏に猛暑が来たときにだけアイスクリームを製造業者に発注したいアイスクリーム屋は，「7月1日の最高気温が30℃以上である時は，アイスクリームを配達してください」という契約を書けばよいことになります．しかし，問題は，条件付きの契約を書くためには，将来何が起こるかはわからなくとも，将来生じうる事象の集合については正確に知っていなくてはならないということです．上の例でいえば，7月1日に30℃を超える場合でも，2日以降は冷夏が続いてアイスクリームの需要がさっぱりということにでもなれば，アイスクリーム屋は契約に失敗したと感じるでしょう．すると，7月1日から8月31日まで，毎日，その日の気温に応じてアイスクリームを配達する契約をするかどうかということになりますが，こうなると契約は格段に複雑になります．しかも，不確実性の次元は極めて多元的です．例えば，地震のような天災は典型的な不確実事象であり，もしも，アイスクリームを売っている販売店の近くで，たまたま大地震が発生したならば，いくら猛暑が来てもアイスクリーム屋はアイスクリームを仕入れたいとは思わないでしょう．そこで，契約に「震度7以上の地震が来ない場合に限り」といった追加条項を盛り込むとなると，更に契約は複雑になります．

この不確実事象の例は，他にも適用できます．例えば，これまでいくつかのところで論じてきた財の品質のケースを考えてみましょう．財，例えば，野球のバットを考えてみると，単に「野球のバット」と記述する限り，金属バットか木のバットかさえ不確定です．更には，金属であれば，どのような素材を使っているか，木であれば，どのような木材を使っているか，等々，完全に正確な記述は不可能です．つまり，現実の契約では，将来の事象や財の品質など，記述を正確にしようとすると膨大な費用が生ずることになります．これをひとまとめにして，記述費用と呼ぶことにします．

第三に，締結された契約は履行されなくてはなりませんが，記述自体に上で述べたような不完全性が存在すると，契約履行を求める裁判所への訴えが当事者の本来の意図を実現してくれる保証がありませんから，コースの定理に基づくパレート効率的な帰結も保証されません．このような履行の不確定性に伴う費用を履行費用と呼びましょう．

以上，交渉費用，記述費用，履行費用の三者を合わせて契約における(当事者が負担する)取引費用と呼ぶことができます．取引費用の概念を契約法に適用した時の市場の失敗を不完備契約と呼ぶことができますが，これは，限定合理性，フリクションの存在，という現象と渾然一体となっていることがわかります．契約が不完備になるのは，人間(裁判官を含む)の認知や記述に関する能力の限界に関連しており，それが，また，契約不履行などのフリクションの源泉となります．このように，以上の3つの条件を考慮に入れ，当事者を含む法制度総体の取引費用を最小化するように契約法制度を設計する，という視点に立つことによって，契約法の真の意義について，ようやく本格的な接近が可能となります．本書では，その深部まで説明する余裕がありませんが，第22-24章の3章を使って，その基本的な部分を説明したいと思います．

コースの定理の応用例――契約法と会社法

通常の法学の世界では，契約法と会社法のような組織法とは，独立の論理の働く別個の分野であると認識されています．これに対して，企業理論の権威であるジェンセン(Michael Jensen)とメックリング(William Meckling)は，「契約の束」としての企業という大胆な構想を提示しました．すなわち，企業とは，それがどれほど複雑なシステムであったとしても，本質的には複数の契約関係が重層的に積み重なって成立したものであって，これらの契約関係に解消されない組織独自の実体は存在しないと考えるのです．

法学においては，ジェンセンとメックリングの考え方は，イースターブルック(Frank Easterbrook)とフィッシェル(Daniel R. Fischel)による会社法の標準書式説という学説に応用されました[1)]．イースターブルックとフィッシェルによ

1) Easterbrook, F. H. and D. R. Fischel (1991), *The Economic Structure of Corporate Law*, Harvard University Press.

れば，もしも会社組織を規律する契約設計にかかわる取引費用が存在しなければ会社法は不用であり，全ては契約法に還元することができます．これに対して，取引費用が存在するならば，これを節約するために会社法の存在意義があることになります．会社法とは，契約当事者が初期設定として使用する標準書式であり，このような標準書式の存在は，契約交渉の取引費用を縮減することによって資源配分の効率化に資するからです．例えば，会社法の条文を参照することによって，これらの条件を当事者がいちいち発案，交渉して，合意を確定する取引費用を節約することができるわけです．

この議論の重要なインプリケーションとして，両当事者が会社法に規定された標準書式とは異なる書式設定に合意したならば，会社法は，自らの取り決めを契約当事者に強制できないことになります．すなわち，会社法の規定は，全て任意規定でなくてはならないのです（会社法の強行法規性の否定）．

現実の会社法は，極めて多くの強行法規的規定が存在しますが，これらの強行法規的規定を正当化するには情報の外部性を考慮する必要があります．つまり，会社組織に関する，ある程度の画一性を持たせることは，株主・取引相手その他第三者による情報収集コストを削減する（いちいち，細かいところまで定款を読まなくてもよい）ことによって，かえって効率性を促進すると考えるのです．しかし，このような標準化の利益には，組織デザインのイノヴェーションを妨げることで効率性を削減する効果と表裏一体のため，強行法規性の適用には十分に慎重である必要があると言えるでしょう．

コースの定理の真価

もしも取引費用が存在しないならば，法制度は最小限のものしか存在しません．契約と不法行為の境界も，契約と企業組織の境界もありません．実は，第25章で説明するように，物権と債権の境界もないのです．我々が知っている経済社会の背景をなしている様々な社会制度の基本的な構造が，およそ説明できないように見えますが，これが，厚生経済学の基本定理やコースの定理が記述している自由市場経済社会の像だと言うことができます．契約内容が正確に記述され，内容通りに円滑に履行される物の取引においては，同一財が同一市場，同一価格で取引され，本来，個々特殊性を持つはずの労働サーヴィスや不動産賃貸サーヴィスについても，個別のサーヴィスについて正確な競争価格が決まっている，耐久財や不動産の資産価格と，それらのレンタル・サーヴィスの価格の間にも明快な裁定関係が存在する，等々．

これに対して，コースは，取引費用という簡単な概念を挿入することによって，市場経済の像を大きく現実に近付け，そこにおける法制度の役割をも具体的に明らかにしようとしたのです．取引費用の存在は契約法の複雑な構造に光を当て，契約法と物権法，不法行為法，あるいは，会社法との境界を，更には，公法と私法との境界をも明らかにする手掛かりを与えます．以下の諸章では，これらのコースが切り開いた洞察を，財産法の基本的なトピックに即しつつ明らかにしてゆこうと思います．

第22章

契約(1)——契約の完備性

契約の定義

本章から，契約法の話になります．いうまでもなく，契約は法学において最も基本的な概念であり，契約法の学習・研究は，全ての法学研究の土台となるほど重要なものであるということができるでしょう．まずは，契約とは何か，読者の皆さんとの理解の共有を図るところから話を始めましょう．

本書では，契約を「当事者が，ある時点において，指定された条件(例：不確実な事象，当事者のこれまでの行動，当事者によるメッセージなど)を充足した時にとるべき行動(例：サーヴィスの履行，財の配達，金銭の支払いなど)を特定したもの」と定義することにします．

もしも，当該契約が，要求する行動の前提となる指定条件と，行動の内容とを完全に記述しつくしている場合，この契約は完備契約であると呼ばれます．もしも契約が完備であれば，コースの定理を直接に適用することで，契約法の構造は明確に定まります．すなわち，あらゆる契約について契約自由の原則を適用して，契約に基づく個々人の様々な社会的協力を奨励すること，そして，全ての契約を，合意された内容通りに強制履行することが，契約法の唯一絶対の原則となります．なぜなら，コースの定理に従うならば，このような契約法制度のもとで，資源配分がパレート効率的になるからです．

契約法のおける標準的理論との対比

まず，以上のような，コースの定理を基盤とする，契約自由の原則と履行強制の原則の正当化を，標準的な契約法における理論と対比してみると，興味深い結論を得ることができます．法学上の理論においては，契約の履行強制は，その効率的な帰結に焦点を当てて正当化されるわけではありません．むしろ，「契約は守られなければならない」という不文の法命題(法的義務)が，直ちに契約の履行強制を正当化します．日本では，ヨーロッパ法の伝統に沿って，「意思自治の原理」と呼ばれますが，アメリカでも，この原則は「約束遵守の原則」(promise-keeping principle)として尊重されますから，日本の法学界と事情は変わりません．

もちろん，法学の世界では，契約の履行強制は常に貫徹するわけではありません．むしろ，それがなぜ貫徹しない場合があるかが，重要な解釈学上の論点となる場合が多いと言えます．契約締結時の過失，締結後の事情変更など，様々なファクターが取り上げられて，それらの補助的な法命題が，契約(約束)遵守義務，あるいは意思自治というより一般的な法命題の射程を限定し，法実践上も契約の履行強制の適用外となる様々な条件を帰納的に積み重ねてゆく，という学問的理路が選択されます．目的合理性や効率性も，これらの法命題(の満たすべき条件)として考慮されますが，あくまでも，他の様々な法原則と競合する一原則の位置に留まります．

他方で，法学者は，しばしば，経済学者が，これらの様々な配慮されるべきファクターを無視して，ひたすら「自己決定に関する自己責任」の原則を社会に押しつける人々の集団だと思いなす傾向があります．コースの定理や厚生経済学の基本定理に関する教科書的結論だけ読めば，そのように見えるのかもしれませんが，もちろん，それでは困ります．経済学においても，ある特定の前提条件が特定化されたところで，その条件が充足される限りで，契約自由の原則や契約の履行強制が正当であると判断します．その意味では，法解釈学の場合と全くかわりはないのです．

両者の違いは，むしろ次のところにあります．経済学においては，「約束守るべし」といった法的推論の論拠に直接訴えた正当化が行われません．逆に，このような法的推論が，どのような前提条件のもとで効率性をはじめとする目的合理性に適うのか，という形で経済理論に基づく分析をします．もしも，契約の自由，約束の遵守などの原理が目的合理性を持つための前提条件を満たさない場合には，それに代わる，どのような法的論拠や法政策が効率的か(より広くは，目的合理的か)という具合に考えを進めます．法解釈学においては，互いに条件に応じて優劣を競う法的推論と，その論拠が，ここでは，目的合理性の観点から，その意義を批判的に検討され，前提条件の相違に応じて適切かつ有効な法命題を選択するわけです．法学の思考法が事案研究に基づく帰納的・

問題解決的方法に基づき，価値判断としては，直観的・義務論的(定言的)とすると，経済学は演繹的・理論分析的な思考方法に基づき，価値判断においては，分析的・目的論的(仮言的)であることを特徴としています．

一般論はこれくらいにしておいて，契約法の問題に戻りますと，経済学的には，コースの定理が成立して強制履行の正当性が認められる条件は，契約が完備であることです．逆に言えば，契約の不完備性が存在する場合，契約内容は，当事者が本来意図していた自己の意思に基づく利益を正確に記述しつくしているわけではないと考えられますから，コースの定理が成立するための前提条件が欠落しており，従って，強制履行が必ずしも正当であるとは限らないと言えます．

契約の不完備性

前項で完備契約の定義を書きましたが，そこから容易に想像できるように，現実の契約のほとんどは，この前提を満たしません．契約の解釈，すなわち，契約の意味を確定し契約の補充を行うことが，契約法の基本的な課題です．完備性を欠いた契約を不完備契約と呼びます．しかし，なぜ契約が不完備になるかは精査を要する問題です．それによって，不完備な契約をどのように補充するかの示唆が得られるからです．

根本的な理由は，契約内容を完備にするための取引費用が膨大になるからです．取引費用は様々な形でかかります．第一に，契約の前提となる条件を検討して逐一リストアップするのは，人間の認知能力の限界を完全に超える作業です．それらの条件を逐一書式に書き込むことの書式費用も，禁止的となるでしょう．

第二に，交渉の相手を探し出すこと，相手と交渉したり合意にこぎつけたりすることに対しても取引費用が伴います．第一の条件が複雑化するほど，第二の取引費用も増大するでしょう．

第三の理由は，契約書に書き込んだとしても，これを裁判所に対して立証するコストが大きい場合が存在することです．例えば，努力，注意，生産の難度，善良な管理，誠実な履行といった表現は，契約内容をめぐって事後的な紛争が生じた場合，裁判所に対して正確に立証することが困難です．すると，「十分に努力した場合には，かくかくの報酬を支払う」といった契約を作っても，本当に努力したかどうか裁判所が的確に認定するための情報提供のコストが禁止的であり，裁判所の判断能力にも限界があるため，契約内容が本当に実現するかどうかも不確かになります．

不完備な契約の解釈

契約が不完備である場合，裁判所は契約内容の解釈を行う必要があります．その場合，契約を文言通りに読み込んで，通常人の理解では不確定な内容は全て捨象した上で，いきなり任意規定や慣習に基づく一般的補充を選択するのも1つの考え方です．しかし，通常このような場合に裁判所が取る方針は，まず，もしも契約当事者が十分な時間とコストをかけ得たならば締結したであろうような契約内容を再現するように，現実の不完備な契約を解釈してゆくことです．このような法解釈の方針は，契約当事者が完備な契約を形成するコストを裁判所が引き下げ，効率的な契約が，より締結されやすい法的環境を作るという意味で，経済合理性に適った判断基準と見ることができます．

しかし，このような裁判所による仮定的当事者意思の探求をどこまで徹底すべきかについては，かなり難しい問題が伴います．裁判所が，そもそもどの程度まで，他人である紛争当事者の内面に属する合理的意思について正確な推量ができるか，という問題に加えて，契約当事者は，実は，契約時に法的な任意規定の適用を合理的に期待した上で，取引費用を抑えるために，あえて契約内容を不完備に留めている可能性があるからです．とりわけ，裁判所による契約不履行に対する救済の制度は，契約の不完備性を補う効果を持つ場合があります．すなわち，契約の不完備性が紛争の原因となる場合に，契約当事者は裁判所が当事者の意思の解釈をするよりも，速やかに契約不履行に伴う法的救済を行うことを期待して契約の不完備な領域を残してある可能性があります．更には，特定されていない状況が生じた場合には，当事者間の再交渉による解決を予定して契約のギャップをあえて埋めなかった場合もあります．

このように，現実の契約当事者は，裁判所による仮定的当事者意思の探求をはじめとして，多様な法制度，法規範による契約の補完機能や，当事者間の再交渉の可能性を織り込んだ上で，完備契約の取引費用を考慮しつつ，適宜，契約の不完備な領域を残しているわけです．従って，裁判所は，契約の解釈に当たって，契約当事者がそもそも認識している，通常の裁判所による契約解釈の手法，法的な任意規定，法的(ないし，法外的)解決に関する期待を読み込んだ上で，合理的な当事者であればどのような条項を契約に入れるであろうかを定め，契約を解釈するという難しい問題に直面するわけです．

リスク分担の機能

契約の不完備性は，契約当事者間のリスク分担に関しても難しい問題を提起します．売買契約や製造物供給契約で，しばしば問題になる論点ですが，例えば，ある特定の机を供給する双務契約の場合に，仮に机が天災などの不可抗力によって燃えてしまい，履行不能の状況に陥ったとします．生産者の側に過失の要因がなく，次章で説明する契約不履行に関する規定は適用できないとします．しかも，このような状況は予期されておらず，契約上の対処の指定が存在しないとしましょう．この場合，リスク負担の問題は，机の配達と結びついている金銭支払契約がなお有効か無効か，という形で論ぜられる場合が一般的です．

金銭支払契約は消滅するという考え方は，債務者主義，逆に消滅しないとする考え方を債権者主義と呼びます．前者の場合，予期せざるリスクを負担するのは(もともと履行不能となった契約の)債務者，後者の場合，債権者ということになります．通説は，債務者主義を主として，適宜，債権者主義の例外を認めるということのようですが，いずれにしても判断基準が曖昧になっている傾向があります．

通常の「法と経済学」的な発想を適用すれば，リスクに伴う履行不能を最も簡単(安価)に判断できる側がリスクを負担するのが，取引費用を縮減する適切な方向であるということになります．従って，先の製造物供給契約などの場合，机の引き渡しまで，机をめぐる環境に対してより直接的に(安価に)情報を収集可能であったと思われる債務者が責任を負うことに合理性があると言えるでしょう．しかし，一般に債務者主義が，この観点から全て正当化できるかは大いに問題です．

現実に，不可抗力によるリスクを回避するための最も効果的な手法は，保険に加入することです．保険加入の義務を，債権者，債務者のいずれに分配するかに関する合理的な法整備を行うことによって，これらの錯綜とした法的議論の多くを整理することができると言えるでしょう．

評判と慣習の機能

多くの契約は，直接の強制ではなく，慣習，評判の機能を介して間接的に履行されます．これらの間接強制は，法的強制よりも優れた側面があります．先に，契約の不完備性をもたらす取引費用の一種として，裁判所に対して立証できない要因の存在を挙げました．例えば，「努力した労働者には，かくかくのボーナスを支払う」という契約は，努力の程度について正確な立証ができないので，法的な強制ができないという問題です．このような場合でも，労働者と企業とが長期的な雇用関係を持つとすれば，約束を裏切って労働者の努力に対する十分なボーナスを払わなかった企業は，長期的に労働者の信頼を失ってストライキなどの損害を受けるため，労働者側の報酬支払への信頼に自発的に報いるインセンティヴを持ちます．また，このような互恵的な関係が慣習として確立している場合，これらの法外在的なメカニズムを通じた効率的契約の履行強制が可能となる余地があり，これらを法制度が尊重することには十分な意味があります[1)]．より一般的に，契約の履行に際して，間接的強制は，法的強制よりも執行に関する取引費用を安価に抑える効果があります．

ただし，これらの機能はあくまでも間接的なものであり，契約の適切な履行にとって十分な強制力を持つわけではありません．例えば，評判効果が十分に働くには，契約関係がある程度以上長期にわたる必要があり，もっと短期的な契約関係において履行を強制する効果はありません．従って，法に基づく履行の強制が，あくまでも契約関係の基本であって，評判や慣習に基づく契約の履行強制機能は，それを適宜補完する機能を営むに留まるものと見るべきであると思われます．

1）この型の契約については，第24章で更に詳しく説明します．

第 23 章

契約(2)——契約不履行と救済

契約不履行と帰責事由

契約当事者による契約の破棄が生じた場合，賠償の支払いが命じられます．伝統的には，契約の不履行に対しても契約不履行一般に関する過失責任の原則を適用して，債務者の故意・過失を伴わない不履行に対しては，賠償責任が発生しないという考え方が採られてきました．これに対して，今日の民法学では，契約による債権内容の約束がある以上，契約不履行があった時には，債務者は故意・過失の有無を問うことなく損害賠償責任を負うとする考え方が有力です．すなわち，前章のリスク負担のところで例に挙げた履行不能，あるいは債権者側の過失など，債務者側が負いきれない要因が契約不履行の理由となったことを債務者側が立証した場合に限って，債務者は免責されると考えます．本書も，この立場を踏襲します．

その場合，債務者側に対して過度の責任を求めるという問題が生じますが，本書では，帰責事由の有無による不連続的な債務者救済よりも，契約の不完備性を考慮しつつ賠償の程度や方法に配慮するという，連続的な債務者の権利保護を行うという立場を取ります．

損害賠償額の予定

賠償の手段は，裁判所が決める場合と，あらかじめ契約に手段が指定されている場合があります(損害賠償額の予定)．もしも契約において，損害賠償額の予定が明示に設定されているとすれば，その予定を立てることによって，契約当事者は，裁判所による賠償方法よりも双方ともにより高い利益を得ていることを意味しますから，契約破棄の時点においても，これを尊重するのが望ましいと思われます．

以下では，損害賠償額の予定が契約内容として明確に盛り込まれていない場合に，どのような損害賠償の方法を裁判所が選択すべきかを考えることにしましょう．なお，当面は，契約破棄時点における再交渉が不可能であると仮定しておくことにします．

完備契約の場合

完備契約の場合，すでに説明したように，契約を履行すれば帰結はパレート効率的です．従って，契約が必ず履行されるように，損害賠償の手段を定めるのが望ましいといえます．損害賠償に代わる契約破棄の救済方法に強制履行，すなわち，破棄した側に対して，あくまでも契約の履行を国が求める方法があります．強制履行の中でも，国が契約内容の履行を直接強制するやり方と，十分に高額の損害賠償を求めることによって履行を間接的に強制する間接強制の手法があります．従って，完備契約については，直接履行，あるいは，できるだけ高額の損害賠償額の設定が望ましくなります．しかし，不完備契約については，必ずしもそうではありません．

ただし，一般に法的執行費用が高いという点でも強制履行は非効率ですが，現存するモノ，例えば不動産などの回収であれば，金銭的な賠償よりも執行費用が安価にすむ場合があるので，このような状況では強制履行に合理性がある場合もあります．

不完備契約の場合

不完備契約の場合には，よりマイルドな損害賠償規定を設けることが契約当事者の利益になる場合が多いといえます．以下では，議論を具体化するために，典型的な製造物供給契約(有償請負契約)を例にとって説明しましょう．

売り手は買い手のためにカスタムメイドの机を生産することを約束し，買い手が机の代金を払う契約を考えてみます．この際，契約は取引費用の存在によって不完備性を余儀なくされ，「売主は，買主に机を配達せよ．買主は，売主にＭ円の支払いをせよ」という形式に限定され，様々な事情に応じた配達の有無，支払額の変更などの細部にわたる記述はできないものとします．

この不完備契約を法的に強制履行させるためには，売り手の生産が行われなかった場合に，十二分に高額の損害賠償を定めればよいことになります．さて，机の生産費は契約時点では不確実で，最大20万円としましょう．売り手が必

コラム 14

契約を破る自由？

もしかすると，すでに昔話なのかもしれませんが，しばらく以前に日本の法学界では，アメリカ法には「契約を破る自由」がある，ということが，ホット・イッシューになったことがありました．しかも，この「契約を破る自由」が，「法と経済学」によって，「効率性」の観点から「科学的」に正当化されたということになって，強制履行を原則的な救済方法に挙げている日本法の体系に対する重大な挑戦と受け止める向きもあったそうです．

しかし，現実の法運用を見る限り，日本法においても，契約不履行に対する救済の主たる手法は損害賠償であって，強制履行はあくまでも補充的な手法です．また，逆にアメリカ法は一方的に強制履行を否定しているわけでもないので，この点は程度問題に過ぎないとも言えます．そして，本論に見るように，「法と経済学」が常に契約不履行を優れた救済手法にしているわけでもなく，あくまでも扱われる事案の性質に応じて対処すべきものと考えていることもわかります．この点は，実際の法運用が，契約不履行に対する救済方法として，損害賠償，強制履行，契約解除の3通りの救済方法を用意していることとも整合的です．

更に言うならば，契約法はそもそも任意規定ですから，契約の中に損害賠償の予定を盛り込むことによって，「契約を破る自由」を事前に契約に書き込んでしまうこともできます．すると，ある特定の損害賠償の予定に関する契約を法的に承認することは，「契約を破る自由」を認めたことになるのか，強制履行の原則に従ったのか，よくわからないことになります．逆に言えば，契約の中の損害賠償の予定の部分を法的に否認した上で強制履行を求めたとすると，本当に強制履行の原則を擁護したことになるのか，本来遵守されるべき契約内容を，法が自分で破ってしまったのではないかという疑問も生じます．

「契約を破る自由」というテーマは大変インパクトがあり，このため，多くの議論を喚起して，法学の世界に新たな知見をもたらしたという意味で意義の大きなものでしたが，時には問題の一面だけが切り取られて不必要な感情的反発を呼び起こした点で，マイナスの効果もありました．どのような議論でもそうですが，多面的な観点を見据えて，議論の前提となる問題を正確に設定しないと，内容空疎な「熱い論争」に終わってしまうことが多いと言えるでしょう．

ず机を生産するためには，賠償額は20万円以上，例えば，30万円に設定する必要があります．

この時，もしも買い手が机から得る効用が10万円であるとすると，机の生産費が10万円以上20万円以下の場合には，生産を取りやめ契約を解消することがパレート効率的であるにもかかわらず生産が行われてしまうので，必ず契約が遵守されるような高額の損害賠償額を設定することはパレート効率的ではないと言えます．

標準的な損害賠償基準

損害賠償の内容に関する講学上の基準は差額説と呼ばれるもので，強制履行を予定する禁止的な損害賠償基準とは異なります．すなわち，「契約不履行がなければ債権者が置かれたであろう状態と，契約不履行があったために債権者が置かれている状態との差を金額で表示したもの」が損害であると考えます．差額には，財産的な価値と，慰謝料のような非財産的価値が含まれますが，ここでは後者は捨象して前者に限定して議論します．

財産的価値に関する差額としては，更に，積極的損害(財産の積極的な減少)と，消極的損害(契約によって増加すべきであったにもかかわらず，契約破棄によって失われた財産価値)の2つに分かれます．この結果，差額を評価するための損害賠償基準として，履行利益基準と信頼利益基準の2つが存在します．まず，履行利益(expectation damages)基準は，差額として，積極的，消極的双方を認めます．このため，契約破棄された債権者に対して，もしも契約が実現していたならば得られたであろう利益を賠償します．これに対して，信頼利益(reliance damages)基準は消極的損害のみを認めますから，被害者が契約前の財産状態に戻る水準まで賠償します．

上の例の場合，損害賠償額を履行利益基準に従って10万円に決めると，契約はパレート効率的になります．なぜなら，もしも生産費が10万円以上とわかった場合には，売主は生産をやめて買主に10万円の損害賠償を支払い，生産費が10万円以下とわかれば契約を履行しますから，実際の生産費の実現値がどのような場合であっても，富(＝買主の便益－売主の費用)は最大になるからです．

他方，買い手の机に対する価値は10万円ですから，前もって支払われた場合の机の対価は10万円以下，例えば8万円です．従って，信頼利益基準のもとでは賠償額は8万円ですから，机の生産費が8万円と10万円の間であれば，売り手は生産を行わずに賠償金を支払います．しかし，例えば仮に生産費が9万円とすると，効用10万円－生産費9万円＝1万円だけ富が増加するので生産を行った方がより効率的です．よって，信頼利益基準ではパレート効率性が実現しません．

不完備契約における損害賠償の意味

不完備契約のもとでも，賠償金は契約の強制を促進するものですが，禁止的な賠償を要求して履行を厳格に強制するものではありません．この点は，伝統的な哲学者や法律家の一部から，契約が約束である以上，この遵守を厳密に求めないことは反道徳的であるとの批判も浴びました．しかし，不完備な契約において文言の忠実な履行を求めることは，上に述べたように非効率的です．また，不完備契約とは，何らかの都合によって当事者の要求の一部が契約に反映されていない契約ですから，これを常に履行強制することは，当事者の事前合意を尊重することにもなりません．

不完備契約のもとでの損害賠償は，契約の不完備な部分を補って，当事者が本来求めているであろうパレート効率的な契約へと誘導する欠缺補充の役割を持っています．契約当事者は，このような裁判所による損害賠償規定を了解しておくことによって，細かく特定された完備契約を書かなくとも，ずっと簡単な不完備契約を締結するだけで，自分たちが本来望んでいるパレート効率的な帰結を確保することができ，契約の作成に関する取引費用を節減できるわけです．

信頼投資

契約不履行に対する法的救済の，もう1つの重要な効果に，信頼投資への影響があります．信頼投資(reliance)とは，当該契約の実現との関係でのみ有用な債務者による支出のことです．例えば，カスタムメイドの机を購入する契約が行われた後，買主は，その机にあったカーテンを購入したり，その机とマッチするような部屋の模様替えを行うことがあります．これらの支出の多くは，もしも売主の契約不履行によって机が配達されなければ回収できない場合があり，このような支出を信頼支出(投資)と呼びます．

一般に，契約不履行に対する損害賠償は信頼支出を過剰にする傾向があります．例えば，履行利益基準の場合，信頼投資は買主にとっての契約履行の価値を高めますから，より高まった価値が契約不履行の場合に無条件で損害賠償として回収できるとすると，買主は最適よりも過剰に信頼支出を行ってしまうのです．

さらに，信頼利益基準の場合，信頼投資の額は積極的損害として賠償請求できるので安全に支出できるのみならず，信頼利益基準のもとでは，上に述べたように望ましい契約も履行されなくなるおそれがあるため，そのリスクを減らすために信頼投資を増加して損害賠償額を膨らませることで，売主による契約不履行を防ごうとするインセンティヴが生まれます．このため，信頼利益基準のもとでは，履行利益基準の場合以上に過剰信頼支出が生ずることが指摘されています．

このように，社会的に最適な履行と信頼支出を同時に達成する契約不履行に対する法的救済の手法は，少なくとも標準的な履行方法に限れば存在しません．しかし，もちろん，全く契約不履行への救済が存在しなければ，契約不履行は非効率に多発し，信頼投資は過小になりますから，契約不履行に対する法的救済は依然として必要であると考えられます．

再交渉

これまでは，契約について，当事者間の再交渉ができないと仮定しました．この仮定自体は，必ずしも不自然なものではありません．再交渉を行うことには，追加的な交渉に伴う取引費用がかかります．にもかかわらず，再交渉は，しばしば，効率性を改善する重要な役割を担います．以下では，これまでと反対に，取引費用をかけずに再交渉が可能であり，法的にも承認されているという前提で議論を進めます．

上に挙げた例で，売り手側が生産費の情報を獲得した後で再交渉が可能であれば，賠償基準の如何にかかわらずパレート効率的な契約が可能となります．

言い換えれば，もともとの賠償基準が非効率的であれば，当事者間の再交渉によって非効率をオーバーライドできるのです．例えば，生産費が11万円とわかった段階で，仮に賠償基準が強制履行であったとしても，売り手は10万円から11万円の間の金額の支払いを買い手に提示して生産を取りやめる方向で交渉すればよいのです．この意味で，再交渉は，法的な損害賠償とは別のやり方で契約の不完備性を補充して，その内容を完備契約に近づける機能を持っていると考えられますから，その限りで，多くの場合，法は再交渉の帰結を尊重することが合理的であると考えられます．

再交渉の限界

ただし，すでに述べたように，再交渉は損害賠償に比べて，追加的な交渉による取引費用がかかります．また，再交渉の可能性を認めても，契約に伴う信頼投資の効率性は依然として損なわれます．これまでと同様，買主側に契約の成立を見越した信頼投資が行われるものとしましょう．まず，この場合，履行利益基準による損害賠償が予測されるならば，履行の選択はパレート効率的なので再交渉は起こりません．他方，信頼投資の結果，履行利益は向上しますが，どんな状況でも向上した履行利益を買主が回収できるため，信頼投資は効率的な水準以上の過剰投資が起こります．それ以外の賠償基準のもとでは再交渉が起こり，その効果が事前の信頼投資の水準に影響を与えます．投資水準が過小，過大のいずれになるかは一般には自明でありません．

第24章

契約(3)——契約の成立と無効・長期契約

契約の締結

契約法において，裁判所が行う最も重要な役割の1つは，契約当事者間の交渉過程の，いつの時点で契約が成立したか，すなわち，法による履行強制が認められるかを認定することです．このための一般原則は明快であり，両当事者がサインなどの明白な意思表示を行うことで契約関係への合意を確認した場合に，契約の成立が認定されます．

この原則には，両当事者の合意の確認を求めることによって，契約が両当事者にとって利益をもたらすものであることを確定できるという意義があります．この結果，両当事者は契約の価値を増加させるための信頼投資を安心して行うことができます．例えば，工事の契約が成立したとき，生産者側は，速やかに設計計画，労働者の確保などの行動に移ることができます．

これに対抗する有力な法学説として，回収不可能な早期の信頼投資がある場合，たとえ相手方の合意がなくとも，片方当事者の期待保護のために契約の法的強制が肯定されるとするものがあります．しかし，この学説は，契約の一方当事者が，自らの意思に反して契約に拘束されることをおそれて契約交渉に対して消極的になり，相互の利益を高める契約の形成を抑止してしまう大きな欠陥があります．契約当事者の期待保護と信頼投資への誘因の確保のためには，多くの場合，契約のタイミングを早めたり，投資そのものを別個の契約として事前合意する方が望ましいものと思われます．

詐欺・強迫

詐欺に基づいて成立した契約は，経済学的に見ても望ましくありません．第18章で一般的に論じたように，法的権利の最も重要な意義は，それが国家と法によって厳格に保護されることによって，権利の保護のための，それ自体は社会的に価値のない行為への資源投入から個々人を解放することにありますが，詐欺による権利侵害に要する加害者の努力の費用は社会的価値のないものであり，それを防止するための潜在的被害者の自己防衛のための費用も，同様に，(個人的にはともかく)社会的に生産性のないものですから，詐欺に基づく契約の成立を否定し，詐欺の被害者を法的に保護することは，社会全体の効率性の観点から望ましいものと言えます．また，詐欺に基づく契約は，当事者の意思を反映したものではないので，当事者意思を尊重することにもならず，その帰結も非効率なものとなりがちです．

強迫など，相手方によって恐怖を与えられ，不測の圧力の下でなされた不利な契約も履行の強制を免れます．詐欺の場合と同様に，契約相手からの恫喝によって自らの自主的意図に反した契約を強いられることは，当事者意思に反するのみならず，契約そのものも非効率なものであるおそれが強いことに加えて，相手方への恫喝や，受け手側の過剰防御への非効率な投資を抑止する効果が期待できるので，強迫に基づく契約を無効とすることは経済合理性に適っていると考えられます．

直接的な詐欺ではありませんが，消費者保護法などにより，売り手の企業側が買い手に対して十分な情報提供を求められる場合があります．これもまた，相対的に容易に情報を入手可能な主体に強制的な開示義務を負担させることで，情報収集に関する全体的な社会的費用を削減して効率性を増加させる効果があると言えます．

錯　誤

錯誤の場合も，上と同様な評価が可能であると思われます．錯誤の結果として当事者が本来意図しない帰結が実現することは，当事者意思の実現に失敗するのみならず，両当事者の利益を高めるという意味でのパレート効率性にも反するものであり，錯誤をおそれて人々が過剰な注意を払うことは，非効率な防御的投資になる可能性もあります．

一方的錯誤のように相手方が錯誤の存在に気付いている場合には，錯誤による契約を無効とする法制があれば，錯誤によって契約そのものが無効にされることを避けるために，錯誤の存在に気付いている相手方が情報提供を行うインセンティヴを有するので，相手方の情報を利用して非効率な契約の形成を抑止することができるのみならず，正しい情報を持つ当事者に情報提供を行う誘因を与えることで，契約当事者の過剰注意による資源の浪費を抑えることができます．

公序良俗規定

以上の他に，強行法規による契約の修正がなされる場合として，まず，人間の尊厳を傷つける，特に憲法上の基本的人権保障に抵触するような契約，例えば，人身売買契約，債務者の生存権を侵犯する契約などは，もちろん，無効になります．

次に，最も典型的な理由は，外部性(第三者効果)の存在です．犯罪を行う契約，企業のカルテル契約，銃の取引契約など，当事者の契約による利益を上回るほど，第三者に対して損害を及ぼす非効率な契約は，法によって規制されます．また，情報を十分に持たない，あるいは認知能力に限界がある人に対して，後見的(パターナリスティック)な見地から契約の自由が規制される場合があります．麻薬の取引や売春の契約，あるいは，未成年に対して特定の財の購入が禁止されたりするのは，この例です．消費者契約法に基づく消費者保護も，この範疇に属するものと言えるでしょう．

しかし，これらの規制の中には，社会的利益の観点から望ましいかどうか考慮の余地があるものもあります．近年，多重債務者保護の観点から，貸金契約について，借り手の所得等を基準とする貸し出しの上限規制が法制化されました．これもまた，将来に対する合理的な予測を欠いた借り手に対する，事前的なパターナリズムに基づく法的保護を目的としているものと考えられます．多重債務者問題が深刻な社会問題と化している現状においては，やむを得ない規制なのかもしれませんが，その一方で，資金の貸借の自由度を失った個人事業主や所得変動のリスクを抱えた人々などの間からは，かえって生活維持の困難を助長しているという声も聞かれます．このような人々が，非合法な貸金契約に手を染めることになり，その資金供給先としての反社会的勢力の利権の温床となることがないように，十分な注意が必要であると思われます．

公序良俗規定と社会科学的視点

法の目的は事後的・個別的な正義の実現であって，社会を目的合理的に誘導することではない，というのは，いつも登場する法律家のお題目のようなコメントですが，公序良俗規定のように，事前の効率性だけを考えれば，（第三者効果がない限り）契約の自由を全面的に認めることが望ましいのに，あえて公序良俗の観点から契約自由の範域を限定しているのは，一見するとその典型例のようにも見えます．しかし，そのような案件においては，事前的かつ予測的な観点は，法的議論の視野に入ってこないと言えるでしょうか．

次のようなケースを考えてみましょう．A君は太宰治ばりの破滅型文学青年（あるいは，典型的な当世風チャラ男君）で，カネも甲斐性もないくせに，すこぶる女性にもてます．酒と遊びに憂き身をやつした彼は，遊び金が底をついて，ついに借金生活に突入を余儀なくされました．しかし，こんな売れない文学青年にただで金を貸すまともな人間などいるわけもありません．一計を案じた彼は，今，付き合っている女子学生の彼女，B子さんを，怪しからん（＝公序良俗に反する）商売をしている店のオーナーに紹介して，公序良俗に反する労働契約を結ばせた挙句，その謝礼に大金を借りてしまったのです．幸いにも事態は速やかに露見し，この労働契約は公序良俗規定に基づいて無効とされて，正義は実現したかに見えました．しかし怒ったのはオーナーです．怪しからん商売はともかく，貸した金は返してもらわなくては困るとA君を訴えました．ところがA君は自分のことは棚に上げて，そんな反社会的な動機で金を貸した輩に，借りた金を返す義務などないと居直りました．こうなると，金を借りる側も借りる側なら貸す側も貸す側，正義もへったくれもあ

関係的契約

関係的契約とは，長期にわたる継続的な契約関係であり，かつ，大部分の契約不履行が，法的紛争ではなく，当事者間の自発的なルールや社会慣習，社会的な評判効果などによって救済されるタイプの契約を意味します．第22章で触れたように，このような関係的な契約は，立証不能な契約内容に対して法的解決以上に効果的な救済を用意できる可能性があり，かつ，法的紛争に伴う社会的費用を縮減するという意味で，大変有意義なものと見ることができます．これらの事例としては，長期の雇用契約や，上位企業と下請け企業の系列的取

コラム15

ったものではなく，借金の契約が有効か無効かは結構難しい問題になるようです．

何が公序良俗に反するのかも難しい問題ですが，この点について一義的に判断可能な事案であれば，法律家にとっても，将来にわたるこのような事案の発生をできる限り少なくすることが望ましいと考えるでしょう．このように，事前の抑止という視点が入ってくると，法ルールの設定にあたって，人々がルールに対してどのような反応をするかに関する社会科学的な視点の導入が必要になります．上の例で言えば，公序良俗違反の契約に結び付いている借金契約を有効とするか無効とするかによって，どちらがより効果的に公序良俗規定に反する契約の発生を抑止できるのか，という観点が必要となるわけで，このため，例えば，貸し手側と借り手側のどちらがより法ルールに知悉していると予想すべきかが重要な論点になります．もっと一般的に言えば，このような商売を行ったり，あるいはこれに関わって金もうけをしようとする人間の知識や行動のパターンについての社会科学的知見が，法的判断においても必要になるわけです．もちろん，このような分析は大変難しく，法律家以外の社会科学者にとっても簡単に結論が導き得るとは思いませんが，法学は事後の正義に関わるものであるがゆえに社会科学とは異なる思考様式に属するものであるという二分法が単純に成立しない例であることは間違いないと思われます*.

＊ 本コラムの議論は，東京大学の松村敏弘教授が以前執筆された論考(『日本経済新聞』「経済教室」2005年1月25日)を参考にさせていただきましたが，事例は筆者が考えたものです．

引関係，フランチャイズ契約などがあり，特に，日本の社会では，これらの関係的契約に基づく取引関係が高度に発達していると考えられています[1)]．

近年，この種の関係的契約については，ゲーム理論における繰り返しゲームのツールを用いた説明が行われることが多いのですが，このロジックは概ね次のように説明できます．第18章のエージェンシー・ゲームを想起していただ

1) 例えば，Cooter and Ulen [6]のp. 301では，日本的雇用関係が関係的契約の典型として例示されており，その結果，日本経済は法に依拠することが少なく，しかも，より高い秩序を維持していると指摘されています．

くと，ゲームは1回きりで終了するものとされていました．エージェンシー・ゲームが非効率な結果を生ずるのは，1つには，ゲームが1回きりで終わってしまい，繰り返し行われる可能性を排除していることに依存しています．

これに対して，同じゲームが繰り返し行われる状況を考えてみます[2]．以下では，現実的なイメージを描きやすい例として，経営者と長期雇用労働者(正社員)との間の長期的な契約関係を考えてみます．周知のように，日本的な労使関係においては，正社員の場合，労働契約に関する期間の定めがなく，その間の給与その他の労働条件も契約によって精密に記述されていません．ただ，従業員全体を拘束する就業規則と労働法上の取り決めによって，緩やかな規制がかけられているだけです．

この状況で，労働者側には{A：真面目に働く}，{B：適当に手を抜く}という2つの選択肢があるとします．他方，経営者側には，{A：良い労働条件を提供する}，{B：労働条件を悪くする}という2つの選択肢があるとします．両者の選択が(A, A)であれば，従業員はまじめに働くことの利得がコストを上回り，企業側も，より良い労働条件を提示して労働者に勤労意欲を与える方が高い利益を得られるので，(B, B)の場合よりもパレート改善になっていると仮定しましょう．しかし，労働者側が真面目に働いたか手を抜いたかは裁判所に対して立証不可能で，契約によって(A, A)という選択肢を法的に履行強制できないものと仮定します．この場合，1回きりのゲームでは，労働者にとって合理的な選択は，Bの手抜きを行って，これに対して企業側が賃金カットその他の労働条件の悪化という戦略で対抗した場合，裁判所に訴えて企業側の対応を撤回させることになります．すると，経営者は労働者が真面目に働くという保証が得られないので，最初から劣悪な労働条件Bを提示し，労働者側も怠業する(戦略B)というパレート劣位の解が成立してしまいます．

しかし，経営者と労働者との関係が長期的になり，同様な取引関係が繰り返し続く状況においては，労働者はまじめに働き，経営者は労働者に適正な報酬を与えるという解が均衡点になる可能性があります．これは，日本文化論における「甘え」とか「タテ社会」のような集合的な同調感情の結果として労働者

2）繰り返しゲームについての厳密な解説としては，岡田[11]の第7章を参照してください．

—経営者間の相互信頼関係が維持されるという議論とは全く異なり，個人合理的な主体の選択の結果として，そのような解を実現する可能性があるということです．具体的に言うと，1 回きりのゲームでは，労働者と経営者とは相互協力しないことが合理的ですが，同様なゲームが繰り返し行われるならば，お互いに協力し合うことで，時間を通しての利得の合計がより高くなる可能性があるからです．

ただし，両当事者ともに，相手の好意を裏切って利得を得ようとする誘因は常に存在するので，このような効率的な長期均衡が存在するためには，相手の裏切りに対抗する戦略が必要とされます．経営者と労働者のケースで言えば，労働者が真面目に働くという経営者側の信頼を裏切って怠業を行った場合，経営者は賃金の切り下げや配置転換などの手段によって労働者の裏切りに対抗し，他方，労働者側が真面目に働いたのに経営者側がそれを正しく評価せずに労働条件を悪化させた場合は，労働者側はサボタージュやストライキなどの形で対抗できる必要があります．これらの対抗措置を伴う当事者間関係を織込んだ契約は，法的紛争を回避し，社会的関係に基づいて契約の履行強制を実現できる可能性があるので，この種の長期契約は関係的契約と呼ばれるわけです．

長期継続契約保護法理

関係的契約においては，その良好な機能を発揮させるための法的基盤を作る必要があります．日本の労働法においては，労働者の団結権を厚く保障することで，経営者—労働者間の関係的契約における労働者側の対抗措置の選択を保障しています．また，経営者に対しては，解雇や賃金の切り下げなどには労働者保護の観点からかなり強い制約を与えていますが，労働条件や職務選択などについては広範な経営者裁量権を認めることによって，経営者側の労働者への対抗措置にも配慮しており，これらの法的基盤に基づいて日本の労使関係における関係的契約が成功したと評価できるものと思われます．

しかし，これらの事実は，しばしば，法的な強行法規的規定が関係的契約を補充して，これを成功させてきた，という議論と混同されます．もともと，法学の基本的な思考形式の 1 つとして，社会に安定的に存在する規範を発見して，それを法の中に反映させるという発想がありますが，契約関連法において，その代表的なものとして長期継続契約保護法理があります．日本的労使関係において安定的に機能している規範として長期雇用を理解するならば，この法理を尊重する限り，一見すると，長期雇用を妨げる解雇措置を強行法規的に規制することが正当化できるように思われます[3)]．実際，近年，日本で立法化された解雇規制の強化は，ある程度まで，このような論理に後押しされた部分があります．しかし，前項のロジックを理解した人であればすぐに気がつくように，均衡結果として長期雇用が成立しているということは，長期雇用それ自体が社会規範として定着していることとは別のことです．繰り返しゲームの均衡として長期雇用が選択されるためには，経営者側の怠業に対する対抗措置が必要であり，解雇規制の強化は，この対抗措置を制約することによって，経営者の雇用保護や新規採用意欲をも殺いでしまい，長期雇用や低失業率といった日本の労使関係の良質な部分をも壊してしまうおそれがあります．

また，商取引慣行についてのバーンシュタイン（Lisa Bernstein）の研究によれば，同一の当事者間に関しても，長期的な法外の商取引慣行と明示の取引契約とは矛盾しており，前者がより緩い規範であるのに対して，後者においてはより厳格な取引のルール化が選択される，という興味深い発見が報告されています[4)]．つまり，契約当事者が当事者間の規範として期待することと，裁判所に対して期待することとは必ずしも一致しておらず，当事者は，その２つを合理的に使い分けている可能性があるので，定着した商取引の慣行を，そのまま法的な紛争処理に使用することが望ましいとは限らないわけです．先程の日本の労使関係でも，最近は専門職やパートタイムの労働者に対して，明示の契約関係に基づいた雇用形態を選択することが増加しています．これらの契約関係は，正社員のそれとは異なる形態であっても当事者間で合理的に選択されたものであって，このような法による明示の契約保護を期待している当事者に対して，長期雇用の慣習を重視する観点から，例えば，契約期限の上限設定のような強行法規的な規制をかけることは，経済学的に望ましいとは必ずしも言えないよ

3）関係的契約に関する日本の法学者による肯定的な評価については，内田貴による，第３章註３前掲の文献を参照のこと．

4）Bernstein, L. (2001), Private Commercial Law in the Cotton Industry: Creating Cooperation through Rules, Norms and Institutions, *Michigan Law Review* 99, pp. 1724-1790.

うに思われます．

長期継続契約保護法理の正当化については，関係的契約との関連よりもパターナリズムとの関連を重視する方が自然でしょう．一定期間を超える借家や労働契約において期間の設定が強行法規的に無効とされるのは契約自由の原則に対する著しい制約と言えますが，この法理を正当化する根拠としては，長期にわたる契約に関しては人間の認知能力の限界が存在するため，事後的に片方当事者が相手方の一方的な契約解除，あるいは逆に長期にわたる契約への拘束から著しく不利な効果を受けるおそれがある，従って，明示の契約による当事者間の拘束をできるだけ回避して，契約関係についての紛争が生じた時点で，裁判所による正当事由の判断に基づく事後的な救済余地を広く確保することが社会的に望ましい，という考えに基づいていると考えられます．しかし，長期継続契約保護法理は契約の選択肢を減らし契約履行の不確定性を増すので，契約による効率性改善機能を阻害すると予想されますから，この副作用に留意して慎重に適用する必要があるでしょう．

第25章
所有権

所有権の定義と意義

所有権は，特定の主体が物財に対する包括的な支配権，すなわち，使用・収益・処分の権利を有することを意味します．使用，収益において，主体は自由な財産の活用が可能であるとともに，他のあらゆる主体に対する使用を排除する権限を持ちます．処分についても，売却・贈与など，主体は自由にその方法を選択できます．

ここで，まずもって着目しなくてはいけないのは，所有権と債権―債務関係との区分をどのように行うべきか，という論点です．例えば，私に持ち家があったとしましょう．これを私が所有するということは，この家の利用に付随する債権の束を(他の不特定多数者に対して)所有していることを意味します．2階の座敷で昼寝する権利，1階で食事する権利等々です．すると，所有権がなくとも，つまり，全てを債権―債務関係に還元してしまっても法的価値の実現は全て可能ではないか，という疑問が生ずるわけです．

所有権の正当性(1)――治安の安定

第18章において，法的権利が有する最も重要な意義として，国家と法による法的権利の画定が，個々人を自己防衛に対する社会的に非効率な投資努力から解放し，社会的な生産力を拡大することを挙げました．これは，法的権利一般について妥当する論点ですが，実際には，所有権の確立こそが，その中心的役割を果たすことは明らかです．これに対して，複雑に規定された債権―債務関係は紛争を多発させ，諸個人の自己防衛投資からの解放を中途半端なものにします．個々人の所有権が明確に画定していれば，権利関係をめぐる紛争はより縮小し，人々は，生産的な社会活動へと，より多くの資源を投下できることになります．

所有権の正当性(2)――効率的かつ公平な資源の活用と移転の促進

コースの定理と厚生経済学の基本定理が明らかにしているように，法的権利の画定こそが，その権利保有者に自らが有する権利の価値を正しく認識させ，それを有効に利用させることを可能にします．その結果，自由な契約や市場取引を通して資源が適切に移転されてパレート効率的な資源配分を実現するわけです．また，税制を通じて法的権利に対する国家の規制を加えることによって，富の分配の公平化を実現するための基盤となります．これらの側面においても，複雑な債権—債務関係が入り組んで存在するよりも，個々人の所有権が明確に画定している方が，資源の円滑な移転を促進し，取引をめぐる紛争の可能性を縮減する効果があります．また，税体系の透明性を増し，税務費用を節約する点でも社会的に有益であると思われます．

私的所有権の正当化

以上の根拠に基づく所有権の正当化は，所有権の意義をある程度まで説明できますが，その中でも私的所有権の優越性を論証し，個々の所有権の範囲を画定する基準を与えることについては論拠不十分です．なぜ，私的所有権に特別に重要な意義があるのか，また，その適正な範囲はどのように画定されるべきかが問われる必要があります．この点で参考になるのが，共有地の悲劇の事例です．

共有地の悲劇

仮に自然状態において直接の武力的衝突がないとしても，所有権が画定しないままで資源が共有されるならば，人々は共有地に対して真剣に手を加えず，また，使用にあたって望ましい水準まで注意を払いません．それは，個人のそれらの努力の果実が，大部分について共有する他の人々の利益となってしまうからです．同様に，共有地の場合，新しい農法の開発などによって品質の高い農産物を作ったり，生産費用を削減するための投資をしても，その利益が共有する利用者全体に拡散してしまうので，このような技術革新のインセンティヴを欠いてしまいます．このようにして共有地が過剰に荒廃する現象は，共有地の悲劇と呼ばれます[1)]．

共有地の悲劇は，いろいろな形で定式化可能ですが，ここでは第4章で解説した簡単な非協力ゲームの形で説明してみましょう．今，A, B 2人の人が，一定の農地を共有しているとしましょう．各人は，農地を(肥料を欠かさないようにしたりして)丁寧に保全するという戦略と，過剰使用することで大きな収穫を上げるという戦略とを持っています．A, B 両氏が農地を丁寧に使用すると，それぞれが2トンの農産物を収穫できます．しかし，相手方が農地を丁寧に使っているのに，自分は農地を酷使して収穫を上げることもできます．すると，相手の農地保全の努力につけ込んで，自分だけが4トンという多量の収穫を確保できます．この問題を，当事者間の契約を通して解決しようとしても，「当事者がどの程度農地を丁寧に使ったか」という条項は，裁判所に対して立証することが難しいので，多くの場合，うまく行くとは言えません．お互いに，この事態を把握していると，自分だけが農地を丁寧に使っても自分は損をするので，均衡では A, B 両名共に農地の過剰使用に走ることになります．その結果，両名が農地を丁寧に使うよりも，両名にとって損な結果が生まれるわけです．これは，まさしく，第4章で説明した囚人のディレンマの一種で，共同所有の社会的非効率性を示すものと言えるでしょう．

所有権の正当性(3)——財産の保全と改良の誘因装置

共有地の悲劇を回避するための最も直接的な方法は，コースの定理に従って，資源の保全・改良に対して加えられる労力や注意水準に関して共有者相互の契約を締結・履行して，これらの注意や努力を効率的な水準に導くことです．しかし，これらの注意や革新のための投資は観察することも立証することも困難であり，完備な契約を形成することは極めて難しいと言えます．

このような場合に，特定の個人の当該資源(土地など)に対する所有権を与えることによって，所有主体に対して資源を保全・改良する誘因を与えることができます．なぜなら，私的所有においては，自らの努力や注意の成果は直接本

1)「共有地の悲劇」というタームを提唱したのは，生態学者のハーディン(Garret Hardin)ですが，その基本的なアイデアは，少なくとも，18世紀イギリスの哲学者ヒューム(コラム16)にまで遡ることができると言われています．なお，通常の法律学のタームで言えば，このような所有形態は，嶋津格教授の指摘するように，共有というよりも入会という方が適切かもしれません．森村進(1995)『財産権の理論』弘文堂，140頁参照．

私的所有権の倫理学

私的所有権をどのようにして倫理的に正当化するかは，法学においても規範的経済学においても大変重要なポイントになります．生命，身体，精神的自由などの譲渡不可能な基本的価値と比較して，所有権には譲渡可能な部分が多く，特に，それが個人間で不平等に分布している場合，権力に基づく強制的な再分配が，一定程度まで道徳的にも法的にも正当化可能ではないか，という考え方があるからです．これは，今日の憲法学説の主流である「二重の基準」説，すなわち，精神的自由権を所有権よりも厚く保護することが正当とする立場でも，本書の第2，9章で説明したような，公平性の見地から所得の再分配政策を正当と考える標準的な厚生経済学の立場においても共有されています．

これらの倫理的立場の背景をなしているのは，所有権が究極的な価値ではなく，一定の社会目的に対する手段的価値であるという考え方であると思われます．このような立場を全面的に展開したのは，第2章で触れたベンサムを筆頭として，ミル(John Stuart Mill)，シジウィック(Henry Sidgwick)らに継承された功利主義の立場です．ベンサムは，所有権が重要なのは，それが，自己が獲得しうる利益の予定だからである，と述べています．

功利主義の先駆者としてホッブズとヒューム(David Hume)とを挙げることには異論が多いと思いますが，それは，近代国家の起源論を軸とした通常の近代政治思想の分類によっているためであろうと思われます．確かに，近代国家起源論の観点から見ると，社会契約論者としてのホッブズ，ロックと，この批判者としてのヒューム，スミスとが対立します．しかし，所有権を軸とする権利起源論の観点から見ると，利益が所有権を基礎づけるとするホッブズ，ヒュームは，功利主義の先駆者として共通する倫理的基盤を持っています．ホッブズとヒュームとを分かつのは彼らの人間観であり，ホッブズの極度にペシミスティックな人間観のもとでは(コラム11参照)，自然状態の悲惨から逃れるために，人々は国家を形成することの利益を感知して，私的所有権をはじめとする権利保護のために国家を形成し，自らの自然権を国家に譲渡する社会契約に合意するのでした．これに対して，ヒュームは，よりオプティミスティックな人間観を持っており，人々は私益の追求のほかに，より一般的な観点から社会全体の福利を感知する道徳感情を持っているために，明示の契約や革命によらずとも，人々は逐次的に普遍的な権利に対する合意に達しうると考えました．このように，ホッブズとヒュームとは，国家起源論においてははっ

コラム16

きりと対立的ですが，社会的福利の手段として所有権が生じたという基本認識では共通性があります．他方，彼らが主に関心を持ったのは，国家と権利の起源論であり，具体的に福利を定義して，これを社会政策へ応用するという視点はありませんでした．後代の功利主義者たちは，ホッブズやヒュームから受け継いだ権利起源論を根拠にしながら，現実に執行可能な政策的価値基準として功利あるいは社会厚生を設定して，法政策，権利配分論への応用を図ったと言えるでしょう．しかし，功利主義のこの見解は，平等な社会を作るために，どのように個人間の厚生を比較することができるのかという根本的な問題を解決する上で支障を来しました．

ハイエク(コラム9)は，このような立場からヒュームを自由主義者として擁護しつつ，功利主義者と区別します．ヒュームは，人間の知識の限界をわきまえていたがゆえに，功利，厚生といった明示の社会目的を立てて，目的合理的な法制度の設計を試みるような愚は犯さなかったというわけです．しかし，功利主義においても，ハイエクが批判の対象とした単純な功利主義に対して，より洗練された功利主義の立場では，功利主義の適用は，判断する主体が保有する知識や情報の量によって変化することが自覚されています．つまり，規範的判断を下す主体が十分厳密な情報量を持っている場合には，功利主義による設計主義的提言が採用されますが，判断主体の情報量が少なくなるほど(例えば，個人間の効用の比較ができるほど，判断主体が社会のメンバーについて熟知していない場合など)，規範的判断は，伝統的に尊重されてきた規則を重視して，個別裁量的な政策判断を抑制すべきだと考えるのです．ヒュームやハイエクは，このような意味で，判断主体の合理性の限界を十分強く配慮して功利主義を適用すべきことを主張することで，結果的に保守的自由主義の立場を選択したと見ることも不可能ではないと思われます．

功利主義的な所有権論に対して，ロックは，神が人間に与えた共有物である自然資源に対して，人間の基本的な私有物である身体による労働が加わることによって私的所有権が成立すると主張しました．スミスは，ロックとは異なり，ヒュームから「共感」の概念を継承しました(コラム12)が，共感が直接的に正義に基づく私的所有権の意識を形成すると考えました．このように，私的所有権をそれ自体として正当と考える点で，権利論，所有権論の分野では，ホッブズ，ヒューム，功利主義対ロック，スミス，義務論という対立軸があることがわかります．

人の利益になるので，努力や注意の水準は社会的に見て自ずと効率的になるからです．資産の保全・改良誘因からの議論によれば，確かに共同所有の形態でもこれらの誘因を与えることができますが，そのためには共同所有者相互の間での複雑なインセンティヴ契約が求められ，取引費用が増大することになり，多くの場合，一個人に所有権を集中することが合理的な解決となるわけです[2)]．

ただし，一個人が，あまりにも広大な財産を私有してしまうと，自らが管理，保全，改良する上で支障を来しますから，代理人を雇って，これらの業務を行ってもらうことになります．しかし，このような契約を結ぶことには多大な取引費用がかかるので，財産の過度な集中は，公平性の観点のみならず，効率性の観点からも問題があると言えるでしょう．

以上のように，もしも全く取引費用が存在しなければ，全ての法的現象は債権—債務関係に還元可能であり，所有権には独自の意味が存在しないことになります．他方，取引費用の存在下では，契約と所有権設計とが，社会の効率性を実現するための補完的な法的機能を持つわけです．経済史家のノース(Douglass C. North)は，「各人の活動による私的収益と社会的収益とが一致するような法的，その他の制度的誘因が存在するところで，効率的な経済成長が可能である」としています[3)]．

所有権の分割

所有権は，本来権利の束ですから，主として契約関係を媒介として様々な形態で適宜分割することができます．最も典型的なのは賃貸借契約で，時間を区切って，所有権者は賃借人に自分の財産の使用ないし収益の権利を与えます．所有権を分割する利益は，いうまでもなく，契約を通して当事者相互の利益を促進することです．しかし，これらの相互利益が完全に実現するには，契約が

---

2) 所有権とは，契約関係によって実現した権利の残余(residual)について，それを所有者が全面的にコントロールする権利と，その果実を請求する権利を結合したものと解することができます．この両者が一致することが効率性の実現をもたらすことを最初に指摘した文献として，Alchian, A. and H. Demsetz (1972), "Production, Information Cost, and Economic Organization," *American Economic Review* 62, pp. 777-795 参照．

3) North, D. C. (1981), *Structure and Change in Economic History*, W. W. Norton & Co(邦訳：大野一訳『経済史の構造と変化』日経 BP 社，2013 年)を参照のこと．

完備でなくてはなりません．現実には，賃貸借に伴う契約が不完備であるために，使用に伴う資産の非効率な減耗が生じたり，使用形態をめぐって契約当事者間のトラブルが発生したりします．従って，できる限り所有権の分割を回避し，使用に最も高い価値を置く者と処分権者とが合致するように所有権構造を定めることができる方が，効率性の観点からは望ましいといえるでしょう．

所有権の義務論的正当化

本書においては，所有権の根拠を功利主義的な目的合理性の観点に沿って説明する立場をとっていますが，第3章で指摘したように，現代の法哲学においては，所有権の正当性を直接的に主張する義務論的立場もたいへん有力です．

功利主義に対立する現代リベラリズムの立場では，分配的正義の問題に対処するために，厚生の平等ではなく，全ての資産を潜在的な公共資産と考えた上で，それを私的所有権として平等に配分することが必要であると考えます．次章で触れるロールズの基本財，あるいは，第3章で触れたドゥウォーキンの「資源の平等」の理念が示しているのは，全ての人間が，社会的相互作用の帰結としての効用や福利ではなく，その前提条件としての所有権の分配に関する平等化を求める考え方です．しかし，功利主義における効用比較の困難と似通った問題が，今度は，どのような基準と手段を用いて，基本権や資源の平等を実現できるのか，という形で生じてしまいました．特に，人間の身体や人格と分離不可能な体力，知能，容貌，性格などの資源の所有に基づく分配の不平等をいかにして是正するのか，それはある種の全体主義を招くものではないか，との危惧が生じました．

このような観点からロールズに対する徹底した批判を行ったのが，第3章で触れたノージックでした．彼は，各人に対して歴史的に配分された権原は，それが運，努力，贈与などのいずれの理由に基づこうと，強奪，詐欺などの不正に基づくものでない限り全て正当であると主張し，これらの権原を国家による強制的な再分配の対象とすることは，国家権力の不当な使用に基づく個人の自由の抑圧であるとして批判しました．ノージックの思想の背後にはロック(John Locke)(コラム16)の影響があり，実際，ノージックの提唱したリバタリアニズム(libertarianism)は，別名，「新ロック主義」(Neo-Lockeanism)とも呼ばれています．法学説としてみると，功利主義は権利論上「二重の基準」説（bifurcated standard）と親和的なのに対して，リバタリアニズムは保守的自由主義の徹底という立場から「二重の基準」説の廃棄を強力に主張します．

筆者自身は功利主義的観点からの所有権保護と「二重の基準」論の擁護に肯定的で，（功利主義が全く欠点のない価値論だとは思いませんが）義務論的な所有権論は，ロールズ，ドゥウォーキンらのリベラル派もリバタリアニズムも，必ずしも説得的ではなかったと考えています．確かに立ち上げの段階は華々しかったのですが，結局「保守 vs. リベラル」という昔からある平板なイデオロギー対立を水掛け論的に蒸し返しただけではなかったか，という印象があるのですが，これは筆者の理解不足に基づくものかもしれません．読者諸賢は自ら原典にあたって判断してください．

第 26 章

公共財

「公共」財をめぐる議論の混乱

法的な意味での国(公)有財産とは，事実として政府が所有している財のことです．すると，我々が念頭に置く経済において公共財のカテゴリーに属する財・サーヴィスとしては，例えば司法，警察，防衛，また道路，国立公園，公教育，消防，ゴミ処理，公営住宅といったものがありますが，これらは通常の私的な財と比べてどのような特色をもっているでしょうか？　ひとくちに公共支出といっても雑多な内容が含まれていて，ひとまとめに論ずることは容易でもなければ有用でもないと感じられた読者のみなさんも多いと思われます．

他方，法学の文献を見ると，例えば，「公(共)の用」等，しばしば「公共」に関係する文字と出くわします．しかし，「なぜ，この事業は「公の用」を果たしているのですか？」「国の公共目的のために用いられているからだ」「公共目的とは，どういうことですか？」「「公の用」を果たすことだ」といった循環論に落ちいっている感じがして，どうも「公(共)」の概念の定義がすっきりとしていないような印象があります．しかも，その割に，ひとたび「公(共)」の概念を付与された存在は，それ以外のものに対して一段高いところに立って国民の権利を制約する権限だけは付与される傾向があるような気がします．しかし，少なくとも，こと公共財に限って言えば，法律家だけに問題があるわけではありません．経済学者の側にも，公共財の定義をめぐる議論の混乱が，その出発点から続いており，この問題をめぐる法律家と経済学者との意思疎通が進まない理由の一端もそこにあるように思われます[1)]．

公共財とは何か？

「公共財とは何か？」という議論は，公共経済学の草創期から多くの学者の

1）公共財と法政策との関連については，常木[2]の第 7 章も参照いただければ幸いです．

間で盛んに論争されたにもかかわらず，今でも完全に決着しているとは言えません．その理由の1つは，公共財を，政府が供給する財という，供給主体に基づく定義を選択せずに，財の特性に基づく定義を行おうとしたことです．その結果，多様な政府供給の財に共通する特性をうまくとらえることができなくなり，通常，政府が供給している財が公共財でなくなったり，逆に民間で供給されている財が公共財に入ってしまったりしたのです．

しかし，これらの論争の中から，公共的に無償ないし名目的な料金をもって供給される(市場による価格決定に従わない)財・サーヴィスにはいくつかの特色があって，それらが公的供給の根拠になっていること，またそれらの根拠の強弱を基準にして，現実に公的に供給されている財の中に，純粋に国家が供給することが望ましい財(純粋公共財 pure public goods)から，民間が供給している財をたまたま国家が供給している財(純粋に私的な財 pure private goods)に至るまで財のスペクトラムが存在し，両者の中間には政府が供給することが望ましいか，民間が供給することが望ましいかの熟慮を要する「公共」財が広く存在することが明確になりました．

公共財の性質

この項では「公共財」とはどのような特色をもっているかを説明し，この基準に応じて現実に政府が供給している様々な公共財を分類することによって，なぜある種の財は公的に供給されなくてはならないのかを説明します．

公共財は，政府によって原則無料で人々に給付されますが，その理由付けとしては，

(1) 非排除性(non-excludability)：財の性質上無償給付されざるを得ないために無償給付される，

(2) 非競合性(non-rivalness)：無償給付が経済効率上望ましいため無償給付される，

という2つの立場があります．

「非排除性」とは，財の利用料を支払わない人を利用から排除できないような財の性質のことです．通常の財は利用にあたって対価を支払うのが当然です．もちろん，なかには漫画本を書店から無償で取ってくる人もいますが，これは

「万引き」として法的処罰の対象となります．ところが無償で道路を歩いたり，火事の時に消防署に助けてもらっても，行政上のサーヴィスを享受しただけのことであって，もちろん法的処罰の対象とはなりません．それは，これらの財が，その性質上，財の無償利用者を排除したり，あるいは見つけて処罰することが不可能もしくは著しく費用がかかるために非効率であるためだ，と公共財の「非排除性」を重視する立場の人々は主張します．

例えば道路の利用者から料金を徴収することを考えてみましょう．インターチェンジのある高速道路の場合は例外ですが，一般道路を利用する無数の人々にいちいち料金を徴収するとなれば，街中至るところに料金所を設けなくてはなりません．そのための人件費や場所代は膨大なものになってしまいます．

あるいは防衛や警察のようなサーヴィスを考えてみます．これらのサーヴィスは外敵の進入の防止や治安の維持といった便益をもたらしており，国民全体が消費を行っていると考えられるかもしれません．しかし，そこから得られる便益は，所得水準その他の要因で大幅に異なるでしょう．なかには，防衛や警察など余計な御世話，そんなものはない方が世界平和への貢献につながるから望ましいという人もいます．すると，防衛・警察などのサーヴィスを誰がどの程度消費しているのか，行政当局は知る術がありません．従って，これらのサーヴィスを無償で利用する人々を排除できないわけです．

これに対して「非競合性」とは，サーヴィスの利用者の増加によってサーヴィスを供給する総費用が全然変わらないことを意味しています．すると，利用者を増加させるときの限界費用がゼロですから，無償で利用したい人全員に利用させるのが最も効率的です[2)]．防衛・外交などのサーヴィスは，ほぼ完全に非競合性を満たすと言えます．警察や道路の場合には一定のキャパシティを越えると利用人口の増加とともに供給費用は増加しますから非競合性を完全には満足しません．

このように，無償供給の根拠を求める目的は同じですが，2 つの性質は全く異なる意味を持っています．政府によって無償供給されることが望ましいことを主張するためには，2 つの性質のうちの 1 つが満足されればよいわけで，そ

2）これは第 12 章で説明した費用逓減産業における限界費用価格形成原理の一例です．

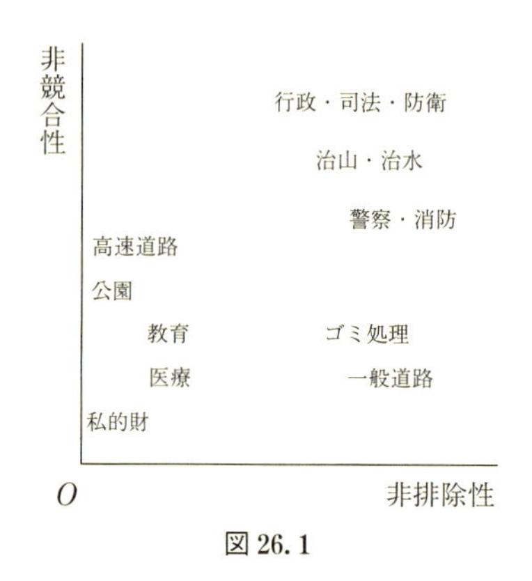

図 26. 1

こで混雑が生じ非競合性の成立しない道路の場合でも，現実には無償で供給されます．民間企業によって，市場で道路サーヴィスを供給することは不可能ではないのですが，企業は自分が供給した道路の利用者を特定するための排除費用を負担する必要があり，その費用が嵩むと十分効率的なレヴェルのサーヴィスを供給することができません．このため，政府が無償で道路サーヴィスを供給する方が望ましいと考えられているのです．これに対して純粋に非競合的な財であれば，新たな追加利用者を受け入れても同一の費用でサーヴィスを供給できるので，無料利用者を完全に排除できたとしても無償供給が最も効率的です．従って，利用による過剰混雑や減耗の心配のない場合の道路や橋は，たとえ排除可能でも，通行料をとることは望ましくないわけです．

図 26. 1 は，主な公共支出を非排除性・非競合性の 2 つの観点から見て，どの程度純粋な公共財か分類してあります．図の右上方ほど 2 つの性質を色濃くもった純粋公共財であり，左下方にあるものは普通の私的財と近くなります．これらの中間には，私的財と公共財の性格を相半ばして持つために，無料供給か市場供給かあるいはその併用かの選択が難しい財が多く存在しています．また，ある種の公共支出はほぼ純粋に私的財と代替的です．その代表例は公営住宅や食料配給などです．ここでは財の物理的な費用特性よりも，物財を利用した低所得者への所得の実質的再分配を行うことが主たる目標と言えるでしょう．所得再分配の主要な手段は，生活保護や年金などの金銭的手段(移転支出)ですが，現実の政治では諸般の事情から，実物による再分配が幅広く活用されます．

このように，一口に「公共の用」と言っても，現実には様々な根拠が複雑に絡み合っており，それに応じて，公共サーヴィスとしての供給の是非や，公的供給のあり方にも慎重な工夫が必要であることがわかります．

等量消費？

サミュエルソン(Paul A. Samuelson)は公共財の供給に関する古典的論文において，公共財のパレート効率的な供給条件を一般的に導出する，重要な貢献をしました．ところが，その論文の中で，彼は，公共財を国民全員に等量消費(equal consumption)される財であると定義して議論を行いました[3)]．公共財に関する概念規定の議論の混乱は，この論文から始まったということもできます．なぜなら，サミュエルソンの定義に従うならば，公共財とは国防・外交のような純粋公共財に限られてしまい，折角，彼自身が導出した最適供給の条件も，極めて限られた純粋公共財以外とは無関係になってしまうからです．例えば，札幌の市街を走っている道路を，北海道の人と九州の人では同じ頻度で使うはずがないので，この道路は，サミュエルソンの定義では公共財でないことになってしまいます．しかし，この点については，後で詳しく触れることにして，まず，サミュエルソン自身の議論を説明することにします．

公共財の最適供給条件

社会全体にH人の人が存在します．ある一定の公共財の総量をGとすると，等量消費の前提によって，この総量に対して各人が得る効用は，$u_h(G)$, $h=1, 2, \cdots, H$, と表すことができます．従って，社会全体で公共財から獲得できる効用の総量は$\sum_{h=1}^{H} u_h(G)$，他方，公共財を供給する費用が$c(G)$とすると，$\sum_{h=1}^{H} u_h(G)-c(G)$を最大化するように$G$の供給量を決定するのが富を最大化(＝パレート効率的)することです．第6章における私的財と同様に，公共財の限界効用もまた逓減し，公共財生産のための限界費用は逓増すると仮定すると，このための条件は上の式の1階微分がゼロになるようにGを決めることですから，結局，

3) Samuelson, P. A. (1954), "The Pure Theory of Public Expenditure," *The Review of Economics and Statistics* 36, pp. 387–389.

$$\sum_{h=1}^{H} u'_h(G) = c'(G) \tag{26.1}$$

を満足するように G を決めればよいことになります.

$u'_h(G)$ は h 氏が公共財から得る限界効用であり $c'(G)$ は限界費用ですから,(26. 1)式は,社会構成員が公共財の使用から得る限界効用の和と限界費用とを等しくするように,公共財の供給量を決めることを意味します.直観的に言えば,公共財を 1 単位余計に生産することの便益は,それによって各人が追加的に得る効用の総和であり,これが追加生産の費用を上回る限り生産を続け,等しくなったところで生産を停止するのが望ましいわけです.(26. 1)式は,この条件を最初に導出したボーエン(Howard R. Bowen)の名をとって,ボーエン＝サミュエルソン条件と呼ばれます.私的財の便益はそれを消費する 1 人の個人に帰属しますから,その財を消費する個人の限界効用と限界費用の一致が最適供給の条件になり,公共財では供給の便益が全ての個人に伝播するため,その財に対する各人の限界効用の総和と限界費用の一致が最適供給のための条件になるのです.

ブキャナンの指摘

以上のサミュエルソンの議論に対して,ブキャナン(James M. Buchanan)は,ボーエン＝サミュエルソンの最適条件が,無償供給される全ての財に関する最適供給の条件である,という重要な指摘を行いました.非排除性もしくは非競合性の理由から財が無償で供給されると,問題になるのは,公共財の総供給水準から各消費者がどれだけの効用を得ているかです.非競合性のある財の場合,総供給水準と各人の消費量が一致しますから,これは当然のことですが,非排除的かつ競合性をもつ財でも同じように,各人の効用は総供給水準のみに依存すると考えてかまいません.例えば 100 単位の公共財が供給され,それらは競合性をもつため何らかの価格によらない方法で割り当てられたとします.例えば,緊急時の食料を列(queue)を使って配分するような場合です.ここで問題なのは各人に何単位割り当てられるかではなく,そこから各人がどれだけ効用を得るかですから,割り当ての比率が決まってさえいれば,各人の効用と総供給量との関係だけがわかればよいと言えます.先程の札幌市内を走る道路の場合，九州の人で北海道に行ったことがない人であれば，この道路の割り当て比率も，ここから得られる効用もゼロであると解釈すれば，サミュエルソンの公式は，この道路の最適供給条件を決めるものとして有効な基準です．このように，ボーエン＝サミュエルソン条件は，無償供給されるあらゆる財の最適供給条件を展開したものと解することができるわけです．

また，ボーエン＝サミュエルソン条件は，公共財の供給量が連続的に調整できることを前提としていますが，公共財が分割不可能な場合にも，自然に拡張できます．例えば，道路が，1 本，2 本という分割不可能な形でしか供給できないとすれば，最適供給の条件は，追加的に道路を 1 本供給した時の便益の集計値と，その供給費用とを比較して，前者が後者を上回る限り供給し，後者がより大きくなる手前で供給を止めることになります．

フリーライダー問題

非排除的な財は，なぜ，民間の市場や当事者交渉を通して供給できないのでしょうか？　これも，いろいろな側面があるのですが，最も簡潔なアイデアとして参考になるのが公共財の民間供給に伴うフリーライダー問題と呼ばれる現象です．ここでは，数値例によって図解してみます．

A, B 2 人の人が 150(万円)のコストをかけて，2 人で共有する道路を作るものとします．A 氏の道路に対する便益が 120(万円)，B 氏の便益が 80(万円)とすると，道路の総便益は 200，コストは 150 ですから，この道路の供給は効率的であることになります．

ここで，この道路を国が直接供給するのではなく，当事者間の同意に基づいて供給するものとしましょう．さしあたり，負担の公平の観点から，道路の建設費負担は A, B 両氏とも 75(万円)とします．もしも，A, B 両氏が道路建設に同意できれば，A 氏は 45，B 氏は 5 の利益を享受でき，両者の利益になります．しかし，B 氏が資金拠出を拒んで，A 氏のみの費用負担で道路建設をすると，A 氏は 30 の損失を負い B 氏は 80 の利益を得ます．他方，A 氏がコスト負担を拒み，B 氏のみがコスト負担して道路を作れば，A 氏は 120 の便益を受け，B 氏は 70 の損失を負います．両者ともにコスト負担を拒めば道路はできないので，両者ともに利得はゼロになります．

		B	
		コストを負担する	コストを負担しない
A	コストを負担する	(45, 5)	(−30, 80)
	コストを負担しない	(120, −70)	(0, 0)

図 26. 2

図 26. 2 は，この間の事情をゲームの標準形に則して書き直していますが，この図を見れば明らかなように，このゲームの支配戦略均衡は，A, B 両氏ともに道路へのコスト負担を拒むものです．ここでも，第 4 章で説明した囚人のディレンマが発生しています．同章で説明したように，均衡点の道路建設が行われないという解はパレート非効率であり，これを改善するために A, B 両当事者が，より効率的な「道路を建設し，そのために適当なコストを負担する」という契約を締結しても，契約履行を強制できないならば契約は破棄されてしまい，やはり，道路はできないことになります．契約法に関する議論で詳しく説明したように，契約の作成や履行に高い取引費用がかかる場合，フリーライダー問題による資源配分の非効率が発生してしまいます．

どのような財を，政府が供給すべきか？

いよいよ，どのような財が政府によって供給されるべきか，つまり，「公共の用」の本質が何か，という問題に触れる番になりました．この点については，社会哲学者の間では，多岐にわたる議論が行われてきました．第 18 章で取り上げた無政府資本主義は，最もラジカルな考え方を提示しており，政府が供給するべき財は存在しない，すなわち，「公共の用」はないと考えます．従って，サミュエルソンが定義した，等量消費の仮定に基づく純粋な公共財でさえ，私的な自発的供給，あるいは市場を通じた供給を行うべきだと主張します．

防衛サーヴィスを例に挙げてみましょう．無政府資本主義の立場に立てば，防衛もまた，自警団のような自衛組織を自発的に立ち上げるか，あるいは，傭兵のような市場での供給を購入して賄うのが正しいことになります．この場合の問題は，人々が他人の供給に基づく外部性に期待して，自力で防衛を行ったり，傭兵サーヴィスを購入するインセンティヴが不足するために，フリーライダー問題が起こりサーヴィスの供給水準が最適を割ってしまうことです．防衛のように，一国全体に広く外部性が行き渡る場合には，フリーライダー問題は特に深刻でしょう．従って，防衛，外交のような純粋公共財は，国家が供給することが最も期待される公共財と言えます．

このように国家が純粋公共財の供給に専念すべきであるというのが，第3章で言及したノージックの最小国家論で，古くから夜警国家論と呼ばれたものの現代版ですが，通常の公共経済学の考え方からすると，もう少し広く政府の役割を認めるのが普通です．なぜなら，前項に挙げた道路サーヴィスなどの場合，純粋公共財の定義は満たさないとしても，やはりフリーライダー問題が付きまとうため，依然として政府による供給が，より望ましいと考えられます．教育，医療，ごみ処理などのサーヴィスも，それが当事者に帰着する便益は私的なものですが，社会全体に及ぶ外部効果，つまり，公衆衛生とか社会的なコミュニケーションの円滑化がもたらす利益は，公共財の側面が強いので，そのような社会的意義を評価するならば，政府が責任を以て供給することに積極的な意義があるものと考えられます．もちろん，民間の供給が最適でないとしても，第10章で指摘したように，政府による供給が最適になる保証もないので，市場による供給と政府による供給のどちらがより望ましいかは，個々のサーヴィスごとに両者の比較衡量が必要になり，公的供給の望ましい範囲については，経済学者の内部でも意見が分かれます．

基本財

通常の公共経済学の知見よりも，更に広い政府によるサーヴィス供給の正当化を行うのが，第2章で触れたリベラル派の代表的哲学者であるロールズによる，基本財(primary goods)という考え方です．ロールズは，全ての市民は，当該社会において有意義な生を送るための前提として，基本的な財の束を政府から支給される生得的な権利を保有していると主張しています．具体的にどのような財が基本財の範囲に収まるのかについて，ロールズの主張は必ずしも明確ではないのですが，例えば，教育や医療は，最も自然にその範疇に属するものと考えられます．

ロールズに代表されるリベラル派の考え方によれば，このような基本財は，社会的な外部性とは関係なく，市民が国家に対して請求しうる基本的な権利に属するものであると言えるでしょう．つまり，ここでの公共財は，非排除性やフリーライダー問題といった効率性にかかわる問題ではなく，富の公平な分配にかかわっているのです．そのように言えば，経済学的には，それは，金銭的な移転支出によって対応すべきものと考えられるのですが，教育や医療のように，市民の社会的アイデンティティに直接にかかわっているサーヴィスについては，金銭的な再分配ではなく，政府による直接的な無償供給の方が公平性，正義性の観点から，より望ましいと基本財概念の提唱者たちは考えているのです．このような考え方は，「大きな政府」あるいは福祉国家論の思想的な基礎を提供するものと見ることができるでしょう．

以上の議論をもとにして，経済学の観点から「公共の用」が生ずる根拠をまとめると，第一に，私的なサーヴィスの供給がフリーライダー問題を生じることを防ぐための政府サーヴィスの必要性，第二に，市場によるサーヴィス供給によっては，著しい不公平，不正義が生じるおそれのあるサーヴィスについて，政府による供給が必要である可能性を挙げることができるものと思われます．

第27章

不法行為(1)――責任分担の原則

不法行為法の課題

本章と次章では，不法行為について説明します．日本の民法において，不法行為に関する基本的な考え方は709条に集約されており，他の法規定は，この細部をより具体的に確定することに充てられています．従って，不法行為に関する法解釈学もまた，709条の意味を検討して，様々な事案に適切に当てはめるための議論を行うことに関心を集中するようです．

709条によれば，不法行為に対する効果は加害者の被害者に対する損害賠償であり，そのための要件として，権利侵害，故意・過失，損害の存在と，それらの因果関係の認定が求められるため，これらの存在や因果関係をどのように判定するべきか，また，損害額をどのように算定するか，などの形で問題が提示されるわけです．

これらの問題群全体に対して「法と経済学」は有用な指針を与えることができると考えられますが，紙幅の限られたこの教科書では，詳細にわたる考察を断念せざるを得ません．以下の第27, 28章においては，不法行為法の最も基本的な原則である過失責任の意義を，これとしばしば競合する厳格責任原則と比較して，その優劣を考察することに充てます．ここでも，過失責任と厳格責任と，どちらがより道徳的な原理として正当であるか，という法学的な議論の構造に従った考察ではなく，効率性という目的を外生的に設定して，いかなる条件のもとでは過失責任が効率性に適うか，逆に，いかなる条件のもとでは厳格責任が合理的であるか，という経済学的な問題設定に立った考察を行います．

事故の基本モデル

様々な不法行為の事案がありますが，典型として交通事故を考えます．被害者は歩行者，加害者はドライヴァーという設定を念頭に置けばよいでしょう．本書の基本モデルでは，被害者，加害者共にリスク中立的であると仮定します[1]．その場合に，事前の意味で社会的に効率的な資源配分を導く法制度は，どのようなものかを考えるわけです．

単方向注意モデル

最初に扱うのは，加害者のみが，注意水準を変えることで事故の確率を変えることができるモデルです．上の交通事故の場合，ドライヴァーの注意によって事故の確率を減らすことはできるが，歩行者はいくら注意しても事故に不可抗力的に巻き込まれると仮定します．

事故の発生は歩行者の権利の侵害であり，その被害額も金銭表示で h と確定しているとします．また，事故の発生確率を p，加害者が事故回避のための注意に投下する支出を x とします．事故の発生確率と回避費用との間には，

$$p = p(x), \qquad p'(x) < 0$$

すなわち，ドライヴァーは，事故回避のための支出を増やすことで事故確率を減らすことができるという因果関係があるとしましょう．

このとき，最も効率的な(富＝余剰を最大化する) $x = x^*$ は，社会的総費用

$$x + p(x)h$$

を最小にするような支出額です(**図 27.1**)．

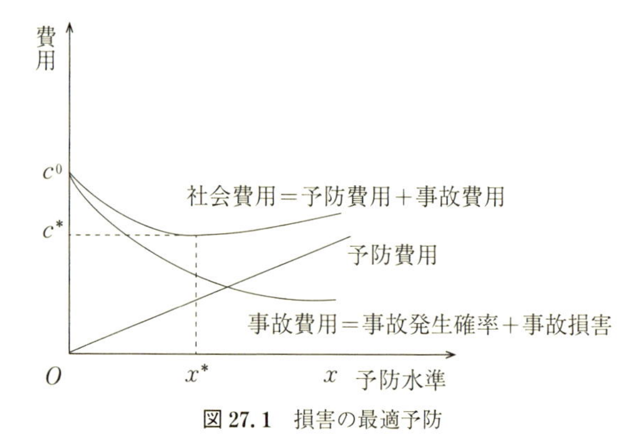

図 27.1　損害の最適予防

1) 当事者がリスク回避的な場合への拡張については，シャベル[5]の第 11 章に詳細な議論がありますので，関心のある読者の参照をお勧めします．

不法行為に対する賠償責任ルール

上のモデルにおいて，もしも事故に対する賠償責任が存在しなければ，ドライヴァーには事故回避のインセンティヴが全くありませんから$x=0$を選択します．このときの社会的総費用は**図27.1**のc^oですから，社会的に効率的な水準c^*を上回り非効率になります．

しかし，不法行為に対しては，通常，加害者側から被害者に対して損害賠償の支払いが求められます．損害賠償のルールには厳格責任(無過失責任)と過失責任が存在しますが，まず，厳格責任原則のもとでは，事故の被害は必ず加害者の賠償責任に帰するため，加害者の期待費用負担額は$x+p(x)h$となります．効用を極大化する合理的な加害者は，期待費用負担の最小化に努めるので$x=x^*$を選択し，加害者の注意水準は社会的に効率的になります(図27.2参照)．

一方，過失責任原則のもとでは，事故の予防費用xが事故の期待社会的費用を最小化するx^*を下回る時に過失が認定される，とする過失認定基準を裁判所が選択していれば，**図27.3**のように加害者の期待費用負担が決まってくるので，合理的な加害者は，やはり$x=x^*$を選択します．この過失認定基準は，「加害者が事故を回避するために支出した費用が，事故の期待損害額を下回った場合に過失が認定される」とするハンドのルールと関係があります(第14章参照)．限界的に見ると，注意の限界費用は1，注意の限界便益は$-p'(x)h$ですから，限界的にハンドのルールを適用する限り，$-p'(x)h>1$であれば過失が認定されます．過失認定を免れる最も少額の注意支出水準は，$-p'(x)h$

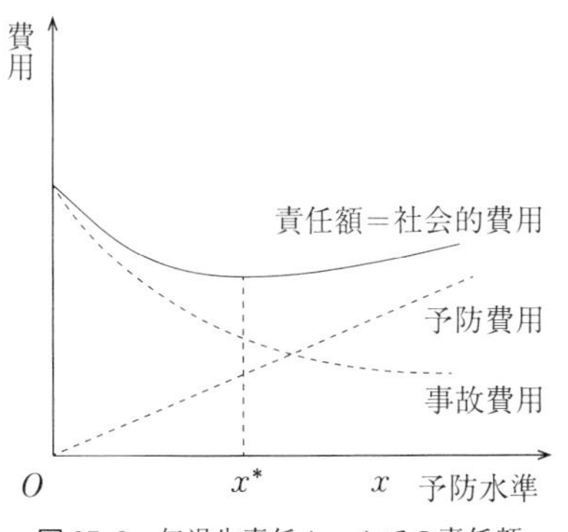

図27.2　無過失責任ルールでの責任額

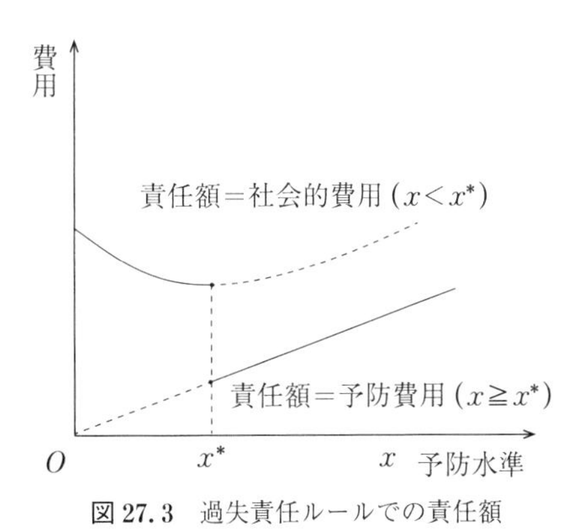

図27.3　過失責任ルールでの責任額

$=1$となるxであり，これはx^*と一致します．

過失責任と厳格責任の比較(単方向注意モデルの場合)

単方向注意モデルの場合，どちらのルールを用いても，理想的に運用される限りで資源配分は効率的になります．しかし，厳格責任の場合，事故の被害額さえ算定できれば過失認定と独立に効率的な注意水準を誘導できるのに対し，過失責任の場合，裁判所による注意水準の妥当性に関する認定が必要であり，そのためには，加害者が実際に投下した注意費用の水準，事故の発生確率と注意水準との関係など，極めて困難な情報の獲得と測定ができなければ，認定に誤りが生じて資源配分は非効率になります．

また，2つのルールでは事故の責任分配が対照的になります．過失責任では，加害者が合理的で，裁判所の過失認定が正確であれば，事故の費用負担は全額被害者にかかるのに対して，厳格責任では反対に全ての費用負担は加害者にかかります．

双方向注意モデル

次に，加害者，被害者ともに，注意水準の選択によって事故の確率に影響を与えることができるケースを考えます．加害者の注意水準をx，被害者の注意水準をyとすると，社会的費用を最小化する効率的なx^*, y^*(両者ともプラスと仮定する)は，

$$x+y+p(x, y)h$$

を最小化するものです．モデルの解析が少々ややこしくなるので，直観的な結論だけをまとめておきます[2)]．まず，厳格責任のもとでは，容易に想像がつくように，加害者の注意は最適ですが，被害者は常に損害賠償を受けられるので注意のインセンティヴがなく，注意水準は最適になりません．しかし，通常，双方向モデルの場合，厳格責任は寄与過失を認めます．被害者に要求される注意水準がy^*に設定されていれば，被害者はy^*を選択し，加害者がx^*を選ぶ，

2) 詳しい証明については，シャベル[5]の第8章2を参照してください．なお，そこで指摘されているように，過失相殺の場合でも，両当事者が「適正な注意」を払うことを前提にしていれば，効率的な均衡が実現します．

効率的な帰結が均衡になることが証明できます．この場合，被害者は寄与過失認定をクリアしますから，加害者が事故費用を負担します．

過失責任のもとでは，賠償を免れるために加害者が x^* を選びます．その結果，被害者が事故の費用を負担するので，被害者の合理的選択は y^* となります[3)]．

過失相殺

両当事者に過失の要因が存在する案件では，日本の司法の場合，どちらかの当事者に全ての賠償責任を付与するのではなく，両者の事故に対する寄与度に応じて賠償責任を分担する過失相殺という方法が選択されることが多いのですが，一般に過失相殺は，当事者の注意に対するインセンティヴの観点からは効率的ではありません．また，過失相殺は，どのように責任を割り振るかに関して，より恣意的になりがちな欠点があります．

しかし，前項に説明した賠償ルールが効率的であるのは，あくまでも裁判所が効率的な注意水準を認識しており，かつ現実の事案について，注意水準の正確な認定ができる場合に限られます．これらの点について裁判所の認定が正確でない場合，これらの賠償ルールが効率的な帰結をもたらす保証はありません．しかも，これらのルールでは，わずかな責任認定の変化でも責任分担はゼロか全額かという極端な変化を伴うため，紛争当事者に対して過度なリスクを負担させるという欠点があります．その意味では，過失相殺には重要な意義があると言えるでしょう．

単方向アクティヴィティーモデル

次に，加害者は，アクティヴィティー(活動)回数 z(例：車を運転する回数)を選択できると仮定しましょう．アクティヴィティーの社会的便益 b は逓減的，つまり，

$$b = b(z), \qquad b'(z) < 0$$

とします．簡単化のために，事故のリスクはアクティヴィティーの回数 z と比

3) 寄与過失を認める過失責任ルールでも，裁判所が x^*, y^* を正しく認識できる限り結果は同じですから，寄与過失認定の手間が省けるだけ，普通の過失責任ルールの方が便利といえます．

例的に増加すると仮定すると，社会的余剰は，b(z)−z(x+p(x)h) なので，社会的に最適な z^* は，

$$b'(z) = x^* + p(x^*)h$$

を満たさなくてはなりません(x^* は，これまでと同じになります)．

厳格責任下では責任は加害者が負担するので，社会的余剰は加害者のネットの効用に等しく，加害者は社会的に最適な x^*, z^* を選択することが簡単に確認できます．他方，過失責任のもとでは，加害者は due care に対応する x^* を選択しますが，その結果，事故の賠償責任を負わないので，アクティヴィティーについては，$b'(z)=x^*$ となる $z=z''$ を選びます．$z''>z^*$ であり，過失責任の結果，アクティヴィティーは社会的に過大，かつ，その程度は，期待損害額が大なるほど著しくなります．過失認定において，x だけでなく z の要因も含めて評価すれば，この歪みはなくなりますが，裁判所が z の評価を行うことは非現実的であると思われます．

期待損害額の大きい不法行為とは，不可抗力性の高い事故，もしくは重大な事故のケースですから，このようなケースについては厳格責任が過失責任よりも合理的であるといえます．

賠償金額の決定と法執行の手段

賠償金額は，入院治療費や車体の損耗など，簡単に金銭換算できる場合もありますが，生命，痛み，精神的苦痛など非金銭的損害の賠償額を正しく査定することは著しく困難です．従って，日本の交通事故賠償のように賠償額を事前に簡単な式で決めてしまうことは，一見雑なように見えても，実際には，裁判の社会的費用を縮減する上で，ある程度の合理性があるといえます(ただし，非常に深刻な非金銭的損害に対して，そのようなアプローチを取ることが妥当かどうかは，議論の余地があると言えるでしょう)．

次に，非金銭的価値の賠償に当たっては賠償金の算定は大変難しいので，そのような事態ができるだけ生じないように，事後的な救済よりも事前抑止のために十分に高額の賠償金を設定すべきですが，事後的に，全額を被害者(や，その遺族)に支払う必要があるかどうかは疑問が残ります．このため，抑止のシステムとしては，損害賠償よりも，罰金や非金銭的な刑事罰による補完が重要

になります．

非金銭的損害の抑止のための賠償を除けば，損害額を超える懲罰的賠償は，通常は望ましくありません．しかし，加害行為の発見や加害額の認定が不正確であったり，被害者が訴えをためらうような事件では，抑止力を高めるために懲罰的賠償が必要となります．とりわけ，意図的隠蔽を伴う悪質な場合には懲罰的な賠償が合理的と考えられますが，このようなケースでも刑事責任との連接が重要と思われます．

刑法の意味

一般に，殺人や傷害行為も不法行為の一種と考えれば，全ての犯罪を不法行為の一種と解釈して刑法をなくしてしまうことも不可能ではありません[4)]．特に，刑事責任においては，金銭的な処罰とともに，非金銭的な刑罰である懲役や禁固刑が存在しますが，罰金のような金銭的な処罰が単なる所得の移転であって社会にコストを負担させないのと比べて，懲役や禁固刑は，囚人を管理・教育するための多額の費用がかかり，社会により大きなコストを負担させます．それにもかかわらず，現実に，民事責任に加えて刑事責任を問う必要があるのは，前項の議論をヒントに考えると以下のような理由が考えられます．

第一に，非金銭的な損害については，民事的な賠償による救済は加害者の財産制約によって著しく不完全になりがちであり，抑止の観点から非金銭的な刑事責任を問う必要があります．最も典型的な刑法に関わる事案である殺人や傷害の場合を考えてみれば明らかでしょう．また，これらの事案の場合，逆に十分財産を持っている人間は，賠償さえすれば自由に加害行為を行うことができるとすれば，道徳的にも適切ではないと考えられます．

第二に，私人による法的救済が十分に機能しない場合があります．殺人，強盗など，特定の専門的加害者集団，あるいは，特異な性格類型に属する人々がコミットしやすい犯罪では，私人は十分な抑止のための情報と組織を持ちえず，いったん犯罪が生じた場合でも，十分かつ適切な法的救済を実現できない場合が多く，それを補うためには，国による公的な刑事システムが不可欠です．

4）ただし，本章の前提条件である当事者のリスク中立性の仮定が成立せず，加害者がリスク回避的であれば，この結論は変わってくる可能性があります．

また第三に，重大な犯罪を起こした人には，教育による社会復帰への支援が本人にとっても社会にとっても大切なプロセスになりますが，これらの教育的プロセスは典型的な公共財であり，民事紛争処理によっては実現できないと考えられます．

第 28 章

不法行為(2)——企業による不法行為

企業が加害者となる場合

前回は，事故の被害者，加害者ともに個人であるケースを仮定しましたが，本章では，企業が加害者になる場合を取り上げます．言うまでもなく，しばしば重大な社会問題視されるのはこのケースです．それは，企業が絡んだ不法行為は，しばしば個人の水準を超えた大規模技術による広範かつ深刻な被害となること，また，企業と被害者個人との資産額，社会的立場などの格差がクローズアップされやすく，不公正の問題が重く見られるケースが多いためだと思われます．経済学的にいうと，加害者が個人の場合と企業の場合とでは，損害賠償の経済効果にかなりの差異が生じることが重要です．企業が個人に対して直接の加害者となるケースと，被害者が企業の製品の使用に伴って事故の被害を受ける製造物責任のケースの 2 つを分けて取り上げることにします．

企業が個人に直接事故の被害を及ぼす場合

この場合，基本的には前章の分析がそのまま適合します．まず，損害賠償の存在しない場合，企業側は事故発生に備えて注意や事故防止のための投資を行うインセンティヴがないので，注意水準は効率的な水準を割り込み，資源配分は効率的になりません．

加害者の注意のみが事故の発生確率を変化させる単方向モデルの場合，厳格責任ルールを選択すると，企業は全ての社会的費用を内部化して利益を最大化しますから注意水準は最適となり，社会的費用を織り込んだ製品価格を決定することにより，生産数量も効率的になります．

他方，過失責任ルールの場合，裁判所による due care が効率的に設定されていれば，注意水準は効率的になります．しかし，この結果，企業は損害賠償負担を免れるので，より安価に製品を提供することができ，結果として生産数量は最適な水準よりも過剰になります(ただし，損害賠償が全く存在しない場合よりは，資源配分は改善しています）．事故の期待被害額が大きいほど，製品が最適よりも過剰に供給されます[1]．

製造物責任

次に，企業が加害者で，製品の消費者が被害者である製造物責任のケースを考えましょう．より一般的には，加害者と被害者とが契約関係にあるケースです．簡単化のため，加害者のみが注意によって事故リスクを減らせるとします．この場合，損害賠償による事故抑止の意義は限定的であったり，全く不必要なこともあります．なぜなら，消費者は，事故などの場合と違って，危険の多い製品については，価格の切り下げを求めたり全く購入を控えることで，自分で事故を防ぐことができるからです．

もしも，消費者の製品知識が完全であれば，製品の事故損失額の期待値が価格に織り込まれるため，資源配分は損害賠償制度の有無にかかわらず一定であり，パレート効率的になります．

しかし，消費者の知識が不完全であれば，損害賠償が資源配分効率を改善する余地があります．例えば，厳しい安全基準を設けている企業が，それにふさわしい高い価格設定を消費者に受け入れてもらえなければ，企業は安全を軽視して安価な製品の販売に走るため，事故リスクは効率的水準よりも高くなるからです．この問題は，企業に厳格責任を課すことによって是正できます．

損害賠償か品質保証か

企業に，自発的な品質保証が可能であれば，損害賠償と品質保証（＝瑕疵担保責任；自発的な損害賠償契約）のどちらが望ましいでしょうか？　まず，前項の議論の応用によって，消費者の製品知識が完全であれば，どのような品質保証契約がなされても資源配分は効率的です．

これに対して，消費者の知識が不完全であれば，品質保証は非効率になります．消費者がリスクを過小評価すれば，カバレッジの制限や免責が多過ぎる保証契約となり，製品の消費量も最適より過大になります．全くリスクを認識し

1）証明の詳細については，シャベル[5]の第9章1を参照．

ない極端な場合であれば，保証は全く行われないことになるでしょう．逆に，リスクを過大評価すれば，過剰保証による非効率が生ずるでしょう．従って，司法は，より適正な損害賠償ルールを定めることによって資源配分を改善できます[2)]．

無資力(judgment-proof)の問題

裁判もしくは事前の契約によって確定した賠償が，加害者の資産不足によって執行できないケースを無資力問題と呼びます．特に企業が加害者の場合，倒産などの形で賠償責任を回避することが，しばしば大きな社会問題として取り上げられます．

無資力問題は，製造物責任に限らず，通常の企業による事故に伴う賠償問題についても発生します．近年，日本を襲った原子力事故とその賠償問題は，その典形例と言えるでしょう．原子力事故については，日本の法律では原子力賠償法という特別法によって，特に電力会社に対して厳格責任を求めています．しかし，その上限額が設定されているため，今回のような甚大な被害に対しては，被害者への完全な賠償ができなくなります．これは，事後的な不公平の問題にとどまらず，事前の効率性の観点から見ても事故抑止へのインセンティヴを甘くし，製品(この場合，電力供給)の販売量も最適より過大になります．大規模な事故や災害になるほど，この無資力問題が著しくなり，深刻な社会問題となりやすいのです．

製造物責任について無資力問題が大きな社会問題となった例としては，少し前のことになりますが，構造的欠陥のあるマンションの販売による購入者被害がありました．製造物の場合，消費者が製品について正しい情報を持っていれば，質の悪い製品は売れないので問題になりませんが，マンションのように製品の質を理解する上で高度な専門的知識が必要な場合，消費者の情報が不完全になりがちです．このようなケースにおいて事故発生時の賠償額が加害者企業の資産額の範囲に抑えられると，事故抑止のインセンティヴが不足し，製品の販売量も最適より過大になります．また，しばしば，悪質な資産隠しが行われ

2) より詳しい議論については，シャベル[5]の第 9 章 2 を参照．

て，追加的な社会問題になります．

無資力に対処するには，刑事責任や事前の行政的規制の利用などが考えられます．ただし，原子力事故の場合は，その行政的規制そのものが事業者寄りに設計されてしまい，問題を悪化させてしまったと言えるでしょう．行政的規制の透明性を増すとともに，事故に対する司法上の責任をより厳格に判断し，責任者に対しては私財の提供をはじめとする刑事罰が求められて然るべきではないかと思われます．

一般論として，無資力に対処するための事前的政策としては，企業に対して，万一の事故に対応できるような一定の資産額の保有を公的に義務付けるという方法と，事故に備えた賠償保険への加入を義務付けるという方法が考えられます．後者の場合，保険会社が企業の注意水準を正確に評価できれば，企業は保険料を抑えるためにきちんと注意水準を保つインセンティヴを持ち，かつ無資力問題に陥ることもありません．保険会社という第三者を介在させて事業リスクを評価させることは，国の直接規制に頼るよりも手続き上の透明性を確保でき，リスク評価を正確かつ厳格化できるので，望ましいものと考えられます[3)]．

代位責任

無資力問題との関わりで重要になる民事上の法制度に，代位責任(使用者責任)(vicarious liability)があります．これは，使用者―労働者，元受業者―下請け業者，などのプリンシパル―エージェント関係において，エージェントが不法行為を行った場合に，一定の要件を満たせば，プリンシパルが代わって賠償を行う制度です．最も典型的なのは，従業員が会社業務と関わる勤務中に不法行為を起こした場合に，エージェントである従業員の責任に関して，プリンシパルである企業に責任分担の範囲を拡張するケースです．もしも，プリンシパルがエージェントの行動を観察しコントロールできるならば，プリンシパルは厳格責任下の代位責任を意識して，エージェントに適正な注意義務を果たすように求める(それができないエージェントは使用しない)ので，資源配分が効率的になります．

---

3) より高度な分析については，シャベル[5]の第11章7を参照せよ．

企業の業務に関わる危険に関しては，企業自身が最も熟知していると考えられますから，エージェントである従業員の不法行為が生ずることを抑止する上で，企業は最も有利な立場にあります．従って，司法が事後的にエージェントの責任を判断するよりも，企業の使用者責任を求める方が，より効率的ということができます．

また，個々の従業員の保有資産は限られていますから，無資力問題によって従業員の注意水準が弛緩するおそれがありますが，代位責任が有効に働けば，無資力問題を解消することが可能です．

参考文献

すでに，脚注の中で，文献紹介を行ったので，本書を読む上で疑問を持った読者は，そこに関連する脚注に挙げられている文献にあたっていただければ幸いです．ここでは，執筆にあたって，大幅に依拠した文献を挙げておきます．

[1] **常木淳(2002)『公共経済学(第2版)』新世社**
は第I部全体にわたって，依拠しました．第I部の議論で，わからないところがあれば，同書の関連する部分を参照してください．
[2] **常木淳(2012)『「法と経済学」による公共政策分析』岩波書店**
も，第I部の執筆に際して参照しました．
[3] **林貴志(2013)『ミクロ経済学(増補版)』ミネルヴァ書房**
は，本書のミクロ経済学の基礎的部分について，きわどい部分，曖昧と思われる部分があることに気が付かれ，より厳密な分析を必要とすることを感じた読者の方に，参照をお薦めします．同書は，経済学部の上級，もしくは大学院初級レヴェルのミクロ経済学の教科書ですから，経済学の研究者を目指す人でなく，「だいたい」わかればよい人は，読む必要はありません．本書を読んで，人生を方向転換して経済学者を目指してみたくなった人などは，まず，この書から大学院入試の勉強を始めることをお薦めします．

わかりやすいミクロ経済学の入門書としては，
[4] **グレゴリー・マンキュー／足立英之他訳(2000)『マンキュー経済学〈I〉ミクロ編』東洋経済新報社**
が，一読の価値があるでしょう．

第II部で扱った法の経済分析の基本書は，
[5] **スティーブン・シャベル／田中亘・飯田高訳(2010)『法と経済学』日本経済新聞出版社**
で，本書の第II部後半は，この本にかなり依拠しました．

より基本的な「法と経済学」の教科書としては，

[6] **Cooter, R. D. and T. Ulen (2011), *Law and Economics*, 6th ed., Pearson**
が推奨できます．シャベルの本よりも多くの法的な事例が丁寧に説明されており，法律家の方々には，こちらの方が親しみやすいかもしれません．旧版には翻訳がありますが，版が変わるごとに内容をアップデートしているので，できるだけ新しい版を原著でお読みいただく方がよいと思います．

第II部の前半は，シャベル[5]の第VII編と，拙著，

[7] **常木淳(2008)『法理学と経済学――規範的「法と経済学」の再定位』勁草書房**

を執筆の際に参照しました．

法と経済学については，筆者も，これまでに1冊共著を執筆しています．

[8] **宍戸善一・常木淳(2004)『法と経済学――企業関連法のミクロ経済学的考察』有斐閣**

この本では，共著者の宍戸教授の問題関心が反映されていることもあり，本書とは，扱う法学の領域も説明されている経済学もかなり異なりますが，一部重複しているところもあります．第1章でも説明したように，最近のアメリカのローレヴューでは，契約法や商法をはじめとする企業関連法の分野で本書がカヴァーできなかったゲーム理論や契約理論を用いた研究論文が数多く掲載され，研究のフロンティアを形成していますが，これらの分野の動向に関心がある読者の方は，同書をお読みいただければ幸いです．また，これらの研究に用いる上級の経済学を勉強したい方は，同書が推薦している経済学関係の文献にあたっていただくのがよいと思われます．

また，同書の執筆後に公刊された当該分野に関する文献として，まず，この分野の研究の第一人者による

[9] **伊藤秀史(2012)『ひたすら読むエコノミクス』有斐閣**

の一読をお薦めします．著者も断っているようにあくまで入門書ですが，高度な内容をわかりやすく説明してくれており，より専門的な勉強に進む前に一読すると，その後の理解が進捗することと思います．

より進んだ学部上級の教科書としては，

[10] **神戸伸輔(2004)『入門 ゲーム理論と情報の経済学』日本評論社**
が同分野の先端的な議論までフォローした優れた教科書なので，関心のある読者の一読をお薦めします．

ゲーム理論についての，更に厳密な解説をお求めの方には，

[11] **岡田章(2008)『ゲーム理論・入門――人間社会の理解のために』有斐閣**
をお薦めします．

[12] **神取道宏(2014)『ミクロ経済学の力』日本評論社**
の第II部は，ゲーム理論と情報の経済学について概説しています．同書の第I部は本書第I部で扱った価格理論について説明してあり，レヴェルは[3]と同じか，少し入門的なくらいですが，第I, II部とも専門的な内容を一般の読者にも正しく理解できるような配慮が行き届いており，説明の明快さ，的確さにおいて群を抜いていると思われます．「ちゃんと経済学をわかりたい人」は，迷わずこの本から始めてください．

人名索引

ラ・ワ 行

事項索引

あ 行

か 行

さ 行

た 行

な 行

は 行

ま 行

や 行

ら・わ 行

常木 淳
1959年生まれ．81年東京大学経済学部卒．87年ブリティッシュコロンビア大学経済学研究科経済学専攻博士課程修了(Ph. D.)．88年成蹊大学経済学部専任講師，90年同助教授，91年大阪大学社会経済研究所助教授，2000年同教授．専攻は公共経済学，法の経済分析．
主な著作として『公共経済学(第2版)』(新世社，2002年，初版，1990年)，『費用便益分析の基礎』(東京大学出版会，2000年)，『法理学と経済学――規範的「法と経済学」の再定位』(勁草書房，2008年)，『「法と経済学」による公共政策分析』(岩波書店，2012年)，『法と経済学――企業関連法のミクロ経済学的考察』(共著，有斐閣，2004年)がある他，英文学術誌に論文掲載多数．

法律家をめざす人のための経済学
岩波テキストブックスS

2015年1月27日 第1刷発行

著 者 常木 淳(つねき あつし)

発行者 岡本 厚

発行所 株式会社 岩波書店
〒101-8002 東京都千代田区一ツ橋2-5-5
電話案内 03-5210-4000
http://www.iwanami.co.jp/

印刷・三秀舎 カバー・半七印刷 製本・松岳社

ISBN 978-4-00-028916-0 Printed in Japan